Nicola Vollkommer

Vom Wunsch, dazuzugehören

Das Ende der Einsamkeit und wie Gott sich das mit Gemeinschaft gedacht hat

SCM

Stiftung Christliche Medien

SCM R.Brockhaus ist ein Imprint der SCM Verlagsgruppe, die zur Stiftung Christliche Medien gehört, einer gemeinnützigen Stiftung, die sich für die Förderung und Verbreitung christlicher Bücher, Zeitschriften, Filme und Musik einsetzt.

2. Auflage 2022

© 2019 SCM R.Brockhaus in der SCM Verlagsgruppe GmbH
Max-Eyth-Straße 41 · 71088 Holzgerlingen
Internet: www.scm-brockhaus.de; E-Mail: info@scm-brockhaus.de

Soweit nicht anders angegeben, sind die Bibelverse folgender Ausgabe entnommen:

Elberfelder Bibel 2006, © 2006 by SCM R.Brockhaus in der SCM Verlagsgruppe GmbH Holzgerlingen.

Weiter wurden verwendet:

Hoffnung für alle ® Copyright © 1983, 1996, 2002, 2015 by Biblica, Inc.® Verwendet mit freundlicher Genehmigung des Herausgebers Fontis – Brunnen Basel. (HFA)

Lutherbibel, revidiert 2017, © 2016 Deutsche Bibelgesellschaft, Stuttgart. (LUT)

Lektorat: Christiane Kathmann, www.lektorat-kathmann.de
Umschlaggestaltung: Kathrin Spiegelberg, Weil im Schönbuch
Titelbild: Joss Woodhead/unsplash.com
Satz: Christoph Möller, Hattingen
Druck und Verarbeitung: GGP Media GmbH, Pößneck
Gedruckt in Deutschland
ISBN 978-3-417-26867-6
Bestell-Nr. 226.867

Widmung

Gewidmet den vielen lieben Menschen – in meiner Familie, in meiner Gemeinde, in meinem Freundeskreis –, die mir durch Wort und Tat vermittelt haben: »In meinem Leben ist Platz für dich!«

Gewidmet dem Gott der Bibel, dessen Blick schon immer auf den Rand der Gesellschaft gerichtet war, wo sich die Einzelgänger und Außenseiter aufhalten. Dem Gott, dessen Verlangen es ist, auch sie in die Wärme seines Hauses hineinzuführen.

Es ist mein Gebet, dass die Impulse in diesem Buch vielen dazu verhelfen, diese Wärme und Zugehörigkeit neu zu erleben.

Inhalt

Prolog 6

1. Die Seele auf Wanderschaft 15
2. Die Stimme, die nicht schweigen will 38
3. Der Stammbaum, der Bände spricht 58
4. Der Preis, den es gekostet hat 80
5. Beim Namen gerufen 103
6. Frische Kleider, frisches Wasser – und zurück ins Leben 121
7. Abgelehnt, aber nicht einsam 143
8. Beauftragt und gesandt 163
9. Eine Nachricht, die größer ist als Einsamkeit 180
10. Die Sache mit der Nächstenliebe – Probe für das Paradies 199
11. Die Lieblosen lieben 221
12. Eden kehrt zurück 237

Anmerkungen 251

Prolog

Ein Geburtstag und viel Gelächter

»*Vielen Dank, liebe Geburtstagsgäste, dass ihr gekommen seid. Es ist großartig, so eine große Schar von Marys besten Freunden hier zu sehen. Und ich meine wirklich ihren besten Freunden. Denn ich übertreibe nicht, wenn ich behaupte, dass Mary buchstäblich Hunderte von Bekannten, Verehrern, Freundinnen und Freunden, Wegbegleitern, Gefolgsleuten, Fans, Junkies, Möchtegernfreundinnen und -freunden, Nachfolgerinnen und Nachahmern hat. Es war für sie ein Kraftakt, ihre ausufernde, weltweite Fangemeinde auf die erlesene Gesellschaft zu beschränken, die heute zu ihrem 80. Geburtstag versammelt ist. Sie hat die Spreu vom Weizen getrennt. Danach den guten Weizen vom schlechten Weizen. Danach den hochwertigen Edelweizen vom guten Weizen. Und ihr seid die Auserwählten, die diesen Hürdenlauf bestanden haben. Glückwunsch! Das ist so etwas wie ein Lottogewinn. Ihr seid die Crème de la Crème von Marys innerstem Freundeskreis.*«[1]

So begann Marys Sohn seine Rede zu Ehren des 80. Geburtstags seiner Mutter. Die versammelte Gesellschaft bog sich vor Lachen. Wer unter der Rubrik »Festrede« eine Gähnnummer erwartet hatte, wurde eines Besseren gelehrt, als der schräge Humor dieser britischen Familie zur Hochform auflief. Viele Gäste baten als Andenken um die Rede in schriftlicher Form.

Eine ausgelassene Stimmung am späten Abend, gutes Essen mit gutem Wein, das Wiedersehen unter guten Freunden: Das alles gehört zu einem fröhlichen Fest dazu. Das Sahnehäubchen auf diesem Fest war aber ohne Zweifel das schmeichelhafte Gefühl, im innersten aller inneren Kreise einen Stammplatz zu haben.

Ein guter Komiker lebt von der Gabe, Dinge auf den Punkt zu bringen, die kein anderer sich trauen würde zu sagen, und Tabus zu brechen. Wir lachen, wenn wir ertappt werden. Wir lachen noch mehr, wenn andere ertappt werden. Vor allem, wenn es Menschen sind, die wir nicht mögen.

Dieser Festredner trieb ein neckisches Spiel mit der Angst, ein Außenseiter zu sein, die tief in jedem Herzen sitzt. Ein Spiel mit der Erleichterung, im Club angekommen zu sein, die Mutprobe bestanden, die Eintrittsrituale absolviert zu haben. Wenn man dort angekommen ist, hat man die Chance, mitzulachen, wenn Insiderwitze erzählt werden, und ein Mitspracherecht, wenn Urlaubsanekdoten ausgetauscht werden. Es ist die Einladung, von den Zuschauerbänken herunterzusteigen und das Spiel auf dem Feld mitzugestalten.

In seinem Artikel »Der innere Ring« schreibt der englische Schriftsteller C.S. Lewis:

> *Ich glaube, dass der Wunsch, innerhalb des örtlichen Ringes zu sein, und die Furcht, nicht hineinzugehören, zu gewissen Zeiten im Leben aller Menschen und im Leben vieler Menschen zu allen Zeiten zwischen Kindheit und hohem Alter eines der beherrschenden Elemente ist.*[2]

Von der Wiege bis zur Bahre wollen wir dazugehören. Manch einer gibt mehr, als gut ist, um dieses Ziel zu erreichen. Auch ich bleibe von diesem Wunsch nicht verschont.

Der Drang, dazuzugehören

Neulich erwischte ich mich selbst eiskalt. Ich stand vor einer verschlossenen Tür, hinter der lauter mir fremde Leute versammelt waren. Ein Wirrwarr von Stimmen und das Klappern von Geschirr waren zu hören. Ich holte tief Luft und betrat den Raum.

Es wurde ruhig und die Blicke vieler junger Leute richteten sich auf mich. Da sie an Tischen saßen und beim Essen waren, drehten sich einige um, weil sie schauen wollten, wer in der Tür stand. Ich schluckte, spürte, wie mein Gesicht anfing zu glühen, räusperte mich verlegen und stammelte irgendetwas wie: »Guten Appetit.« Es fiel mir zu spät auf, dass die meisten Teller schon leer waren. Mein Blick fiel auf einen leeren Stuhl in der Ecke. Ich sank hinein und wünschte, ich könnte samt Stuhl in den Boden versinken.

Ich war jedoch nicht die Neue in der Klasse, die einen Raum voller skeptisch dreinschauender Pubertierender betritt. Ich war die Referentin bei einem vornehmen Studentenabend. Sobald die Teilnehmer wussten, wer ich war, wurde der symbolische rote Teppich für mich ausgelegt, und im Nu war ich im »inneren Ring«.

Räume voller fremder Menschen sind mein tägliches Brot, ich müsste sie gewohnt sein. Und dennoch: Das Herzklopfen, der Kloß im Hals, das beklemmende Gefühl, ein Fremdkörper in einer Runde zu sein, in der alle sich kennen, bleiben. Übersensibilität? Lampenfieber? Überbleibsel der urzeitlichen Ängste meiner Vorfahren? Man befindet sich fernab des eigenen Stammes und bangt um sein Leben? Ein verirrter Gallier, der sich plötzlich unter Römern wiederfindet? Vielleicht eine Kombination aus allem.

Ein harmloses Beispiel aus dem Alltag, mag sein. Schweißnasse Hände, nur weil ich eine Versammlung besuche, in der ich niemanden kenne. Lachhaft. So ist das Leben halt. Ich kann nicht erwarten, auf Händen ins Geschehen getragen zu werden.

Ich muss mir meinen Platz in der Gruppe verdienen. Akzeptanz wird nicht geschenkt, sie wird erarbeitet. Und schließlich gibt es auch Gruppen, in denen ich nicht unbedingt akzeptiert sein will.

Trotzdem: Wir Menschen sind Herdentiere, und das Verlangen, zum Stamm zu gehören, wirkt sich bis in die kleinsten Details unseres Alltags aus, manchmal ohne dass wir es merken. Es bestimmt, wie und mit wem ich den Abend verbringe, wofür ich mein Geld ausgebe, wessen Zuwendung ich suche, über welche Einladungen ich mich freue und welche ich ablehne, welche Termine ich mit Ausrufezeichen in meinen Kalender eintrage und welche in Klammern stehen.

Ein Instinkt mit Vor- und Nachteilen

Nicht-Mitglieder eines inneren Rings sind leicht zu übersehen, weil sie meist kein Aufsehen erregen, keinen Lärm machen und sich nicht viel bewegen. Sie halten sich irgendwo am Rand auf. In den Schatten. Sie sitzen allein auf der Kirchenbank und starren auf ihr Smartphone oder blättern in ihrer Bibel, bevor der Gottesdienst beginnt. Schauen mit vorgetäuschtem Interesse auf die Kalender am Büchertisch, stehen mit verschränkten Armen vor der Pinnwand und informieren sich angeblich über den Bowlingabend. Verlassen als Letzte das Klassenzimmer, stehen mit abwesendem Blick abseits von der Menge im Pausenhof und kauen ihr Pausenbrot langsam, damit die Zeit wenigstens gefüllt ist. Sitzen am Tisch in der hintersten Ecke der Betriebscafeteria, vergraben ihren Kopf hinter einer Zeitung, als ob es ihnen nichts ausmachen würde, außerhalb der Clique zu sein.

Andere Außenseiter können und wollen nicht übersehen werden, setzen alles daran, Aufmerksamkeit auf sich zu ziehen. Kleidung, schräge Kommentare, Tabubrüche, Rebellion, Süchte: Die Mittel, die zur Verfügung stehen, um aus der Menge herauszustechen, sind endlos. Jeder Lehrer, der einer Schulklasse vorsteht, kann ein Lied davon singen. Früher nannte man manche dieser Kinder »Klassenclown« oder »verhaltensauffällig«, heutzutage heißt das »verhaltenskreativ«.

Egal, wie flüssig die Grenzen zwischen Kulturen, Sprachen und Ländern sind und wie fleißig beteuert wird, dass jeder in seiner Unterschiedlichkeit zu einer Gesellschaft oder Klasse dazugehört, der Mensch organisiert sich instinktiv immer wieder neu in Stämmen und in inneren Ringen der »Eingeweihten«. In Sportvereinen, in Hippiekommunen, in politischen Bewegungen, auf Protestmärschen, in Gemeinden, in Fraktionen innerhalb von Gemeinden, in WhatsApp-Gruppen. Sogar militante Aussteiger gründen ihre Insidergruppen, in denen sie sich mit anderen Aussteigern austauschen. Einer der neuesten Trends in amerikanischen Colleges ist die Einrichtung von »Safe Spaces« (»sicheren Räumen«), in denen Minderheiten unter ihresgleichen sind und keiner befürchten muss, sich mit jemandem auseinandersetzen zu müssen, der anders aussieht oder anders denkt als er.

Das Leben innerhalb eines inneren Rings wird von ungeschriebenen Regeln bestimmt, die andeuten, wer dazugehört und wer nicht. Jede Clique hat ihre eigene Geheimsprache mit Körpersignalen – Blicken, Hand- und Schulterbewegungen –, die den Unterschied zwischen »du« und »wir« signalisieren. Oder den Unterschied zwischen »Sie« und »du«. Wer von wem den Spitznamen kennt. Wer bei der Begrüßung umarmt wird und wer nicht.

Manchmal werden schadenfrohe kleine Fragen mitten ins Gespräch hineingestreut: »Ach, wurdest du nicht informiert?« Oder: »Bist du auch zur Hochzeit eingeladen?«, »Ach, ich dachte, du kennst das Brautpaar.« Das gehört ebenfalls zum Leben im inneren Ring: unsere Zugehörigkeit mit kleinen Andeutungen zur Schau zu stellen. Wer von uns freut sich nicht, von einem wichtigen Mitglied des inneren Rings freudig mit Vornamen und einem »Schön, dass du da bist!« begrüßt zu werden?

Eine Freundin, aus deren Gunst ich einmal gefallen war, zeigte gern ihren Unmut dadurch, dass sie alle Menschen um mich herum bei der Begrüßung euphorisch umarmte, mich aber eiskalt überging. Damit wollte sie verdeutlichen, dass ich nicht mehr zu ihrem inneren Ring gehörte. Leider habe ich, bewusst oder unbewusst, manchmal ähnliche Spielchen getrieben.

Der Herdeninstinkt ist an und für sich nicht verwerflich – immerhin hängt unser Überleben davon ab. Das Erste, was ein Säugling sucht, sobald seine Augen mehr als nur Schatten und Licht erkennen können, ist der Blickkontakt zu anderen Menschen, das Gefühl: Ich bin hier angenommen. Die Zugehörigkeit zu einem »inneren Ring« ermöglicht es den Mutter Teresas dieser Welt, Menschen mit ansteckender Begeisterung in ihren Dunstkreis zu ziehen, um Gutes zu tun und die Welt zu verändern. Doch sie verhilft genauso den Stalins und Hitlers dieser Welt dazu, grausame Machtzentralen zu errichten, alle Gegenstimmen von Außenseitern auszuschalten und letztlich die Außenseiter selbst auszulöschen. Sie ermöglicht das Heldentum, mit dem ein Mann sein Leben für seinen Bruder hingibt, genauso wie die Niedertracht, mit der ein anderer »Ausländer raus!« brüllt.

Die Bibel: Psychologie mit Tiefgang

In seinen Begegnungen mit Menschen und in seinen Erzählungen verwendet Jesus mit großem Geschick die Psychologie des »inneren Rings«. Seine Menschenkenntnis ist phänomenal. Kein Wunder, schließlich ist er Gott. Und er verbringt viel Zeit damit, in aller Gelassenheit und mit einem scharfen Auge seine Umgebung zu beobachten. Eine Frau, die ein paar Münzen in einen Opferkorb wirft. Eine aufgebrachte Menge, die eine Ehebrecherin steinigen will. Ehrgeizige Mitarbeiter, die sich um Hackordnungen streiten. Zwei Männer, die in den Tempel kommen, um zu beten.

Er baut seine Beobachtungen in seine Gleichnisse ein. Zu seinen Lieblingsthemen gehört das Verhalten von Gästen bei Hochzeiten und Festen, denn dort kommt am deutlichsten zum Ausdruck, wie sich der Herdendrang auf Menschen auswirkt. Die raffinierte Unverschämtheit, mit der Jesus Menschen durchschaut, macht seine Erzählungen zu meisterhaften soziologischen Studien.

In der geistlichen Elite im damaligen Israel fand ein giftiges Aufeinandertreffen aus Macht und Prestige statt. Die Hauptbeschäftigung der Pharisäer und Sadduzäer war es, die Grenzen ihrer Exklusivvereine mit Adleraugen zu überwachen. Ihre Geheimsprache war längst nicht mehr geheim. Sie posaunten lautstark auf den Straßen, Marktplätzen und Synagogen, wer »in« und wer »out« war, zeigten es stolz in ihrer Kleidung, ihren Gebärden, ihrer Körperhaltung, ihrer Art zu beten und ihren VIP-Logen und reservierten Plätzen bei großen Versammlungen. Ihre Lebensdevise: »*Gott, ich danke dir, dass ich nicht bin wie die Übrigen der Menschen*« *(Lukas 18,11).* Sie versuchten nicht einmal, den Anschein der Bescheidenheit zu wahren. Sie hatten aus den überlieferten und ihnen anvertrauten Anweisungen Gottes ein wasserdichtes Kastensystem gemacht. Ihr Hauptsponsor war Gott höchstpersönlich, davon waren sie überzeugt.

Das Faszinierende an Jesus ist: Er hätte auf Anhieb mitten in den exklusivsten Cliquen seiner Zeit einen Stammplatz haben können. Er war ein begehrter Gast bei allem, was in Israel Rang und Namen hatte, er war bei den festlichen Abenden der Schönen und Reichen gern gesehen – zumindest am Anfang seines Dienstes. Gute Verbindungen, Menschen, die man kennen sollte, um im Leben voranzukommen, eine riesige Gefolgschaft: Ihm fehlte es an nichts davon. Die Welt lag ihm zu Füßen. Aber er kümmerte sich nicht darum.

Stattdessen wurde er nicht müde, aus diesen inneren Ringen eine Lach- und Lehrnummer zu machen. Jede gute Geschichte hat unter ihren Charakteren einen arroganten Besserwisser, der sich für etwas Besonderes hält, anbiedernde Lakaien um sich sammelt und am Ende entlarvt wird. Weil die damalige Gesellschaft von solchen geradezu wimmelte, scharten sich deren Opfer um Jesus – nicht nur wegen der Zeichen und Wunder, die er tat, sondern weil er es wagte, diejenigen mit einem Augenzwinkern zu entlarven, die dem Fußvolk im Namen Gottes das Leben zur Hölle machten.

So trotzte Jesus fröhlich jedem Versuch der »inneren Ringe«, aus ihm ein Superstar zu machen und ihn mit seinem Charme und seiner Beliebtheit vor ihren Karren zu spannen. Sein Blick schweifte immer in die andere Richtung, auf diejenigen, die sich abseits, in den Schatten, aufhielten. Die Spannung zwischen den »Insidern« und den »Outsidern« ist das, was seine Erzählungen so fesselnd macht. Er bewegte sich mit demonstrativer Beharrlichkeit außerhalb der vornehmen Kreise seiner Zeitgenossen.

Seine Begegnungen mit Menschen waren so spannend wie die Geschichten, die er erzählte, und mit einer ähnlichen Klientel besetzt. Ein verlorenes Schaf, eine abhandengekommene Münze, ein abtrünniger Sohn, ein Bettler, der an den Toren einer Stadtvilla seine eitrigen Wunden kratzt, Aussätzige, Lahme, Blinde, gestrandete Frauen – verwitwet, krank, allein, missbraucht – und viele mehr, alle mit dem Stempel »nicht erwünscht, nicht eingeladen« auf ihrer Stirn. Das waren seine Helden. Das war sein »innerer Ring«.

Das heißt aber nicht, dass man erst eine gescheiterte Existenz vorweisen musste, um Zugang zu Jesus zu finden. Auch hochrangige Theologen, erfolgreiche Geschäftsmänner und Frauen aus der oberen Gesellschaftsschicht gehörten zu seinem Freundeskreis. Allerdings waren sie keine typischen Vertreter ihrer Art, sondern die eher seltene Ausnahme, Menschen, die trotz ihrer Errungenschaften mutig genug waren, um zu erkennen, dass selbst der Zutritt zu den feinsten Häusern dieser Welt nicht glücklich macht.

Günstige Voraussetzungen im Leben übertünchen bestenfalls unsere Einsamkeit oder lenken davon ab, doch sie lösen sie nicht. Es gibt tief in jedem menschlichen Herzen einen Schrei nach Zugehörigkeit, auf den nur Gott selbst eine Antwort hat. Gerade das war der Kern von Jesu Botschaft.

Einladung ins Abseits

Bei Marys Geburtstag waren nur die Eingeweihten aus ihrem innersten Zirkel zugelassen, aber bei Gottes Festen sind alle eingeladen. Keiner muss sich einschmeicheln, sich anbiedern, eine Geheimsprache beherrschen, sich beim Häuptling des Stammes um Gunst bemühen. Es gibt nur eine Bedingung: Wir müssen kommen wollen. Von ganzem Herzen. Ohne versteckte Ansprüche, Wunschlisten, Forderungen. Wir müssen kommen wollen, weil wir ihn, den Gastgeber, wollen. Zu seinen, nicht zu unseren Bedingungen.

Dieses Buch ist eine Einladung, in Gottes »inneren Ring« hineinzuschauen und dort unterwegs zu sein. Biblischen Helden nachzuspüren, die Teil dieses Ringes wurden. Vielleicht auf diesem Weg selbst eine Sehnsucht nach dieser Zugehörigkeit zu bekommen – nach dem Ort, an dem jede menschliche Einsamkeit ein Ende hat und die suchende Seele endlich zu Hause ist.

Es wird eine spannende Reise!

1. Die Seele auf Wanderschaft

*Die Suche nach uns selbst
und nach dem Ort,
wo wir zu Hause sind,
gestaltet sich deshalb
so schwierig,
weil wir letztlich nicht
auf das Finden aus sind –
sondern auf das Gefunden-Werden.*

        Hans-Joachim Eckstein[3]

Das »gewisse Etwas« und eine Fata Morgana

Hin und wieder, unverhofft und mitten im Alltag, überkommt mich das Gefühl, dass mir irgendetwas fehlt. Es gibt Tage, an denen dieses Gefühl besonders stark ist. Zum Beispiel, wenn meine Unterrichtsstunde in der Schule schiefgeht oder ich das Gefühl habe, dass mein Bemühen, etwas gut zu machen, umsonst war, oder wenn ich Kopfweh habe, etwas Dummes getan habe oder das Begräbnis von jemandem, der mir viel bedeutet, plötzlich in meinem Terminkalender unterbringen muss. An solchen Tagen ist offensichtlich, dass mir etwas fehlt.

Aber das Gefühl überkommt mich auch an sonnigen Tagen, an denen meine Schülerinnen und Schüler mich lieben, die Familie harmonisch ist, das Konto gefüllt, alle rundherum gesund sind und ich von lieben Menschen umgeben bin. Ich empfinde dieses unterschwellige Nörgeln, im Leben nicht ganz angekommen zu sein. Das Gefühl, dass um die nächste Ecke oder hinter dem Horizont irgendetwas auf mich wartet, das mir die Erfüllung aller Träume verspricht, das Erlebnis, bei dem mein Herz aufatmet und jubelt: »Endlich habe ich es gefunden! Meine Suche ist zu Ende!«

Wenn ich in solchen Momenten zu lange grübele, werde ich melancholisch. Ohne konkreten Anlass trauere ich geliebten Menschen nach, die verstorben sind und deren Tod ich eigentlich längst verarbeitet habe. Ich frage mich, wie unser fünftes Kind sich entwickelt hätte, das ich vor achtzehn Jahren durch eine Fehlgeburt verloren habe. Begriffe wie Midlife-Crisis und Lebensmüdigkeit treiben durch meinen Kopf. Ich fühle mich mit vergangenem Schmerz, der nicht ganz verschwinden will, alleingelassen, als ob irgendjemand mich in Stich gelassen hätte und ich nun verwaist in dieser Welt unterwegs wäre. Irgendwann raufe ich mich zusammen, habe ein schlechtes Gewissen, weil ich eigentlich alles im Leben habe und jeden Grund hätte, dankbar zu sein, wende mich meinen Aufgaben wieder zu und das Leben geht weiter.

Die beschriebene nagende Niedergeschlagenheit der Seele lässt sich schwer definieren. Einsamkeit, aber mehr als nur Einsamkeit. Die Romantiker nahmen sie sehr ernst und versuchten, sie in Gedichten und Gemälden einzufangen. Sie hatte diffuse Namen wie Wanderlust, Fernweh, Melancholie und Nostalgie und lieferte Inspiration für üppige Bilder einer fernen Heimat, die einsame Wanderer mit verführerischen Melodien lockt.

Der Dichter Joseph von Eichendorff schrieb:

Wohin du auch in wilder Lust magst dringen,
Du findest nirgends Ruh,
Erreichen wird dich das geheime Singen
Ach, dieses Bannes zauberischen Ringen,–
entfliehn wir nimmer, ich und du![4]

In einem Tutorium während meines Deutschstudiums an einem Frauencollege in der Universität von Cambridge mussten wir einmal Gedanken darüber zusammentragen, was Eichendorff mit diesem Gedicht gemeint haben könnte. Ideen purzelten durcheinander. »Das geheime Singen«, »dieses Bannes zauberischen Ringe« – das Arbeiterparadies von Karl Marx? Grünende Wälder und sauberer Regen? (Greenpeace war damals gerade in die Gänge gekommen und das Waldsterben ein großes Thema.) Eine gelingende kirchliche Ökumene, das Ende des Kalten Krieges, die Abschaffung von Armut, guten Sex, eine große Liebe, Ruhm und Ansehen?

Gedichtinterpretation, die von allein läuft, der Traum jedes Pädagogen. Der Dozent lehnte sich mit einem breiten Grinsen in seinem Sessel zurück und wandte sich irgendwelchen anderen Texten zu, während seine kleine Schar von Möchtegern-Akademikerinnen um die Wette diskutierte. Er beendete die Runde mit seinem üblichen Spruch: »You make the poem mean, what you want it to mean« (»Ihr lasst das Gedicht das bedeuten, was ihr wollt, dass es bedeutet«), und verabschiedete uns.

Wahrscheinlich hatte er recht. Das »geheime Singen«, das die Seele lockt und Ruhe verspricht, kann alles Mögliche bedeuten. Dichter und Liedermacher sind nicht die Einzigen, die zu jeder Zeit der Geschichte mit der Rastlosigkeit der menschlichen Seele ihr Brot verdient haben. Machtgierige Führer haben es verstanden, sie für eigene Zwecke zu missbrauchen und in ein gemeinsames Streben nach einer Utopie zu verwandeln. Der Mensch muss nicht auf Wanderschaft gehen und sich dem Bann heimlicher Melodien ausliefern, um Heimat zu finden, flüstern sie ihrer Anhängerschaft zu. Das Paradies liegt vor der Tür – es muss nur erobert werden.

Wir umgeben uns mit unseresgleichen und gestalten die Welt so, wie wir sie gern hätten. Staatsideologen haben begriffen, dass in der Sehnsucht eines Menschen nach Zugehörigkeit eine ungeheure Kraft steckt. So entwickeln sich Kulturen und Nationen. Es werden in ihrem Namen Kriege geführt.

Diese Sehnsucht hinterlässt ihre Spuren nicht nur auf den Landkarten und in den Geschichtsbüchern dieser Welt, sondern zieht sich auch durch die Biografien einzelner Menschen. Nicht zuletzt findet sie sich in den üppigen Villen und Palästen, welche die Schönen und Reichen durch die Jahrhunderte hindurch wie für die Ewigkeit errichten. Traumfabriken, die aus der Ferne winken, Anschaffungen, die nie genug sind. Beziehungen, die wie alte Kleider weggeworfen und gegen neue ausgetauscht werden, wenn sie nicht das große Glück bringen. Auch mit allen Besitztümern, Errungenschaften und Vergnügungen, welche die Welt zu bieten hat, bleibt die Seele einsam und leer.

Eine schockierende Entdeckung

Ein Prediger im Alten Testament beschreibt seine fatale Suche nach Befriedigung so:

> *Alles, was meine Augen begehrten, entzog ich ihnen nicht. Ich versagte meinem Herzen keine Freude, denn mein Herz hatte Freude von all meiner Mühe, und das war mein Teil von all meiner Mühe.*
>
> Prediger 2,10

»Wenn ich nur dies oder jenes hätte, dann wäre ich endlich glücklich!«, so denken wir. Die große Liebe, das Wunschkind, den Traumjob, das Haus, den Urlaub, die Freunde, die Figur, die Begabung ... Dieser Mann hatte einen Zugang zu weltlichem Glück, der vermutlich die meisten Menschen gelb vor Neid werden lässt. Er verfügte über einen Reichtum, mit dem er sich jeden Wunsch erfüllen konnte. Doch er beging einen Fehler: Er fing an, nachzudenken:

Und ich wandte mich hin zu all meinen Werken, die meine Hände gemacht, und zu der Mühe, mit der ich mich abgemüht hatte. Und siehe, das alles war Nichtigkeit und ein Haschen nach Wind.

PREDIGER 2,11-12

Ein trauriges Fazit.

Der Prediger macht dieselbe schockierende Entdeckung, die manch ein millionenschwerer Superstar in Drogenorgien zu verdrängen versucht: dass man die ganze Welt besitzen und trotzdem seine Seele verlieren kann. Nachdem man alles erreicht hat, was dieses Leben zu bieten hat, steht man orientierungslos und einsam vor der gleichen Leere und Sinnlosigkeit wie davor. Das hungrige Herz bleibt hungrig. Der Traum ist ausgeträumt, es gibt keine Ziele mehr, die es zu erreichen gilt. Oben auf dem Gipfel des Erfolgs ist die Einsamkeit noch schlimmer. Eine Sache konnte der Prediger mit seinem riesigen Vermögen nicht kaufen: Zugehörigkeit, Freundschaft, Heimat.

In seine düsteren Grübeleien über den Sinn des Lebens streut er verlockende Anspielungen, dass es irgendwo eine Antwort auf sein Dilemma geben muss. Er redet davon, dass Gott »die Ewigkeit in ihr Herz« gelegt hat (Prediger 3,11) und dass »alles, was Gott tut, für ewig sein wird« (Vers 14). Keine Belehrungen, keine dramatischen Aha-Momente. Nur Feststellungen, kleine Hinweise, fast beiläufig und leicht zu übersehen. Sie klingen trocken, akademisch. Mit vier nüchternen, aber gewichtigen Worten schließt er seine Studie ab. »*Denke an deinen Schöpfer*« *(Prediger 12,1)*.

Als es die Einsamkeit noch nicht gab

Die Ewigkeit im Herzen. Gedanken an den Schöpfer. Der Prediger, am Ende seines Lebens ein gebrochener Mann und eingefleischter Zyniker, lässt einen Hauch von Heimweh in seiner verkrusteten Seele zu. Mitten in der Sinnlosigkeit seines Daseins wittert er Überreste von einer Heimat, die es einmal gegeben hat. Die ferne Erinnerung an einen gemeinsamen Gang durch einen Garten in der Kühle des Abends, in der Begleitung des Schöpfers, in dessen Nähe der Begriff Einsamkeit seine Bedeutung verliert.

Wer Einsamkeit verstehen will, muss vor der Schöpfung beginnen. Die Gemeinschaft zwischen Vater, Sohn und Heiligem Geist war die vollkommenste Heimat, die es jemals gegeben hat: drei getrennte Persönlichkeiten, die in völliger Harmonie ineinanderflossen, miteinander, aber auch füreinander lebten, herrschten, schöpferisch handelten. Es war ein Miteinander frei von Kalkül. »Ich helfe dir – aber nur, wenn du mir hilfst« – auf solche Gedanken wären sie nie gekommen. Hin und wieder gibt uns die Bibel einen kleinen Einblick in diese Dreier-Freundschaft, vor allem in den Reden von Jesus. Aus seinen Worten sprüht immer wieder seine Verehrung für seinen Vater, eine Mischung aus Zuwendung, Faszination und Ehrerbietung.

> *Glaubt mir, dass ich in dem Vater bin und der Vater in mir ist; wenn aber nicht, so glaubt um der Werke selbst willen!*
> JOHANNES 14,11

> *Wenn ich mich selbst ehre, so ist meine Ehre nichts; mein Vater ist es, der mich ehrt, von dem ihr sagt: Er ist unser Gott.*
> JOHANNES 8,54

> *Der Sohn kann nichts von sich selbst tun, außer was er den Vater tun sieht; denn was der tut, das tut ebenso auch der Sohn.*
> JOHANNES 5,19

Die Zuneigung ist gegenseitig. Der Vater ist stolz auf den Sohn und fordert dessen Nachfolger auf, auf seine Worte zu achten: *»Dieser ist mein auserwählter Sohn, ihn hört!« (Lukas 9,35).*

Der Heilige Geist ist mit von der Partie. Er ist es, der Jesus in die Wüste schickt. Jesus gehorcht ohne Widerrede, nennt ihn später den anderen Beistand, der in Ewigkeit bei uns ist (Johannes 14,16). Und er ergänzt:

> *Der Beistand aber, der Heilige Geist, den der Vater senden wird in meinem Namen, der wird euch alles lehren und euch an alles erinnern, was ich euch gesagt habe.*
>
> JOHANNES 14,26

Es gibt nur eine Triebkraft in dieser Gemeinschaft: das Bedürfnis des einen, aktiv für den anderen Raum zu machen. Eine freiwillige Unterordnung, die mit Unterwürfigkeit nichts zu tun hat. Eine Abscheu davor, sich selbst in Szene zu setzen. Diese gegenseitige Hingabe findet ihren stärksten Ausdruck in jener schrecklichen Nacht, in der der Sohn eine verzweifelte Bitte über seine trockenen, schluchzenden Lippen bringt: *»Vater, wenn du willst, nimm diesen Kelch von mir weg« (Lukas 22,42).*

Einmal hat der Sohn einen Wunsch, der mit dem Plan des Vaters nicht übereinstimmt. Jede Faser seines Wesens sträubt sich gegen die Aussicht auf die brutale Folter, die ihm bevorsteht. Einmal denkt er an sich. Panik steigt in ihm auf. Das Gebrüll der Gequälten auf dem römischen Hinrichtungsplatz, das er unzählige Male gehört haben muss, als er nach Jerusalem kam, klingt in seinen Ohren. Die Fratzen und Grimassen der Hölle, die ihre gesamte Macht gegen ihn entfesselt hat, grinsen ihn aus dem Hinterhalt unter den schattigen Bäumen an und können ihre Stunde des Sieges kaum erwarten.

Aber selbst in diesem Augenblick des Horrors fügt er sich dem Willen des geliebten Vaters: *»… doch nicht mein Wille, sondern der deine geschehe!« (Lukas 22,42).*

Es ist eine sich freiwillig und freudig schenkende Liebe in ihrer reinsten Form, frei von den Hintergedanken und geheimen Agenden, die in menschlichen Beziehungen zu endlosen Lawinen von Missverständnissen und Verletzungen führen, frei von Neid, Misstrauen, Tränen, vom unterschwelligen Drang, den eigenen Vorteil doch mehr zu suchen als den der anderen. Die Unterscheidung »eigene« und »andere« gibt es in dieser Gemeinschaft nicht. Das Glück des einen ist das Glück des anderen.

Vollständig eins mit dem anderen und dadurch umso einzigartiger als eigenständige Persönlichkeit – so stellt uns die Bibel die Dreieinigkeit Vater-Sohn-Heiliger Geist vor. Diesen drei Freunden würde es nicht im Traum einfallen, auszubrechen und sich auf die Suche nach einem Glück außerhalb dieser Gemeinschaft zu machen.

Eine Gemeinschaft mit Form und Farbe

Die Umgebung, in der diese außerordentliche Gemeinschaft gepflegt wird, ist atemberaubend. Es sind Klänge und Farben, die so überwältigend sind, dass menschliche Augen sie nicht ertragen würden.

Gelegentlich stolpern Diener Gottes in der Bibel auf kleine Risse in der Wand zwischen Himmel und Erde, durch die sie mit weit aufgerissenen Augen einen Blick in die Himmelswelt erhaschen. Vergänglichkeit wird für ein paar Sekunden von Unvergänglichkeit überrascht und derjenige, der diese flüchtigen Momente erleben darf, ist nie wieder derselbe. Solche Momente sind sorgfältig dosiert – intensiv genug, um den Beobachter in ein sprachloses Staunen zu versetzen, aber nicht so intensiv, dass er davon erschlagen würde. Biblische Seher wie der alttestamentliche Prophet Daniel und viele Jahrhunderte später der Apostel Johannes ringen um Formulierungen, um diese Momentaufnahmen in Worte zu fassen.

Die Häufung des Wortes »wie« in der Offenbarung des Johannes zeigt, wie unzulänglich menschliche Sprache ist, um den Himmel zu beschreiben. Wir lesen von einer Stimme »wie von einer Posaune« (Offenbarung 1,10), einem Thron »gleich einem Jaspisstein und einem Sarder« (Offenbarung 4,3). Vor dem Thron sieht Johannes etwas »wie ein gläsernes Meer (Offenbarung 4,6) und weiter »wie ein großer feuerflammender Berg« (Offenbarung 8,8).

Mitten in diesem Schauplatz der unvorstellbaren Herrlichkeit und in der fröhlichen Dreierschaft zwischen Vater, Sohn und Heiligem Geist entsteht die Idee »Mensch«. Wahre Liebe kann nicht auf einer Insel existieren. Sie lässt sich nicht abkapseln. Sie sprudelt über ihre Grenzen hinaus, sucht automatisch nach einem Gegenüber, nach Möglichkeiten, ihrer Freude Ausdruck zu verleihen, andere in die Runden ihres ansteckenden Lachens hineinzulocken. Sie muss sich multiplizieren. Es steckt in ihrem Wesen wie das Verlangen eines verliebten Paares nach einem Kind, nur viel kräftiger, unverdorbener, hartnäckiger, feuriger.

Die Erde wurde als zweiter Standort geschaffen, in den die Fülle der schöpferischen Kraft der Himmelsgemeinschaft hineinsprudeln sollte. Ein Tanzparkett, auf dem die Künstler neue Choreografien erproben wollten, ein Gemälde, in das der Maler seine Träume von Schönheit hineinzuschütten wünschte. Ein Wunderwerk nach dem anderen floss aus den Fingern Gottes. Himmelskörper, Meere und Seen, Bäume, Pflanzen und allerlei Tierwesen.

Kennst du den Garten? – Wenn sich Lenz erneut,
Geht dort ein Mädchen auf den kühlen Gängen
Still durch die Einsamkeit,
Und weckt den leisen Strom von Zauberklängen,
Als ob die Blumen und die Bäume sängen
Rings von der alten schönen Zeit.

Das ist die zweite Strophe von Eichendorffs Gedicht »Heimat«. Während die Teilnehmerinnen meines damaligen Tutoriums aufgeregt über die Ruhestätte für wandernde Sehnsüchte diskutierten, versuchte ich, mir die Gesänge der Blumen und Bäume »von der alten schönen Zeit« vorzustellen, die der Dichter hier beschreibt. Mir kam sofort der Garten Eden in den Sinn. Vielleicht war das Eichendorffs Absicht. Der Romantiker träumte vom einzigen Ort, in dem der Blick des Menschen auf der Suche nach Glück nicht in die Ferne schweifen musste, weil er alles hatte, was er brauchte.

Das Wunderwerk Mensch

Irdische Schönheit, das Abbild himmlischer Schönheit, wurde mit einem grandiosen Meisterstück gekrönt, als Gott sprach: »*Lasst uns Menschen machen in unserm Bild, uns ähnlich!*« *(1. Mose 1,26)*.

Der Mensch: ein Gegenüber für Gott, mit dem Prädikat »sehr gut«. Ein weiteres Mitglied im Gespann, mit dem der Schöpfer Freundschaft pflegen, Pläne schmieden, Tiere benennen, schöpferische Kraft entfalten konnte. Er war in keiner Weise auf uns Menschen angewiesen. Weder brauchte er uns als Arbeitskräfte noch war er einsam noch hatte er von uns irgendeinen Nutzen. Der Mensch war einfach die Vervielfachung von Glück. Sein Sonderstatus: Freund Gottes.

Es war der Reichtum einer Liebe, die aus freien Stücken geschenkt wird. Keine Unterwürfigkeit, keine Zuwendung, die mit Zwang eingefordert wird, sondern die dankbare Erwiderung einer Freundschaft, die über alles geschätzt und geachtet wurde.

Nur eine Sache wurde vom Schöpfer als »nicht gut« bezeichnet: dass der Mensch allein war. Selbst das Paradies konnte der Mensch nicht in vollen Zügen genießen, solange ihm die Gesellschaft von seinesgleichen fehlte. Einsamkeit war die einzige unerfüllte Sehnsucht, unter welcher er vor dem Sündenfall leiden musste. Als irdisches Gemeinschaftswesen hatte er noch kein irdisches Gegenüber.

So nimmt die Erschaffung von Lebensgemeinschaften ihren Lauf. Eva wird dem ersten Mann als Gefährtin gegenübergestellt. »*Als Mann und Frau schuf er sie*«, lesen wir in 1. Mose 1,28. Die bunte Vielfalt, die schon in der Schöpfung der Pflanzen und Tiere als »sehr gut« bezeichnet wurde (Vers 25), sollte auch in der Erschaffung der ersten Familie ihren Ausdruck finden. Einzelstücke sollten es sein, jedes eine Klasse für sich, jedes mit einem auf es zugeschnittenen Auftrag. So wird Eva nicht als Sexpartnerin, Küchenmagd, Gebärmaschine oder Partnerin auf Zeit geschaffen, sondern als Gegenüber: »*Ich will ihm eine Hilfe machen, die ihm entspricht*« *(1. Mose 2,18).*

»*Ezer*«, das hebräische Wort, das in vielen Bibelübersetzungen mit »Gehilfin« oder »Hilfe« übersetzt wird, wird im Alten Testament für dramatische Taten der Rettung verwendet – das deutsche Wort »Hilfe« drückt dies nur unzureichend aus, am ehesten vielleicht noch im Wort »Erste Hilfe«, wo es tatsächlich lebensrettende Maßnahmen meint. Sechzehnmal wird Gott selbst als »ezer«, als Helfer, bezeichnet. In 2. Mose 18,4 lesen wir, dass Mose einen seiner Söhne »Eliëzer« nannte, das bedeutet: »*Mein Gott ist mein Helfer*« (Eli= mein Gott, ezer = »Helfer, Hilfe«). Dreimal beschreibt das Wort »ezer« Menschen, die in lebensbedrohlichen Umständen helfen oder ihre Hilfe verweigern (Jesaja 30,5; Hesekiel 12,14; Daniel 11,34). Diese Stellen machen klar, was mit »Hilfe« gemeint ist und mit welcher Würde und Bedeutsamkeit Gott die erste Frau ausgestattet hat.

Die Wesensart der himmlischen Gemeinschaft wird in das Verhältnis von Mann und Frau hineingebaut. Ergänzung, Partnerschaft auf Augenhöhe, eine Seele verteilt auf zwei Körper. Der eine fördert aktiv die Andersartigkeit des anderen, macht ihn zum Teil der eigenen Persönlichkeit. Der Mensch, dessen

Alleinsein »nicht gut« war, findet seine Vollständigkeit im Austausch mit dem zu ihm passenden Gegenüber.

Darum wird ein Mann seinen Vater und seine Mutter verlassen und seiner Frau anhängen, und sie werden zu einem Fleisch werden.

1. Mose 2,24

Aber die Entstehung des ersten Menschen war kein Selbstzweck. Sie war mit einem Auftrag verknüpft.

Und Gott segnete sie, und Gott sprach zu ihnen: Seid fruchtbar und vermehrt euch, und füllt die Erde, und macht sie euch untertan; und herrscht über die Fische des Meeres und über die Vögel des Himmels und über alle Tiere, die sich auf der Erde regen!

1. Mose 1,28

Und Gott, der HERR, nahm den Menschen und setzte ihn in den Garten Eden, ihn zu bebauen und ihn zu bewahren.

1. Mose 2,15

Eden war ein Außenposten des Himmels. Hier sollte die Herrlichkeit Gottes wuchern, gedeihen, immer mehr Raum einnehmen, immer neue Ausdrucksformen finden und unter der Regie des ersten Ehepaares mit weiteren Ebenbildern Gottes bevölkert werden.

Der Sturz

Das Risiko, das Gott dabei eingegangen ist, war von Anfang an klar. Andersartigkeit, als Ergänzung gedacht, beinhaltet auch die

Möglichkeit, zu kentern und sich in Unabhängigkeit zu verwandeln. Freiwillige Hingabe bedeutet Verwundbarkeit. Wer aus freien Stücken liebt, kann aus freien Stücken Liebe vorenthalten. Die Schaltzentrale für diese inneren Prozesse ist der menschliche Wille. Gott hat ein Konzept erfunden, das wenige Herrscher dieser Welt begriffen haben: ein Verlangen, das Richtige zu tun, das von innen kommt. Ein Gesetz, das in Herzen geschrieben ist und dem Menschen nicht von außen aufgedrückt wird. Allein der Mensch verfügt über die Wege, die in seinem Herzen gebahnt werden. Dieses Konzept heißt Freiheit.

Im Klassiker »Dienstanweisung für einen Unterteufel« von C.S. Lewis begreift der höllische Unterstaatssekretär Screwtape nicht, wie Gott, den er als »Feind« bezeichnet, Geschöpfe in die Welt setzen konnte, die keine Marionetten sind:

Der Feind nimmt dieses Risiko auf sich, weil er eine wunderliche Laune hat, alle diese kleinen, ekligen Menschenwürmer zu Geschöpfen zu machen, die, wie er sagt, ihn aus »freiem Willen« lieben und ihm aus »freier Entscheidung heraus« dienen: als »Söhne«.[5]

Noch bevor Gott seinen Atem in Adam hineingehaucht hat, ist ein Widersacher am Werk. Es ist ein alter Konkurrent, der vom ersten Augenblick an ein gieriges Auge auf das Schmuckstück Eden geworfen hat. Von allein wären die Bewohner des Gartens nicht auf den Gedanken gekommen, dass die Spaziergänge mit ihrem Schöpfer einengend oder mangelhaft sein könnten. Doch dann bringt der Feind sie auf den Gedanken, dass Gott ihnen etwas vorenthält (1. Mose 31,5). Raffiniert, hintenrum. »Hat Gott wirklich gesagt ...?« Der Feind behauptet nicht, er suggeriert nur, er weckt das Misstrauen: »Könnte es sein, ...?«, »Ist euch vielleicht aufgefallen, ...?« »Wäre es eventuell eine Möglichkeit, dass Gott nicht vertrauenswürdig ist, dass es eine höhere Erleuchtung, eine tiefere Befriedigung, ein umfassenderes Glück gibt als das, was er bietet? Spazieren im Garten? Wie uncool ist das denn? So unmündig! So angewiesen auf die Gunst eines anderen! Muss das denn sein? Ihr seid doch erwachsene Menschen! Ihr könnt doch selbst Götter sein!«

Eva fällt sofort darauf herein und greift nach dem Leckerbissen, der mit seinem verlockenden Duft am Ast baumelt und ein besseres, überlegeneres Glück verspricht als das bisherige. Adam gibt ihren Worten nach und macht mit. Das, was die beiden sich erlauben, ist viel mehr als nur der verbotene Griff nach einer leckeren Frucht. Ihre Tat ist ein Sologang, mit dem sie ihren Schöpfer hintergehen und sich von seiner Fürsorge abkoppeln, im irrtümlichen Glauben, dass sie ihr Schicksal selbst besser schmieden können. Vermutlich haben sie keine Ahnung, was sie damit anrichten. Vermutlich wollen sie keine Ahnung haben.

Durch ihren Ungehorsam wird Gottes Schöpfung fremdbesetzt.

Das Erschütterndste an der Geschichte ist, dass Adam und Eva keine Spur von Einsicht zeigen. Vielleicht wäre etwas zu retten, wenn sie ihre Tat wenigstens sofort bereuen würden. Doch lieber ziehen sie sich von der Gemeinschaft mit ihrem Schöpfer zurück. Anstatt die Sache ins Reine zu bringen, verstecken sie sich und weichen der Stimme Gottes aus.

Ein Phänomen zieht ins Leben der Menschen ein, das bis dahin unbekannt war: Scham. Der angsterfüllte Blick aus den Schatten heraus, um die Ecke, um sicherzustellen, dass keiner zuschaut. Hoffen, dass das Problem von allein verschwindet, dass keinem etwas aufgefallen ist.

Nachdem Gott seine beiden Freunde endlich aus ihrem Versteck gelockt hat, fängt das Spiel mit den Sündenböcken an. Zum ersten Mal wird Sünde mit ihrer ganzen Niedertracht offenbar.

Da sagte der Mensch: Die Frau, die du mir zur Seite gegeben hast, sie gab mir von dem Baum, und ich aß.

1. MOSE 3,12

Die Frau sagte: Die Schlange hat mich getäuscht, da aß ich.

1. MOSE 3,13

Der gleiche Keil, der zwischen die Menschen und Gott getrieben wurde, wurde zwischen Mensch und Mensch getrieben. Adam und Eva sind zweifach verwaist – von Gott getrennt, voneinander getrennt.

Der Rest ist Geschichte, blutige Weltgeschichte.

Folgen, die nachhaltig sind

Die fatalen Auswirkungen jener Vorkommnisse im Garten Eden strecken ihre dunklen Finger bis in die Banalitäten meines Alltags hinein. Ich muss nicht lang suchen, um ein brandaktuelles Beispiel zu finden. Wer einen Beweis für die Glaubwürdigkeit der Geschichte von Adam und Eva braucht, muss nur in die eigene Seele blicken und die Leichtigkeit bestaunen, mit der er auf die Nase fliegt und die Verantwortung prompt von sich weist.

Einmal verließ ich das Haus, um zur Schule zu fahren, in der ich arbeite. Ich war zu spät aus dem Bett gekrochen und hatte es eilig. Als ich zu schnell aus der Garageneinfahrt um die Ecke fuhr, geschahen drei Dinge gleichzeitig. Meine Tasche, die auf dem Nebensitz lag, purzelte nach vorn auf den Boden. Kopfüber natürlich, sodass der halbe Inhalt sich unter dem Sitz ausbreitete. Stifte flogen in alle Richtungen, Hefte lagen aufgeschlagen mitten in Kaugummipapieren und im Staub und Unrat, der sich unter meinen Autositzen angesammelt hatte. Mit einer Reflexbewegung griff ich nach der Tasche, um zu retten, was zu retten war. Dabei riss ich das Lenkrad ungewollt nach rechts. Zu spät, um es wieder auf Kurs zu zerren. Das Auto krachte in einen der großen Steine, die unsere Zufahrtsstraße säumen.

Wie in Zeitlupe beobachtete ich die Gedanken, die mir spontan durch den Kopf schossen: »Blöde Tasche, blödes Auto, blöder Fels, blöde Straße!« Als meine Gedanken in Richtung »blöde Schule« trieben (weil ich ohne Schule das Haus nicht verlassen müsste), danach hin zu »blöder Ehemann« (weil er mir hätte helfen können, rechtzeitig fertig zu sein) und »blöde Gemeinde« (weil das Treffen am Vorabend zu spät aufgehört hatte), hielt ich inne, lachte laut und staunte mal wieder über die erfinderische Kraft, mit der ein gefallenes Herz Schuld von sich zu weisen vermag. Es muss nicht einmal darüber nachdenken! Mit welcher Selbstverständlichkeit hatte mein Kopf Ereignisse neu geordnet, wichtige Fakten übersprungen, die Geschichte neu geschrieben, nur damit ich nicht als Schuldige dastand und meine Fahrlässigkeit nicht bereuen musste!

Ich musste das Spiel mit den Sündenböcken nie lernen, habe nie ein Seminar dazu besucht oder ein Buch darüber gelesen. Genauso wenig wie ich lernen musste, neidisch, sauer, verärgert, faul, träge oder zickig und ungeduldig zu sein. Diese Dinge kommen von ganz allein. Sie sind Teil des genetischen Materials, ebenso wie meine Unwilligkeit, mich mit ihnen auseinanderzusetzen. Das Dumme ist, wir *fühlen* unsere eigene Sünde nicht. Die Nerven an dieser Stelle sind betäubt. Für vermeintliche Sünden der anderen sind unsere inneren Antennen dagegen zu jeder Zeit in höchster Alarmbereitschaft.

Ich erkannte mal wieder mit Entsetzen, wie tief mir die Krankheit Adams in den Knochen sitzt. Und das Schlimmste daran: Es kostete mich eine bewusste Entscheidung, um auf die mehr als offensichtliche Erkenntnis zu kommen, dass ich selbst für diese Situation verantwortlich war und nicht die anderen.

Bis ich an der Schule angekommen war, war ich zu Sinnen gekommen. Ich hatte genug über die Geschichte vom verlorenen

Sohn nachgedacht, um die erbaulichen Folgen der Worte »Ich habe gesündigt« zu kennen. Und ich wusste auch, welche Folgen es hat, wenn man Verantwortung oder Schuld von sich weist. Ehen sind wegen viel trivialerer Sachen als einem beschädigten Auto in die Brüche gegangen.

Mein Mann staunte nicht schlecht, als er meine reumütige Stimme am Telefon hörte: »Du, Schatz, ich habe Mist gebaut. Bin zu schnell aus der Garage gerast, noch schneller um die Ecke und bin auf dem Stein gelandet. Die Felgen sind kaputt. Es tut mir echt leid. Soll ich das Auto zur Werkstatt bringen?«

Ich war erleichtert, als er anbot, das für mich zu tun, und ich dankte meinem Gott mal wieder für so einen gnädigen Ehemann. Nicht immer konnten wir solch einen kurzen Prozess mit unseren Fehltritten machen.

Die ganze Heilsgeschichte in Kleinformat in einer Alltagsepisode. Eine Bauchlandung, danach der peinliche blinde Fleck, der uns unwillig macht, unserer Fehlerhaftigkeit ins Gesicht zu schauen, der unbeholfene Versuch, in die Opferrolle zu schlüpfen, die glückliche Wende (gerade noch rechtzeitig), Reue, Beichte, Wiedergutmachung, Dankbarkeit für erteilte Gnade. Das Leben geht weiter, die Beziehungen sind – Gott sei Dank – noch intakt.

Herrlichkeit – defekt

Der Satan hat sein Ziel erreicht. Er hat seinen Fuß auf die strahlenden Wiesen einer unverdorbenen Welt gesetzt, seinen Haken in die Seelen der ersten Menschen hineingeworfen und die Idylle Gottes zu seinem Revier erklärt. Seine Strategie ist, die Herrlichkeit des Geschöpfes von der Quelle dieser Herrlichkeit zu trennen, sie zu enteignen und zu seinen eigenen Zwecken zu missbrauchen. Er ist nicht dumm. Die Herrlichkeit Adams ist eine Leihgabe. Sie ist Gottes Eigentum und kann nicht vom

Menschen erzeugt werden. Göttliches Ebenbild gibt es nur als Geschenk. Der Feind kann sie nur entwenden, stehlen, ausplündern, zweckentfremden.

Aber auch abgekoppelt von Gott hat diese Herrlichkeit eine Ausstrahlung und eine Kraft. Viele Jahre nach dem Sturz von Eden erzählt der Prophet Hesekiel in einem bewegenden Gleichnis die Tragödie des Sündenfalls nach. Er vergleicht das abtrünnige Volk Gottes mit einem ausgestoßenen Säugling, den Gott in der Wüste findet, zu sich nimmt und als seine eigene Tochter erzieht:

> *So legtest du goldenen und silbernen Schmuck an, und deine Kleidung bestand aus Byssus, Seide und Buntwirkerei. Du aßest Weizengrieß und Honig und Öl. Und du warst sehr, sehr schön und warst des Königtums würdig.*
>
> HESEKIEL 16,13

Der Schmuck ist ausgeliehen. Diese Frau ist wunderschön, weil sie als Beschenkte und von Gott Geliebte lebt. Die Geschichte nimmt aber eine traurige Wende:

> *Und dein Ruf ging aus unter die Nationen wegen deiner Schönheit; denn sie war vollkommen durch meinen Glanz, den ich auf dich gelegt hatte, spricht der Herr, HERR. ... Und du nahmst von deinen Kleidern und machtest dir bunte Höhen, und du hurtest auf ihnen.*
>
> HESEKIEL 16,14.16

Die Schönheit ist immer noch da. Der Schmuck bleibt. Aber beides ist befleckt. Der innere Blick ist nicht mehr auf das Gegenüber gerichtet, sondern auf die eigene Habsucht. Aus dem Tanz zu zweit ist ein Solotanz geworden. Ein Gegenüber? Ja bitte. Aber nur in dem Maße, wie dieses Gegenüber nützlich ist und mir etwas zu bieten hat. Was für eine tragische Fälschung des ursprünglichen Plans Gottes!

Adam voller Scham in seinem Versteck. Adam mit dem Finger auf die Frau gerichtet. Adam mit Lügen im Mund. Adam, der sich selbst rechtfertigt. Die gesamten Schätze einer schillernden Persönlichkeit, nach dem Ebenbild Gottes geschaffen, wenden sich nach innen. Einst aufblühend im Dienst des Schöpfers und der Schöpfung, die ihm anvertraut wurde, verkrümmen sich die ersten Menschen jetzt im Dienst der Selbstverwirklichung. Die Dornen, die auf dem lehmigen Boden sprießen, zeugen davon, dass auch die Natur vom Fall ihrer einstigen Hüter gezeichnet ist (Römer 8,22).

Adam findet seinen nackten Körper auf einmal peinlich. Der Grundtenor der neuen Welt, in welcher der Mensch wie Gott ist? Entwurzelung. Wanderschaft. Weitere Phänomene folgen. Streit. Ausbeutung, Gewalt, Grausamkeit. Sünde isoliert automatisch. Selbst Gott zu sein bedeutet, der Mensch muss auf sich selbst aufpassen, nach seinen Rechten schauen. Einsamkeit ist vorprogrammiert. Eine kleine Lüge reicht, um die Arbeitskollegen misstrauisch zu machen. Eine kleine Eifersucht, um die Freundin vorsichtig zu stimmen. Ein lüsterner Blick, um zu glauben: »Ich wäre mit diesem anderen Menschen glücklicher gewesen.« Die Zehn Gebote, die Gott Jahre später Mose anvertraut, sind nichts anderes als eine Wiederherstellung von Edens Manifest. Sie sind die Erinnerung daran, dass Lügen, Diebstahl, Ehebruch, Neid und Hass uns nicht nur von Gott trennen, sondern uns auch voneinander isolieren.

Adam und Eva wollen Unabhängigkeit. Sie wollen sie mehr als die Geborgenheit und das Glück der Nähe Gottes. Und genau die Unabhängigkeit, mit all ihren Begleiterscheinungen, bekommen sie. *»Am Ende gibt es nur zwei Arten von Menschen: die, die zu Gott sagen: ›Dein Wille geschehe‹, und die, zu denen Gott am Ende sagt: ›Dein Wille geschehe.‹«*[6]

Bloß wegen eines Apfels?

Für einen kurzen Augenblick der Lustbefriedigung opfern sie ihre Zukunft – und die Zukunft der Menschheit. Skeptiker wenden ein: »Tausende von Jahren Misere und Gewalt – nur wegen eines Apfels? Ist Gott denn so kleinkariert?« Es war nicht nur wegen eines Apfels. Es war ein grausamer Verrat, mit offenen Augen begangen, ein absichtlicher Vertrauensbruch gegen denjenigen, der völlig vertrauenswürdig war. Wie alle ihre Nachahmer und Nachfolger blenden Adam und Eva die möglichen Folgen aus. Hoffen, dass es glimpflich ausgeht und dass sie morgen wieder zur Tagesordnung übergehen können, als ob nichts gewesen wäre. Als ob Unaufrichtigkeit, Ehebruch, die Selbstbedienung an Dingen, die mir nicht gehören, das Begehren dessen, was mir nicht zusteht, nur kleine Betriebsunfälle wären, die sich schnell unter den Teppich kehren lassen. Niedertracht und Hinterhältigkeit erhalten Einzug in die menschliche Seele. Der Mensch riskiert lieber den Untergang als den Verzicht auf seine Machtgier.

Gott reagiert auf die Schuldzuweisungen Adams und Evas mit einem klaren, scharfen Urteil. Sie müssen aus Eden raus, ihre von Sünde befallenen Körper werden irgendwann zum Staub zurückkehren.

Der Grund, warum Gott die ersten Menschen aus Eden vertreiben muss, liegt auf der Hand. Eine vollkommene, unvergängliche Erde kann dem gefallenen Menschen keine Heimat mehr bieten. Der schöpferische Geist, nach dem Ebenbild Gottes geschaffen, aber von diesem Ebenbild abgekoppelt, ist eine tickende Zeitbombe. Als der Feind Adam und Eva mit den Worten verlockte, sie würden sein wie Gott (1. Mose 3,5), versäumte er es, ihnen das Kleingedruckte vorzulesen. Sie würden in der Tat sein wie Gott in dem Sinne, dass sie Schmiede ihres eigenen Schicksals, Herrscher ihrer eigenen Welt sein würden. Die gleiche Kreativität, die ein Paradies bebaut und bewahrt, würde jedoch ohne den Schutz Gottes und ohne jede Rechenschaft vor ihm jedes Paradies im Nu in eine Hölle verwandeln. Ein Mensch in diesem Zustand, der auch noch ewig lebt? Unvorstellbar.

Gott wendet sich schließlich der Schlange zu und lässt dabei rätselhafte Anspielungen fallen, dass sie in diesem Schamassel nicht das letzte Wort haben wird:

> »*Und ich werde Feindschaft setzen zwischen dir und der Frau, zwischen deinem Nachwuchs und ihrem Nachwuchs; er wird dir den Kopf zermalmen, und du, du wirst ihm die Ferse zermalmen.*«
>
> 1. Mose 3,15

Der Planet ist auf verheerende Weise gezeichnet. Der Boden hat seine natürliche Fruchtbarkeit verloren, der Mensch muss ihn fortan im Schweiß seines Angesichts beackern. Die Beziehung zwischen Mann und Frau ist gestört. Anbiedernde Anhänglichkeit bei der Frau, verbunden mit qualvollen Schmerzen bei der Geburt von Kindern, herrischer Egoismus beim Mann (1. Mose 3,16-17).

Die Tore des Paradieses werden zugeschlagen. Rückkehr verboten, die Utopie ist vorbei. Einfach so. Adam, Meisterstück Gottes, König der Schöpfung, Herrscher über Tiere, Wälder, Wiesen und Meere, benimmt sich wie ein schmollendes Kleinkind und schleicht sich mit seiner Frau beschämt davon.

Aus der Zweierschaft wird eine Dreierschaft

Wir erfahren nicht, wie Adam und Eva sich fühlen, während sie aus ihrem saftigen, atemberaubenden Garten in eine von Dornen und Disteln übersäte Wüste hineintreten. Vielleicht haben sie immer noch nicht richtig begriffen, was sie angestellt haben. Oder sie hoffen, dass Gott lediglich einen schlechten Tag hatte und seinen Beschluss bald bereuen wird.

Bei alledem ist das Erstaunliche an dieser Geschichte nicht die Entwurzelung des Menschen. Das Erstaunliche ist die Entwurzelung Gottes. Er weiß sehr wohl, was sie angestellt haben. Er weiß, dass die vermeintliche Freiheit, für die sie sich entschieden haben, ein gemeiner Trugschluss war und sich als genau das Gegenteil entlarven wird. Gleich am Anfang der Bibel sehen wir eine göttliche Tugend am Werk, die der sündige Mensch nicht kennt. Egal wie tief der Verrat ist, der an ihm begangen wird, Gottes Liebe gräbt immer ein Stück tiefer. Das Wunder bei dem ganzen Geschehen ist nicht, dass der Mensch nach Gott sucht, sondern dass Gott nach dem Menschen sucht.

Er hätte jedes Recht, Adam und Eva sich selbst zu überlassen. Tut er aber nicht. Er geht ihnen nach. Er kann nicht anders. Er macht es, ohne die geringste Aussicht darauf, sie zurückzugewinnen oder zu erlösen. Pädagogisch sinnvoll ist diese Aktion nicht. Ein Notstandsplan kommt in die Gänge, der sich viele Jahre später am Kreuz von Golgatha in seiner vollkommensten Form entfalten wird. Dieser Plan ist, wie sich herausstellt, schon von Anfang an im Herzen Gottes verborgen. Gott muss im Vorfeld schon geahnt haben, dass er nötig sein würde.

Die kleinen Leute von Swabedoo

Die Geschichte der kleinen Leute von Swabedoo ist ein Renner bei uns in der Schule. Wir führen sie immer wieder als Theaterstück auf. Alle Kinder wollen den grünen Kobold in der Höhle spielen, der den fröhlichen und unbekümmerten Bewohnern von Swabedoo weismacht, dass ihre Tradition, bei jeder Begegnung kleine Felle zu tauschen und sich lieb zu begrüßen, Schwachsinn ist. Er ist auf ihr harmonisches Miteinander neidisch, findet sie einfältig und will sie zum Nachdenken bringen. Sie sollen die Felle lieber für sich behalten. Der Vorrat könnte doch ausgehen.

Die Swabedoodahs schenken dem Kobold Glauben und bald wächst Misstrauen zwischen ihnen. Jeder verteidigt seine Felle, manche verstecken ihre Felle, andere stehlen Felle von ihren Nachbarn. Die fröhliche Unbeschwertheit der Stadt Swabedoo ist über Nacht verschwunden. Die Bewohner ziehen sich voneinander zurück und hocken abends in ihren Häusern, anstatt sich auf den Straßen zu begrüßen und Felle zu tauschen. Manche werden krank, einige sterben.

Der grüne Kobold ist schockiert, bereut seine Tat und gibt den Swabedoodahs als Ersatz für die Felle stachelige Steine zum Verteilen. Die Steine sind kalt und schwer und erwecken nicht die gleichen heimeligen Glücksgefühle wie die Felle. Manche Swabedoodahs sind mutig und holen ihre Felle wieder hervor. Aber nichts ist so, wie es früher war.

»Woher weiß ich, ob mein Fell wirklich erwünscht ist oder nicht?«

»Ich habe ein Fell verschenkt und bekomme nur einen kalten, stacheligen Stein als Dank! Nie wieder!«

»Hier weiß man nie, wo man dran ist. Heute ein Fell, morgen ein Stein. Lieber gar nichts!«

Der Schaden ist nicht wiedergutzumachen.

Den fröhlichen Swabedoodahs, die keinerlei Sorgen hatten und die völlig glücklich und arglos lebten, wurde zugeflüstert, dass sie ein Problem haben. Sie fielen auf den Streich herein und zerstörten mit ihren eigenen Händen und Worten ihr eigenes Glück. Ohne jeglichen Anlass.[7]

2. Die Stimme, die nicht schweigen will

Was ich traure, weiß ich nicht:
Es ist unbekanntes Wehe:
Immerdar durch Tränen sehe
Ich der Sonne liebes Licht.

EDUARD MÖRIKE, »VERBORGENHEIT«

Startschuss für die größte Liebesgeschichte aller Zeit

Ein Albtraum. Alles fühlt sich schrecklich an, man weiß nicht, warum, hofft aber, dass man bald aufwacht und mit einem Schrei der Freude entdeckt, dass das Ganze nur ein Traum war. Aber es gibt kein Aufwachen. Es ist keine Fantasie.

Früher litt ich phasenweise unter schrecklichen Träumen, von denen ich schweißgebadet aufwachte. Ich brauchte manchmal den ganzen Tag, um die Schwere abzuschütteln, die diese Träume hinterließen. Sie kamen überraschend, meist ohne erkennbaren Auslöser. Hin und wieder spielte ein Flugzeugabsturz eine Rolle, vermutlich Überreste meiner Flugangst als Kind häufig reisender Eltern. In einem unvergesslichen Traum stolperte ich auf meine verstorbene Mutter, wieder lebendig, wie sie orientierungslos unter den Trümmern zerschellter Flugzeugteile wanderte. Ich rannte auf sie zu, aber plötzlich war sie weg. Weinend wachte ich auf.

Was mich an diesen Träumen am meisten erschreckte: Ich hatte diese Begebenheiten im wahren Leben nie gesehen, auch nicht auf Bildschirmen. Irgendwo im untersten Keller meiner Seele hatten sie geschlummert und nun waren sie für immer in leuchtenden Farben in mein aktives Gedächtnis gestempelt, als ob ich sie wirklich erlebt hätte. Niemand konnte mir helfen oder mir eine Erklärung geben, woher das alles kam. Erst als meine Beziehung zu Gott nach und nach tiefer und leidenschaftlicher wurde, haben diese Heimsuchungen aus einer dunklen Welt aufgehört.

So ähnlich wie in meinen Albträumen stelle ich mir die Folgen des Bruchs zwischen Adam und Gott vor. Trümmer, wo man nur hinschaut. Das Gefühl, vor irgendetwas wegzurennen, ohne zu wissen, wovor. Auf irgendetwas in der Ferne zuzurennen, zu wissen, dass man dorthin muss, aber dieses Etwas verschwindet, wenn man es fast erreicht hat. Die beklemmende Stille, nachdem der gutmütige und fröhliche Hausherr, der das Herz und die Seele des Festes war, sich zurückgezogen hat. Ich rufe nach meinem Vater, aber er kommt nicht. Jemand erzählt einen Witz, aber keiner lacht. Das Essen schmeckt fad. Man verlässt das Haus und es regnet. Ein dichter Nebel hängt über der Straße, eine Fledermaus schießt vorbei, eine Flasche liegt in Scherben vor der Tür, ein paar lose Blätter wehen über einen verlassenen Bürgersteig. Irgendwo in weiter Ferne wird ein Fest gefeiert, aber ein anderes. Der Gesang und das Klirren der Sektgläser kann ich gerade noch hören, aber ich bin nicht eingeladen. – So muss die Erde sich angefühlt haben, nachdem Gott dort nicht mehr zu Hause war.

Ein Engel bewacht den Eingang zum Paradies, um zu verhindern, dass ein von Sünde verseuchtes Geschöpf zu allem Übel auch noch Zugang zum Baum des Lebens erhält und dadurch unsterblich wird (1. Mose 3,22). Es ist Schadensbegrenzung. Ein fremdgesteuertes Wesen, das ewig lebt und zu allem fähig ist – eine Horrorvorstellung. Zum ersten Mal in der Geschichte muss etwas abgeschlossen und bewacht werden. Tod und Verwesung ziehen in Gottes Welt ein. Es gibt ein Mindesthaltbarkeitsdatum für eine kranke Seele. Nur so kann der totale Niedergang der Menschheit verhindert werden.

Die Verheißung

Aber es gibt die Sache mit der Ferse und dem Kopf. Irgendwann wird die Schlange ihre gerechte Strafe bekommen. Einer wird erscheinen, der sich nicht so leicht überlisten lässt, wie Adam es getan hat, der der Schlange »den Kopf zermalmen« wird (1. Mose 3,15).

Neuere Übersetzungen umschreiben diese Worte verharmlosend mit »auf den Kopf treten«. »Treten« klingt nach einem Versehen, wie wenn ich beim Spazierengehen mit dem Schuh in Hundedreck gerate. »Zermalmen« ist das, was ich mit einer hartnäckigen gepanzerten Kakerlake tue, die nicht sterben will, wenn ich keine große Kraft anwende. Zermalmen bedeutet völlige Zerstörung. Diese Worte müssen der Schlange blanken Schrecken eingejagt haben. Sie hatte sich wohl zu früh über ihre Beute gefreut.

Gottes Reaktion auf den Ungehorsam der ersten Menschen war gut durchdacht und solide vorbereitet. Im Buch der Offenbarung finden wir Anspielungen, dass er von den dramatischen Entwicklungen nicht überrascht wurde: Ein »Buch des Lebens« für die Geretteten unter den Menschen existiert »von Grundlegung der Welt an« (Offenbarung 13,8), vermutlich lange bevor Adam abstürzt. Gott muss mit der Möglichkeit gerechnet haben. Mit nüchterner Gewissenhaftigkeit, auch mitten in der Katastrophe, verschwendet er keine Minute mit schockierter Hysterie, näht Kleider für die zwei durch Scham gebeugten Gestalten, die vor ihm kauern, und bedeckt sie (1. Mose 3,21). Tiere werden dafür geopfert. Schon wieder eine Premiere: Zum ersten Mal in der Weltgeschichte fließt Blut. Ohne Opfer keine Vergebung der Sünde, keine Abwendung einer Strafe, die auf ganzer Linie gerechtfertigt war.

Die Felle sind nur der Anfang. Wie ein Fremdling im eigenen Land schlüpft Gott in die Rolle eines Geheimagenten, der geraubtes Gut zurückgewinnen will. Bald nach Adams und Evas Verbannung aus Eden sind göttliche Fußspuren auf dem von Disteln und Dornen übersäten Boden zu sehen. Er geht nicht mehr in der Kühle des Abends in seinem schönen Garten spazieren. Stattdessen stürzt er sich in das dunkle Chaos eines postparadiesischen Zeitalters und macht sich auf die Suche nach seinen gefallenen Geschöpfen. Bühne frei für die unglaublichste Liebesgeschichte aller Zeiten.

Der Schöpfer taucht wieder auf

Gleich in der nächsten Sequenz dieser Tragödie stoßen wir wieder auf den Schöpfer – auf einem Feld. Banaler Alltag für Adams Familie, nicht viel anders als unser Alltag. Seine Söhne sind Landwirte, arbeiten gemäß der Voraussage Gottes im Schweiß ihres Angesichts. Kain, der Ältere der beiden, ist Fachkraft für Gemüse- und Getreidebau, Abel Viehhirte.

Kain fällt seit Längerem auf, dass sein Bruder Abel das bessere Los gezogen hat – fröhlicher und beschwingter durch den Tag geht, einen guten Draht zu Gott hat, eine bessere Rendite für seine Arbeit vorzeigen kann. Der Kerl betet Gebete, die ankommen. Ein unterschwelliger Groll staut sich in Kains Seele, er wird verbittert. In diesem Moment klinkt Gott sich ein und warnt ihn vor den möglichen Folgen seiner neidischen Gedanken:

Warum bist du zornig, und warum hat sich dein Gesicht gesenkt? Ist es nicht so, wenn du recht tust, erhebt es sich? Wenn du aber nicht recht tust, lagert die Sünde vor der Tür. Und nach dir wird ihr Verlangen sein, du aber sollst über sie herrschen.
    1. Mose 4,6-7

Doch Kain nimmt sich die Warnung nicht zu Herzen. Sein Verhältnis zu Gott wird schon im Vorfeld nicht gerade rühmlich gewesen sein. Eine Kleinigkeit bringt das Fass zum Überlaufen, er rastet aus und schlägt seinen Bruder tot.

Aber Gott lässt nicht locker. Er versucht, den ersten Mörder der Geschichte zurückzugewinnen. Schon wieder eine Premiere. Solche Versuche sollen Gottes Markenzeichen werden. Für sein Bemühen, dem aufgebrachten Kain eine zweite Chance zu geben, erntet er nur weitere Halsstarrigkeit. Die Geschichte der Eltern wiederholt sich. Gott stellt erneut eine jener peinlichen Fragen, die sich quer durch die Bibel ziehen: »*Wo ist dein Bruder Abel?*« Kain schießt zurück: »*Bin ich meines Bruders Hüter?*« *(1. Mose 4,9).* Wie einst sein Vater weist er die Schuld von sich und schlägt Gottes Warnungen trotzig in den Wind. Er ist wütender über die Reaktion Gottes auf seine Tat als über den Mord, den er begangen hat. Seine Sünde benebelt seine Sicht und sorgt auch hier für einen verheerenden blinden Fleck.

So ging Kain weg vom Angesicht des Herrn und wohnte im Land Nod, östlich von Eden.

1. Mose 4,16

Das Land Nod wird auch mit »Land der Heimatlosigkeit« übersetzt. Die Nähe des Herrn zu verlassen, bedeutet wieder Exil, Isolation und innere wie auch äußere Wanderschaft. Die Kultur der Gewalt, die Kain begründet hat, wird von seinem Nachwuchs fleißig ausgebaut (1. Mose 4,24).

Grundstimmung Einsamkeit

Das Land der Heimatlosigkeit, das Land des ruhelosen Lebens: Symbolisch stehen diese Begriffe weniger für Kains Wanderschaft als für die Orientierungslosigkeit seiner Seele. Weg aus der Nähe Gottes. Fort von der Blutlache und den Kampfspuren, die eine schlammige Mulde auf dem Feld hinterlassen haben. Auf der Suche nach ... wonach eigentlich? Nach einer Identität? Nach einem Zuhause? Nach dem Gefühl: »Hier gehöre ich hin«?

An seinem neuen Wohnort macht Kain etwas aus seinem Leben. Er ist ein kompetenter Mann. Die Gottes-Ebenbildlichkeit lässt auch den gefallenen Menschen eine beeindruckende Figur machen. Er baut eine Stadt, gründet eine Dynastie, aus der die ersten Musiker (1. Mose 4,21) entspringen. Die Landwirtschaft wird weiterentwickelt, Handwerkskünste – das Schmieden von Kupfer und Eisen – werden entdeckt (Vers 22). Das Streben nach Heimat bringt eine Kultur hervor, die sich sehen lassen kann. Aber abgekoppelt von Gott bleibt diese Kultur ein billiges Plagiat, ein Werkzeug zur Selbstverherrlichung des Menschen. Gottes Traum von einem harmonischen Miteinander, das das Miteinander des Himmels widerspiegelt, schlummert nach wie vor in der menschlichen Seele. Aber die Kraft und die Inspiration fehlen, die nur Gott schenken kann. An ihre Stelle tritt die Selbstverherrlichung des Menschen. So überrascht es nicht, dass ein namhafter Führer aus der Sippe Kains vor seinen Frauen prahlt:

Fürwahr, einen Mann erschlug ich für meine Wunde und einen Knaben für meine Strieme. Wenn Kain siebenfach gerächt wird, so Lamech siebenundsiebzigfach.

1. MOSE 4,23-24

So viel zur menschlichen Alternative zum Spazieren mit Gott in der Kühle des Abends.

Die Sehnsucht nach diesen Spaziergängen lässt sich jedoch nicht auslöschen. Abel, Kains Bruder, hat sich auf sie eingelassen. Erst im Neuen Testament erfahren wir, was für ein Mann er war. Von Jesus wird er als »gerecht« bezeichnet (Matthäus 23,35). Der Schreiber des Hebräerbriefs weiß: »*Durch Glauben brachte*

Abel Gott ein besseres Opfer dar als Kain« (Hebräer 11,4). Der Apostel Johannes mahnt: *»Nicht wie Kain sollen wir sein« (1. Johannes 3,12),* und erklärt, warum Kain den Mord begangen hat: *»weil seine Werke böse waren, die seines Bruders aber gerecht.«*

Kain nimmt zwar kognitiv wahr, dass es Gott gibt, und er kennt ihn gut genug, um mit ihm ein Streitgespräch zu führen, aber diese Beziehung bedeutet ihm wenig. Er liefert sein religiöses Scherflein ab und hofft, Gott damit besänftigt zu haben. Es ist nicht die innige Gottesfurcht eines Abels, dessen Opfer Gott angenommen hat: *»Durch Glauben brachte Abel Gott ein besseres Opfer dar« (Hebräer 11,4).* Abel, wie viele andere nach ihm, bezahlt dafür einen bitteren Preis. Ein Kräftemessen zwischen zwei Königreichen ist im Gange, ein Ringen um die Seelen der Menschen. Abels Blut schreit bis heute *»vom Ackerboden her«* *(1. Mose 4,10).*

Erstaunlich an dieser Geschichte ist die hartnäckige Ausdauer einer göttlichen Suche, die nur mit Undankbarkeit und Hohn erwidert wird. *»Denn wir dürfen den abstoßendsten und unerklärlichsten Wesenszug des Feindes nie vergessen«,* klagt Screwtape seinem Neffen, dem Unterteufel Wormwood, in »Dienstanweisung für einen Unterteufel«. *»Er liebt diese haarlosen Zweibeiner, die er erschaffen hat, wirklich.«*[8]

Bonus mit Fragezeichen

Ein junger Israeli, den unsere Tochter während eines Studiensemesters in Haifa kennengelernt hatte, fuhr mit uns zur libanesischen Grenze, wo wir bei einer befreundeten arabischen Familie eingeladen waren. Er hatte mit dem Glauben nichts am Hut, weder mit dem orthodoxen noch mit dem messianisch-jüdischen noch mit dem christlichen. Wir befragten ihn über seine Zeit in Deutschland, wo er vor seinem Militärdienst in Israel gewesen war.

»Die Deutschen sind komisch«, meinte er. Mit einem Augenzwinkern fügte er hinzu: »Die deutschen Christen haben mich am meisten genervt« – wohl wissend, dass auch wir deutsche Christen sind. »Sie bekommen große Augen, wenn ich sage, dass ich Jude bin, und fragen, wie es denn sei, zum auserwählten Volk zu gehören und von Gott besonders geliebt zu sein.«

»Und was antwortest du?«, fragte ich.

»Dass es beschissen ist«, erwiderte er, ohne Augenzwinkern. »Was habe ich getan, um das zu verdienen? Gott hätte sich ein anderes Volk auswählen sollen. Wäre mir eigentlich viel lieber gewesen. Von Gott ausgewählt und geliebt zu werden? Das ist für mich eine Strafe!«

Ich antwortete schmunzelnd, dass er ganz schön heftig und aufgebracht über einen Gott redete, von dem er doch behauptete, dass er gar nicht existieren würde.

Obwohl ich die Ansichten des Studenten, dass es schrecklich ist, zum auserwählten Volk zu gehören, nicht teile, dachte ich hinterher: »Tja, Gott musste irgendwo anfangen. Irgendwen musste es treffen.«

Sünde kam durch einen Menschen in die Welt und brachte mit sich die Entwurzelung und Entfremdung eines Wesens, das auf Gemeinschaft programmiert war. Ebenso musste die Rettung durch einen Menschen kommen und sich auf andere Menschen ausbreiten, damit die Gemeinschaft wiederhergestellt werden konnte.

Gott fängt wieder von vorn an

Zurück zu den turbulenten Anfangskapiteln der Bibel. Neuanfänge werden zu Gottes Spezialität. Abel tot, Kain auf Wanderschaft: Gott krempelt die Ärmel hoch und fängt von vorn an.

Und Adam erkannte noch einmal seine Frau, und sie gebar einen Sohn und gab ihm den Namen Set: Denn Gott hat mir einen anderen Nachkommen gesetzt anstelle Abels, weil Kain ihn erschlagen hat. Und dem Set, auch ihm wurde ein Sohn geboren, und er gab ihm den Namen Enosch. Damals fing man an, den Namen des Herrn anzurufen.

1. MOSE 4,25-26

Bezeichnend ist dieser kleine Satz am Ende der Verse: »Damals fing man an, den Namen des Herrn anzurufen.« Dieses Beten bleibt nicht ohne Folgen. In der neuen Segenslinie Seths scheint Gottes Gegenoffensive gegen den Satan richtig in Schwung zu kommen. Wo immer er eine Chance sieht, richtet er seinen Blick auf einen Menschen, der empfänglich für sein Wirken ist, und stellt sich diesem vor. Der Geist Gottes brütet auch nach dem Sündenfall über der Erde und sucht in einer gefallenen Schöpfung nach Herzen, in denen er das Licht Edens wieder zum Leuchten bringen kann.

Zu jeder Zeit der Geschichte Gottes mit den Menschen hat irgendein nichts ahnender Held das zweifelhafte Vergnügen, Gottes unwiderstehliche Stimme zu hören und seine Adresse auf Erden zu werden. Von so einem Schicksal überrollt zu werden, löst eine Mischung aus Schreck und Euphorie aus.

Manchmal ist Gottes Wirken wie ein impulsiver Überfall. Henoch, dessen Hauptkennzeichen es ist, dass er mit Gott wandelt (1. Mose 5,22), wird mir nichts, dir nichts vorzeitig in die Ewigkeit entrückt. Vermutlich wird er nicht gefragt, ob es ihm so recht ist oder nicht. Was seine Familie wohl davon gehalten hat? Ich vermute, er selbst hat nach seiner Entrückung keinen Augenblick zurückgeschaut, genauso wenig wie ein Schulkind, das plötzlich erfährt, dass die Klassenarbeit ausfällt und es stattdessen nach Hause gehen darf, um ein Fest zu feiern.

Gottes Landeplätze

Die meisten Freunde Gottes kommen nicht so glimpflich davon. Auf Gottes Stimme zu hören, bleibt ein Risiko mit ungewissem Ausgang. Die Reaktionen, die wir in der Bibel finden, sind unterschiedlich. Noah soll eine kleine Restschar von Gottesfürchtigen aus einer Welt herausretten, die nicht mehr zu retten ist. Auf den Auftrag, die Arche zu bauen, reagiert er mit unkomplizierter Nüchternheit. Wir lesen von keinen Einwänden, keinen Diskussionen, keinen Achterbahnen der Gefühle. Wahrscheinlich erlaubt der riesige Umfang der Aufgabe keinen Raum für Zeiten der Flaute und der Zweifel. Der Prophet Daniel wird krank, als Gott in seinem Leben auftaucht (Daniel 8,27). Der Prophet Jona flüchtet (Jona 1,3), Johannes sinkt erschrocken zu Boden (Offenbarung 1,17). Zacharias, der Vater von Johannes dem Täufer, wird stumm (Lukas 1,20). Mose sucht nach Ausreden (2. Mose 3). Hiob ist tief empört, dass Gott sich in sein Leben einmischt (Hiob 6,9). Wer kann es ihm verdenken, bei der Lawine von Katastrophen, die ihn überrollt?

Ähnlich geht es dem Propheten Jeremia, der mitten im Schmelztiegel des Leids aufs Übelste ausrastet:

Verflucht sei der Tag, an dem ich geboren wurde; der Tag, an dem meine Mutter mich gebar, sei nicht gesegnet! Verflucht sei der Mann, der meinem Vater die frohe Botschaft brachte und sagte: »Ein Sohn ist dir geboren«, ... Wozu nur bin ich aus dem Mutterleib hervorgekommen?«

Jeremia 20,14-15.18

Jeremia windet sich, will sich immer wieder aus seinem undankbaren prophetischen Dienst ausklinken und ein normales Leben führen. Er merkt aber, dass seine Leidenschaft für Gott ihm zu tief in den Knochen sitzt. Viele, die sich auf Gottes Rufen eingelassen haben, stellen fest, dass es kein Zurück mehr gibt:

Doch sooft ich mir sage: Ich will nicht mehr an ihn denken und nicht mehr in seinem Namen reden, wird es in meinem Herzen wie brennendes Feuer, eingeschlossen in meinen Gebeinen. Und ich habe mich vergeblich abgemüht, es weiter auszuhalten, ich kann nicht mehr!

JEREMIA 20,9

Fanden sich Worte von dir, dann habe ich sie gegessen, und deine Worte waren mir zur Wonne und zur Freude meines Herzens; denn dein Name ist über mir ausgerufen, Herr, Gott der Heerscharen.

JEREMIA 15,16

Es gibt so viele Varianten in den Reaktionen von Gerufenen, wie es Gerufene gibt. Die drei Freunde des Propheten Daniel sind hier epische Helden. Kein Zögern, keine Widerrede, alle drei und später auch Daniel schauen dem Tod ins Gesicht, ohne mit der Wimper zu zucken (Daniel 3 und 6). Die Jünger von Jesus sind das Kontrastprogramm dazu – sie grummeln und strampeln hinter Jesus her, manchmal mit mehr, manchmal mit weniger Lust, denken einmal sogar über einen Ausstieg nach, halten sich aber – mangels einer besseren Alternative – letztlich doch zur Mannschaft:

Da sprach Jesus zu den Zwölfen: Wollt ihr etwa auch weggehen? Simon Petrus antwortete ihm: Herr, zu wem sollten wir gehen? Du hast Worte ewigen Lebens.

JOHANNES 6,67-68

Thomas der Zweifler steht immer wieder kurz vor einem heißblütigen Aufstand (Johannes 11,16; Johannes 20,25-26), beim Verräter Judas brennt nach einigen Runden des Kopfschüttelns die letzte Sicherung durch und er wechselt die Seite.

Göttliche Zähigkeit

Gott reagiert mit Gelassenheit auf die Launenhaftigkeit seiner Verbündeten. Wie sie sich gerade fühlen, wird von ihm nicht groß beachtet. Gut zu wissen. Die Schwächen und Defizite eines unberechenbaren Herzens sind wohl mit einkalkuliert. Das ist das Wunder der Liebe Gottes. Die Initiative geht von ihm aus und er trägt die Verantwortung. Das gibt Sicherheit. Das gibt Halt. Auch in meinem Leben heute. Nicht ich gehe ihm nach, sondern er geht mir nach. *»Ihr habt nicht mich erwählt, sondern ich habe euch erwählt«* (Johannes 15,16). Dieses Kompliment ist unbegreiflich. Ich bekomme die Möglichkeit, mich in etwas, oder vielmehr in jemanden, zu verlieren, der größer ist als ich. Mal klagend, mal hadernd, aber eines steht fest: Es gibt kein Zurück. Meine Gefühlswelt verliert ihre Macht über mein Schicksal. Meine Ichzentriertheit muss den Chefsessel räumen.

So fängt Gott die Rückeroberung seiner verlorenen Schöpfung an. Mit einzelnen Menschen, die ihre Ohren spitzen, wenn er sich meldet. Seine ausgestreckte Hand ist außerdem immer mit einem Auftrag verbunden – dem gleichen Auftrag, den Adam ausführen sollte. Die Schöpfung im Auftrag Gottes zu bewahren, zu bebauen und zu füllen. Mit jeder neuen Generation, die sich nach ihm ausstreckt, verschickt er erneut die Einladung, Heimatklänge Gottes erinnern an Eden, fordern Menschen dazu auf, in die Wärme der Nähe Gottes zurückzukehren. Nach Noah ist Abraham der Nächste, der auserwählt, gesegnet und beauftragt wird, den Segen Gottes auf feindlichem Territorium zu verbreiten:

Und in deinem Samen werden sich segnen alle Nationen der Erde dafür, dass du meiner Stimme gehorcht hast.
    1. Mose 22,18

Diese Verheißung an Abraham wird auch in unserem Leben

erfüllt, indem wir uns die Worte von Jesus zu Herzen nehmen. Kurz bevor er zum Himmel auffährt, befiehlt er seinen Jüngern:

> *Geht nun hin und macht alle Nationen zu Jüngern ... und lehrt sie, alles zu bewahren, was ich euch geboten habe! Und siehe, ich bin bei euch alle Tage bis zur Vollendung des Zeitalters.*
> MATTHÄUS 28,19-20

Der Missionsbefehl Jesu ist nicht die Verkündigung einer neuen Religion. Es ist die Einladung zurück ins Team Vater-Sohn-Heiliger Geist, wo wir unseren Ursprung haben. Es ist die Einladung, unseren Platz am Familientisch wieder einzunehmen.

Seine, nicht meine Idee

C.S. Lewis hat mit den »Chroniken von Narnia« eine Buchreihe geschaffen, in der er christliche Wahrheiten in wunderschöne Geschichten verpackt. Dabei spiegelt der Löwe Aslan etwas von Gottes Wesen wider.

Im Buch »Der silberne Sessel« begegnet das Schulmädchen Jill dem Löwen am Anfang ihres Abenteuers in Narnia. Aslan erzählt ihr von einer Aufgabe, für der er sie und Eustace aus ihrer Welt gerufen hat. Jill wendet ein, dass dies ein Missverständnis sein müsse: »*Weißt du, uns hat nämlich keiner gerufen. Wir haben darum gebeten, hierherkommen zu dürfen ...*« Der Löwe antwortet: »*Ihr hättet mich nicht gerufen, wenn ich euch nicht gerufen hätte.*«[9]

Aus irgendeinem unbegreiflichen Grund will Gott uns in seiner Mannschaft haben. Erwählt er uns oder erwählen wir ihn? Während verschiedene Schulen der Theologie zu dieser Frage die Fetzen fliegen lassen, macht die Bibel kein großes Drama draus. Gott handelt nicht willkürlich, zieht keine Lose, nach dem

Motto: »Den nehme ich, den nicht.« Jeder, der den Namen des Herrn anruft, wird gerettet (Römer 10,13). Wer sucht, findet (Jeremia 29,13-14). Wer findet, entdeckt, dass Gott schon die ganze Zeit auf der Suche war. In diesem Sinne ging die Initiative sehr wohl von ihm aus.

Egal wie das Drehbuch seines Wirkens genau funktioniert, eines wissen wir. Die Engel im Himmel machen Luftsprünge und ein regelrechter Taumel von göttlicher Freude bricht aus, wenn ein verlorener Mensch sich finden lässt und nach Hause kommt (Lukas 15).

Gottes Rufen – nüchtern, aber zärtlich

Bis heute fällt es mir schwer, wirklich zu begreifen, dass Gott mich mag und in seinem Team haben will. Doch auch wenn ich diesen Teil oft nicht verstanden habe und bis heute oft nicht verstehe, war für mich immer klar: »Er ruft und ich habe zu folgen. Ich bin seine Leibeigene, er ist der Chef, und ich will es keinen Augenblick lang anders haben. Seine Nähe ist das eine Glück, ohne das ich nicht sein will.«

Was nicht bedeutet, dass es immer einfach war. Ich wollte Menschen helfen, Gemeinde bauen, die Familie Gottes auf Erden entdecken und dazu beitragen, dass sie gelingt. Ein guter Schuss jugendlicher Idealismus war auch dabei. Träume von großen Heldentaten für Jesus, verbunden mit Familienglück und Abenteuer. Meine Freundin und ich beschlossen einmal im Spaß: Falls uns keiner heiraten wollte, würden wir als tapfere Missionarinnen Alligatoren im Amazonasgebiet bezwingen, Einheimischen das Evangelium predigen und Geschichte für Jesus schreiben.

Und dann, wie ein Lastwagen mit schreiender Hupe und blendenden Scheinwerfern, traf mich die Realität. Plötzlich war ich weit weg von den unbekümmerten Abenden am Lagerfeuer, an denen wir als Jugendliche geträumt, gebetet und gelacht hatten und die Welt verändern wollten. Ich war noch recht jung, als ich bereits die Frau eines Pastors und Mutter von vier kleinen Kindern war und mitten in einer Gemeindearbeit stand, die mir alles abverlangte, was ich hatte – und vieles, was ich nicht hatte. Nach zehn Jahren stand ich kurz vor dem Zusammenbruch.

Einmal waren wir im Urlaub und die Aussicht auf die Rückkehr ins Kampffeld Gemeinde war grauenvoll. Ich flehte Gott um seinen Beistand an und heulte mich richtig aus. In der Nacht träumte ich.

Ich sah mich an einem Tisch sitzen, mein Kopf auf meine verschränkten Armen gestützt. Mir gegenüber saß Jesus. Er blickte mich mit unglaublich zärtlichen, ernsten Augen an und wartete, bis mir die Tränen ausgegangen waren. Er sprach kein Wort. Irgendwann trommelte er mit den Fingern auf den Tisch und machte Anstalten, aufzustehen.

Ich wusste, es war Zeit zu gehen. Ich war eine Berufene, ich stand unter einem Befehl, ich war in seinem Auftrag unterwegs. Ich erhob mich, schnäuzte mich, steckte mein Taschentuch in meine Hosentasche zurück, legte meine Hand in seine und wir machten uns auf den Weg. Das war es.

Als ich morgens aufwachte, hatte ich einen tiefen Frieden im Herzen und die Kraft, dem Dienst in der Gemeinde wieder ins Auge zu schauen.

Eine Liebe, die nicht lockerlässt

Gottes Hartnäckigkeit, nicht meine Tapferkeit, ist das Glaubensfundament, das mich trägt. Das, was er für mich getan hat, nicht meine unbeholfenen Versuche, etwas für ihn zu tun. Seine unerschütterliche Liebe für mich, nicht meine launenhafte Liebe für ihn. Warum bleibt er so entschlossen an mir dran? Warum holt er mich immer wieder aus dem Sumpf meiner Lustlosigkeit heraus? Was bringt es ihm? Die Erfolgsquote meiner Arbeit für ihn ist nicht gerade beeindruckend. Keine Massen haben durch mein Wirken zu Gott gefunden, keine geistliche Erweckung ist um meine Familie herum ausgebrochen. Die Rendite für Gottes Investition in mich ist nichts, womit er sich rühmen könnte.

Welcher Geschäftsmann setzt alles auf ein Projekt, das so minimale Chancen auf Erfolg hat? Viele Diener Gottes schaffen es nicht einmal über die Ziellinie. Geben auf halber Strecke auf, werden von Enttäuschungen und Rückschlägen überrollt, ziehen sich vom aktiven Glaubensleben zurück. Unternehmungsberater würden sofort sagen: »Das ist kein rentables Geschäftsmodell, macht den Laden dicht, er ist nicht lebensfähig.« Es ist irrsinnig, so beharrlich um Mitarbeiter zu werben, die so unzuverlässig sind. Der Glaube kann unmöglich die Umsätze bringen, die diese Investition fordern würde.

Meine Tochter, seit einem Jahr verheiratet, gibt zu, dass sie ihr altes Zuhause und sogar ihre Eltern vermisst, fügt aber gern mit einem Zwinkern hinzu: »Das Schönste am Eheleben ist, dass meine Mutter nicht wach im Bett liegt, bis ich abends nach Hause komme.« Und wie bin ich wach geblieben! Auch wenn ich wusste, dass meine Kinder in gesunder Gesellschaft waren, in sicheren Autos und in alkoholfreien Umgebungen unterwegs, konnte ich erst dann einschlafen, wenn alle eingetroffen und die Haustür abgeschlossen war. Ich habe versucht, es nicht so wichtig zu nehmen. Die Tür zu meinem Schlafzimmer zugemacht, mich daran erinnert, dass alle vier zeitweise im Ausland und wochenlang von zu Hause weg waren. Da hatte ich nachts auch nicht in Sorge um sie wach gelegen. Es half nichts.

Eine Stufe auf der Treppe nach oben zu ihren Zimmern quietschte, das war auch durch die geschlossene Tür zu hören. Bis ich die Stufe so oft quietschen gehört hatte, wie Kinder ausgegangen waren, konnte ich nicht schlafen. Ich zählte Schafe, ganze Herden davon, erfand Geschichten über die Kater, die einander draußen anfauchten, atmete tief ein und aus im Einklang mit dem Schnarchrhythmus meines Mannes. Hoffnungslos. Erst wenn das letzte Kind zu Hause war, drehte ich mich um und schlief ein. Dass meine Kinder diese übertriebene Fürsorge nie erwidern würden, niemals wegen mir nur eine einzige schlaflose Nacht haben würden, störte mich nicht im Geringsten.

So ist auch Gott. Er denkt an uns, weil er nicht anders kann. Er entschuldigt sich nicht dafür, es ist ihm nicht peinlich, er steht in aller Öffentlichkeit dazu. Die Bilder und Metaphern, mit denen die Bibel diese Liebe beschreibt, sind einprägsam, manchmal banal. Ein trauernder Vater marschiert rastlos auf der Dachterrasse hin und her, Tag für Tag späht er immer wieder zum Horizont, fragt sich mit einem Kloß im Hals, ob heute der Tag sein könnte, an dem der Sohn endlich nach Hause kommt. Eine Hausfrau stellt die Einrichtung ihres Hauses auf den Kopf, um die fehlende Münze zu finden. Ein Hirte schleppt sich nachts durch wildes Gestrüpp und an Gruben und Verstecken von wilden Tieren vorbei, um ein einzelnes verlorenes Schaf nach Hause zu bringen. Eine Henne schlägt mit den Flügeln und gackert laut, damit ihre Küken darunter Schutz vor Raubvögeln suchen.

Das ist eine Sprache, die sogar ein Kind versteht, »*vor Weisen und Verständigen verborgen*« und »*Unmündigen offenbart*« *(Matthäus 11,25)*. Niemand braucht eine theologische Ausbildung dazu. Es ist Liebessprache in ihrer reinsten Form.

Schon zur Zeit des Auszugs von Israel aus Ägypten löst diese göttliche Liebe ein fassungsloses Kopfschütteln aus. Mose hat eine einzige Erklärung dafür:

> *Nicht weil ihr mehr wäret als alle Völker, hat der Herr sich euch zugeneigt und euch erwählt – ihr seid ja das geringste unter allen Völkern –, sondern wegen der Liebe des Herrn zu euch ...*
>
> 5. Mose 7,7-8

König David rätselt, warum Gott, der allmächtig und in sich vollständig ist, Menschen seine Zuwendung schenkt und ihnen so eine Würde verleiht:

Was ist da schon der Mensch, dass du an ihn denkst? Wie klein und unbedeutend ist er, und doch kümmerst du dich um ihn. Du hast ihn nur wenig geringer gemacht als die Engel, ja, mit Ruhm und Ehre hast du ihn gekrönt. Du hast ihm den Auftrag gegeben, über deine Geschöpfe zu herrschen.

PSALM 8,5-7; HFA

Ein Mensch, der bei solchen Worten ins Staunen gerät, hat angefangen, Gott zu verstehen, hat seine Füße wieder auf den unverdorbenen Boden Edens gesetzt. Von allen engen Freunden Gottes war der Apostel Johannes derjenige, der diese Erkenntnis am intensivsten verinnerlicht hatte: »*Ganz nah bei Jesus hatte der Jünger seinen Platz, den Jesus sehr lieb hatte*« (*Johannes 13,23;* HFA). Nicht weil Jesus Favoriten gehabt hätte. Der Herr liebte Johannes vermutlich nicht mehr als seine anderen Freunde. Johannes lebte jedoch mehr in dieser Liebe als die anderen. Er definierte sich aus dieser Liebe. Er sah sich nicht mehr als der »Sohn des Donners«, wie er früher genannt worden war (Markus 3,17), sondern als der, »den Jesus sehr lieb hatte«. Die Hingabe Gottes an ihn war der Ausgangspunkt seines gesamten Denkens und Fühlens. Als Jesus sagte: »*Mit Sehnsucht habe ich mich gesehnt, dieses Passahmahl mit euch zu essen, ehe ich leide*« (*Lukas 22,15),* glaubte Johannes das. Die Liebe seines Herrn war keine herablassende, mitleidsvolle Liebe. Es war Liebe auf Augenhöhe.

Als er auf die Erde kam und Mensch wurde, beschloss Jesus, seine Freunde genauso sehr zu brauchen, wie sie ihn brauchten. Er machte sich von ihnen abhängig, er hing an ihnen.

Das ist ein Wesenszug Gottes, der schon im Alten Testament deutlich wird: »*Mit menschlichen Tauen zog ich sie, mit Seilen der Liebe ... und sanft zu ihm gab ich ihm zu essen*« *(Hosea 11,4).*

Die Stimme wird hörbar

Überall in den Seiten der Bibel sind geflüsterte Botschaften, die uns einladen, auf das hartnäckige Werben Gottes um unsere Seele zu antworten, mit offenen Augen und Ohren durch den Alltag zu gehen, seine Fingerabdrücke zu erkennen, seine Stimme zu hören. Oft müssen andere Stimmen, die nach unserer Aufmerksamkeit verlangen, erst mal zum Schweigen kommen. Oft müssen die Klagen unserer eigenen Seele erst verstummen. Hiob wird empfänglich für das Reden Gottes, als er sich gründlich ausgeheult hat. Fünfunddreißig Kapitel lang! Erst dann meldet sich der Herr (Hiob 38). Und mit welcher Kraft! Plötzlich werden Hiob die Augen geöffnet.

»Vom Hörensagen hatte ich von dir gehört, jetzt aber hat mein Auge dich gesehen« (Hiob 42,5), verkündet er voller Staunen. Dort, wo er zuvor nur Schauspiele der Natur wahrgenommen hat, sieht er nun die Handschrift Gottes.

»Der Himmel erzählt die Herrlichkeit Gottes, und das Himmelsgewölbe verkündet seiner Hände Werk« (Psalm 19,2), schreibt König David in einem seiner eindrucksvollsten Psalmen. Gottes Geflüster ist in den zarten Blüten der Wiesen zu hören. Sie mühen sich nicht, spinnen auch nicht, doch nicht einmal *»Salomo in all seiner Herrlichkeit (war) bekleidet ... wie eine von diesen« (Matthäus 6,29)*. Gottes Geflüster ist in den strahlenden Bahnen des Regenbogens, die die Menschheit an seine Treue erinnern (1. Mose 9,14).

Immer wieder öffnen sich kleine Spalten zwischen den Welten, und Fragmente der Herrlichkeit Gottes platzen für kurze Augenblicke in die Vergänglichkeit unserer Welt hinein. Sie können uns an jeder Ecke überraschen – in den herrlichen Klängen einer Melodie, im zärtlichen Zauber frischer Schneeflocken, in den aufgetürmten Wolken, durch die ein einziger Sonnenstrahl dringt, der einen Flecken Erde in Gold verwandelt. Das geübte Ohr und das trainierte Auge nehmen diese Signale wahr. Sie erinnern uns daran, dass es einen gibt, der uns in seine Nähe einlädt, der uns begehrt, uns vermisst, wenn wir nicht nach Hause kommen. Ist das nicht die Liebe, nach der jede menschliche Seele sich sehnt?

Die nächsten Kapitel zeigen, zu welchen Maßnahmen Gott bereit war, um uns diese Liebe zu zeigen.

3. Der Stammbaum, der Bände spricht

Wahrheit ist eine herrliche, aber strenge Gebieterin. Sie berät nicht, diskutiert nicht, schließt keine Kompromisse. Sie ruft von den höchsten Berggipfeln: »Nehmt an meine Zucht und nicht Silber, und Erkenntnis lieber als auserlesenes Gold!« (Sprüche 8,10). Danach ist jeder Mensch auf sich selbst gestellt. Er kann das Angebot annehmen oder ablehnen, so wie es ihm gefällt: Keiner wird ihn zu irgendetwas zwingen, auch wenn sein Schicksal auf dem Spiel steht.

A.W. Tozer[10]

»Hier ist auch Platz für dich«

Josephine (wir nennen sie »Jo«) ist wie ein Magnet für Menschen, die sich nicht beachtet fühlen. Wenn sie in die Stadt zum Einkaufen fährt, kommt sie erst nach Stunden zurück. Nicht weil sie viel gekauft hätte, sondern weil sie viele Gespräche geführt hat. Wenn ich mit ihr irgendwo hingehe, muss ich reichlich Zeit einplanen, weil sie garantiert mit mindestens einem fremden Menschen ins Gespräch kommt, der ihr innerhalb von Minuten sein Herz ausschüttet. Ihre Kapazität für Small Talk ist unerschöpflich.

Mein verwitweter Vater war einer der einsamen Menschen, der in den Genuss ihres Mitgefühls kam. Als sie ihn schließlich heiratete, erwies sie sich als Glücksgriff für unsere Familie, die um meine verstorbene Mutter trauerte.

Josephines Kandidaten sind überall. Der Jugendliche, der in der Sitzreihe auf den Anfang der Versammlung wartet, während andere Jungs und Mädchen um ihn herum in ihren Gruppen plaudern. Die Frau, die allein an einem Tisch in einem Café sitzt, um die Zeit totzuschlagen. Der Gottesdienstbesucher, der an der Pinnwand steht, sein Gewicht von einem Fuß auf den anderen verlagert und das Terminblatt schon zum dritten Mal gelesen hat, weil niemand ihn anspricht. Die Rentnerin, die zu krank ist, um zum Frauenabend zu kommen.

Jo ist eine Integrationsspezialistin. Sie holt Menschen vom Rande des Geschehens mitten in die gesellige Runde hinein. Ihr Lebensmotto: »Hier ist auch Platz für dich.«

Jos Blick für einsame Menschen kommt nicht von ungefähr. Ihr Vater ließ die kleine Familie schon früh im Stich und ihre Mutter war mit der Erziehung des Kindes völlig überfordert. So wurde Jo von diversen Pflegeeltern und Erzieherinnen im Internat erzogen. Später wurde sie Lehrerin und bekam eine Stelle bei den britischen Streitkräften, die damals in Detmold in Deutschland stationiert waren. Dort wurde sie eingeladen, einen bekannten Evangelisten zu hören, und vertraute ihr Leben Jesus an. Ihr Blick für Außenseiter machte sie zu einer strahlenden Zeugin der Liebe Gottes, die ihr Heimat gegeben hatte.

Stammbäume und ihre Geheimnisse

»Hier ist auch Platz für dich« könnte als Motto über dem Drehbuch Gottes mit dieser Welt stehen. Wenn man die Bibel aufschlägt, ist die Einladung jedoch nicht immer auf den ersten Blick erkennbar.

»Und das soll mir Kraft für den Tag geben?«, fragte eine Bekannte einmal mit großen Augen. Sie wollte die Bibel kennenlernen, nachdem eine christliche Freundin ihr erzählt hatte, wie viel ihr dieses Buch bedeutet. Leider hatte sie dafür eines der Geschlechtsregister ausgewählt.

Selbst wenn es für westlich geprägte Bibelanfänger klüger wäre, sich fürs Erste mit den grünen Weiden in Psalm 23 und dem verlorenen Sohn in Lukas 15 auseinanderzusetzen – auch die Stammbäume haben es in sich. Die Entdeckung, dass lange Namenregister mit gutem Grund in die heiligen Schriften aufgenommen wurden, ist nicht neu. Dass sie eine mühsame Lektüre sind, ist ihr Qualitätssiegel. Fakten, Namen, Daten sind historische Eckpfeiler, sorgfältig recherchierte Archive, mit akribischer Sorgfalt von einer zur nächsten Generation weitergegeben. Man muss viele Stunden in den Vorlesungssälen der bibelkritischen Theologen verbracht haben, bevor man anfängt, sogar Stammbäume zu zerlegen und als Mythen zu erklären. Fakten sind hartnäckige Gesellen.

Einer der biblischen Stammbäume sticht besonders heraus. Am Anfang des Matthäusevangeliums werden die Vorfahren von Jesus Christus aufgelistet. Mitten in der ansonsten lückenlosen Reihe jüdischer Stammväter kommen vier Frauen vor. Allein das ist eine provokante Zeichensetzung für damalige patriarchalische Verhältnisse.

Doch es ist umso erstaunlicher, wenn man sieht, was für Frauen das waren. Die vier sind keine mustergültigen Töchter altpriesterlicher Dynastien oder Zöglinge der geistlichen Elite, ganz im Gegenteil: Tamar war die verstoßene Schwiegertochter Judas, die sich als Hure verkleidete und mit ihrem Schwiegervater Sex hatte. Rahab war eine heidnische Prostituierte. Rut war eine heidnische Witwe aus Moab. Batseba war eine Ehebrecherin, die eine Notheirat mit König David einging. Der Stammbaum nennt diese Sünde sogar klar beim Namen: *»David aber zeugte Salomo von der Frau des Uria« (Matthäus 1,6).*

Wenn Gott seine Leidenschaft für ausgestoßene Menschen klarmachen wollte, hätte er keinen besseren Weg finden können. Jede Variante einer gebrochenen Existenz wird direkt in die Genetik des Christus hineingetragen, eingefasst in eine Tabelle von Geburts- und Todesdaten. Der, der »Sünde nicht kannte«, wurde im buchstäblichsten Sinne für uns »zur Sünde gemacht« (2. Korinther 5,21).

Eine Familie und ein Auftrag

Der Stamm, der diese faszinierende Mischung aus Helden und Verliererinnen hergibt, ist der Stamm Juda. Schon bei der Gerichtsverkündigung an die Schlange im Garten Eden klingt Juda zum ersten Mal an, aber noch erfährt der Leser nicht seinen Namen. Es ist lediglich die Rede von einem Nachkommen Adams, der der Schlange den Kopf zertreten und der Vernichtungsmaschinerie der Sünde und des Todes ein Ende setzen wird.

Es folgen jahrhundertelang verschleierte Anspielungen in den Sprüchen und Schriften der Seher. Die Propheten deuten auf ein monumentales Ereignis hin, das die Welt eines Tages für immer verändern wird. Verschleiert, weil Gott sich nicht gerade Erfolg versprechende Kandidaten für sein Wirken aussucht. Sein Plan, die Lebensgemeinschaft Edens auf Erden wiederherzustellen, ist ein Lauf mit Hindernissen. Gerade das macht die Geschichte so glaubwürdig. Kain baut eine Stadt, aber eine Stadt voller Gewalt (1. Mose 4,23). Der Neustart mit Noah, der Regenbogen und die damit verbundene Zusage Gottes, dass er die Erde nie wieder mit einer Sintflut überschwemmen wird, lassen auf bessere Zeiten hoffen (1. Mose 8). Bald gibt es jedoch wieder eine Stadt, die von Menschen gebaut wurde, die selbst Gott sein wollen: Babel (1. Mose 11). Gott greift ein, um Schlimmeres zu verhindern, zerstreut die ehrgeizigen Aufsteiger über die ganze Erdfläche und fängt erneut von vorn an. Sobald der Name Abram, später Abraham, auf dem biblischen Radarschirm erscheint, gewinnen Gottes Absichten plötzlich an Klarheit und Momentum:

Ich will dich zu einer großen Nation machen, und ich will dich segnen, und ich will deinen Namen groß machen, und du sollst ein Segen sein! Und ich will segnen, die dich segnen, und wer dir flucht, den werde ich verfluchen, und in dir sollen gesegnet werden alle Geschlechter der Erde!

1. Mose 12,2-3

Starke Worte. Manchmal frage ich mich, warum Gott seine Zusprüche nicht realistischer formuliert. Müssen sie so bombastisch sein? Er wirft einen Sprengsatz ins Geschehen, lässt einen seiner armen Diener auf Höhenflüge der geistlichen Vollmacht und ein Paradies auf Erden hoffen, und dann verschwindet er für ein paar Jahrhunderte wieder. So kommt es mir zumindest vor. Er versäumt es, Abraham zu sagen, dass es etwa zweitausend Jahre dauern wird, bis die Verheißung in Erfüllung geht. Dass für Gott tausend Jahre wie ein Tag sind (2. Petrus 3,8), ist kein großer Trost für uns Menschen, die in Raum und Zeit gefangen sind und für die ein Tag manchmal wie tausend Jahre erscheint.

Aber Gott bleibt geduldig an seinem Plan dran. Einen weiteren Fehlstart gibt es, als Abrahams Frau Sara versucht, mit einer Leihmutterschaft an den verheißenen Sohn zu kommen. Darauf folgen weitere Jahre göttlicher Funkstille, bis Sara mit Staunen entdeckt, dass sie schwanger ist.

Mit dem lang erwarteten Sohn der Verheißung, Isaak, und seiner hübschen Frau Rebekka entsteht eine kleine Familienidylle. Dieses Paar ist eins der wenigen Ehepaare in der Bibel, die man als glücklich bezeichnen kann – bis jeder von ihnen einen ihrer beiden Söhne bevorzugt. Die Geschichte ihrer Zwillinge Esau und Jakob bietet ganz großes Kino und viel Drama.

Die Geschichte von zwei Schwestern: Juda bekommt ein Gesicht

Sie ist ein normales Mädchen, aufgewachsen in einer bürgerlichen, gläubigen Familie. Nichts in ihrem Leben deutet darauf hin, dass ihr Name eines Tages in den bedeutsamsten Geschlechtsregistern aller Zeiten stehen wird. Erst recht nicht, nachdem sie dazu verurteilt ist, in der Familie immer die zweite Geige zu spielen. Sie heißt Lea. Das Erste, was wir über sie erfahren, ist: »*Leas Augen waren matt; Rahel aber war schön von Gestalt und schön von Aussehen*« *(1. Mose 29,17)*. Dass Lea wirklich hässlich ist, ist schwer vorstellbar, denn die Verwandtschaft wimmelt von Schönheiten: ihre Schwester Rahel, ihre Tante Rebekka, die Isaak in ihren Bann gezogen hat, ihre eigene Tochter Dina, die einmal alle Blicke auf sich ziehen wird (1. Mose 34). Lea wird wohl auch auf ihre Art hübsch gewesen sein.

Aber unter dem gleichen Dach lebt eben eine, die hübscher ist und alles besser kann. Vielleicht sind Leas »matte«, glanzlose Augen nur deswegen auffällig, weil Rahels Augen alles andere als glanzlos sind? Weil sie witziger, extrovertierter, lebhafter, schlagfertiger ist? Lea kann sich noch so viel anstrengen, um aufzufallen, Rahel übertrumpft sie. Und Jakob, der attraktive Cousin aus Haran, der eines Tages aufkreuzt, verliebt sich prompt in sie. Für Lea, die sich nichts sehnlicher wünscht als einen Mann und Kinder, ist das ein Schlag ins Gesicht. Die Aussicht auf eine Heirat ist ohnehin gering in der Wüstensiedlung, in der die Familie lebt.

Die weitere Geschichte liest sich wie ein Skandal aus der Klatschpresse. Vater Laban steht seinem Neffen Jakob, der den eigenen Bruder um das Erbe gebracht hat, in Sachen Betrug in nichts nach. Familiensitten verordnen, dass die ältere Schwester vor der jüngeren heiratet, so behauptet er später. Ob dies stimmt oder er nur den doppelten Brautpreis einstreichen will, ist ungewiss. Jedenfalls landet anstelle von Rahel Lea im Ehebett. Eine verschleierte Braut, eine pechschwarze Nacht nach einem langen Abend, an dem literweise Alkohol geflossen ist: Es ist wohl nicht schwierig, aus Versehen mit der falschen Frau Sex zu haben. Der Schock kommt erst beim Aufwachen: Am nächsten Morgen entdeckt Jakob entsetzt, dass nicht Rahel, sondern Lea neben ihm liegt (1. Mose 29,25).

Um sich auf so ein niederträchtiges Spiel einzulassen, muss Lea verzweifelt gewesen sein. Der Rest der Geschichte ist peinlich und schmuddelig. Jakob holt nach einer kurzen Woche auch Rahel ins Ehebett, das Dreieck wird für alle Beteiligten zur Hölle. Leas Platz auf der Ersatzbank ist gesichert und Rahel brüstet sich in ihrer Sonderrolle als Lieblingsgattin. Eine Trumpfkarte hat die verstoßene Frau allerdings noch in der Hand: Sie ist fruchtbar, Rahel nicht.

Aber Leas Herz blutet weiter, trotz Kindersegen. Die nächsten Jahre werden sehr kurz zusammengefasst. Mit jedem neuen Bibelvers betritt ein neuer Sohn die Bühne. Wie so oft in der Bibel erzählen Namen Geschichten. Ruben heißt übersetzt: *»Seht, ein Sohn.«* Die ungeliebte Ehefrau ergänzt: *»Der Herr hat mein Elend angesehen. Denn jetzt wird mein Mann mich lieben« (1. Mose 29,32).* Weit gefehlt. Es bleibt beim Punkt am Ende des Satzes. Offensichtlich liebt sie ihr Mann trotzdem nicht. Denn bei der Geburt von Simeon, das heißt *»Erhörung«*, nimmt sie einen neuen Anlauf: *»Der Herr hat gehört, dass ich zurückgesetzt bin, so hat er mir auch den gegeben« (Vers 33).* Die Hoffnung stirbt bekanntlich zuletzt. Auf Simeon folgt Levi, das bedeutet *»an mich gebunden sein«*. Lea ist gewiss: *»Diesmal endlich wird sich mein Mann an mich anschließen, denn ich habe ihm drei Söhne geboren« (Vers 34).* Aber sie irrt.

Die Sehnsucht nach Liebe quillt förmlich aus Leas Worten heraus. Diese Kapitel des ersten Buches Mose sind eine herzzerreißende Lektüre. Jedes Mal, wenn ich sie in meiner Bibellese erreiche, seufze ich tief und hole mir eine Tasse Kaffee, bevor ich mir diese Tragödie von Lea erneut antue. Sie wühlt auf. Mein Kopfkino läuft, ich kann mir alles so gut vorstellen, ich leide mit

Leas Einsamkeit und ihrer Sehnsucht nach einer Familie. Ich will sie von jener fatalen Liebesnacht mit Jakob zurückhalten und schreien: »Mädchen, tu es nicht, bleib lieber solo, als dich auf diesen ruchlosen Chaoten einzulassen!«

Unsere dümmsten Fehler machen wir, wenn unsere hungrige Seele nach Liebe schreit. Wie oft habe auch ich gedacht (natürlich nicht laut, weil das anderen zu wehleidig und geltungssüchtig erscheinen könnte): »Jetzt müssten die Leute endlich aufmerken, sehen, was sie an mir haben, mir ein lobendes oder freundliches Wort sagen, nachdem ich so eifrig mit angepackt habe, von dieser oder jener Leistung beeindruckt sein, erkennen, dass ich doch etwas wert bin.« Oder: »Warum kommt da kein Dank? Warum bekommt sie und nicht ich einen Blumenstrauß? Warum antwortet er nicht auf meine E-Mail?«

Nicht beachtet zu werden, ist das Schmerzhafteste, was einem Menschen geschehen kann. Es ist das alte Vakuum im Herzen, das nach Gott schreit, das nach irgendetwas, irgendwem greift, der das Glück verspricht. Lea war nicht die erste und wird auch nicht die letzte Frau sein, die ihr Bett mit einem Mann geteilt hat, der sie nicht wirklich geliebt hat, in der Hoffnung, dass es doch gut ausgeht. Und die vergisst, dass die glitzernden Verlockungen dieser Welt sich gern wie Götter aufspielen, aber letztlich nur enttäuschen.

»Wie gut kannst du deinen Weg einrichten, um Liebe zu suchen!«, mahnt der Prophet Jeremia (Jeremia 2,33). Jesaja fleht das Volk Israel auf ähnliche Weise an:

Warum wiegt ihr Geld ab für das, was kein Brot ist, und euren Verdienst für das, was nicht sättigt? Hört doch auf mich, und esst das Gute, und eure Seele labe sich am Fetten!

JESAJA 55,2

Lea trifft eine Entscheidung

Zu der Einsicht der Propheten kommt Lea schließlich auf ihre Art. Leidvolle Bauchlandungen können eine Art Wegweisung sein, denn wir erfahren, wie es *nicht* funktioniert.

So auch Lea. Mitten in ihrer gebärfreudigen Lebensphase gibt es eine Wende. Sie bringt einen vierten Sohn auf die Welt, doch ihre Reaktion darauf ist plötzlich anders: »*Diesmal will ich den Herrn preisen!*« *(1. Mose 29,35).*

Sie nennt den Jungen Juda, »*Lobpreis*«. Mit anderen Worten: »Diesmal setze ich auf den Herrn und höre auf, mich selbst zu bemitleiden. Diesmal suche ich eine andere Quelle für mein Glück. Diesmal stelle ich die fieberhafte Suche nach Zugehörigkeit ein und richte meinen Blick auf den Herrn.« Danach legt sie eine Pause ein und bekommt zunächst keine weiteren Kinder.

In all ihren verzweifelten Gebeten nennt Lea Gott »Jahwe«. Das ist der Name, mit dem Gott sich später Mose vorstellt. »Ich bin, der ich bin.« Der Befreier, der Bundespartner, der Gott, der gebundene Menschen von ihren Ketten löst. Der Inbegriff einer Identität, die von keinen Außenfaktoren abhängig ist. Und gerade deshalb die einzige Quelle der Hilfe für solche, die nach einer Identität suchen. Auch in diesem skandalgefüllten Familiendrama gibt es eine Vorgeschichte. Lea kennt ihren Gott. Sie weiß, was sie an und in ihm hat.

Was sie nicht ahnen kann, ist, dass ihr kleines Wort »diesmal« die nächste Phase von Gottes Heilsplan für die Welt eingeläutet hat. Sie selbst hat ganz andere Probleme, als an die Rettung der Welt zu denken. Ab diesem Zeitpunkt wird es um sie ruhig. Ohne es zu merken, hat sie aber mitten in der Talsohle ihres Leids Geschichte geschrieben, Gottes Handschrift in zerbrochenen Träumen entdeckt, Gottes Geflüster in tränenreichen Nächten wahrgenommen, Heimat in ihm gefunden. Für das alles steht die Ankunft Judas. Heilsgeschichte, die nicht zuerst auf politischen Bühnen und in den Hörsälen von Bibelschulen geschrieben wird, sondern in den Gebeten von Notleidenden, die Gottes Beistand suchen.

Im Leben von Leas Söhnen ist allerdings zunächst nichts von dieser Heilsgeschichte zu sehen. Umsonst suchen wir unter ihnen nach einem, der dem Namen »Juda« Ehre macht, vielleicht mit einer Gitarre in der Gegend herumläuft, summend, lobend, dichtend, betend.

Die Familie, durch die alle Familien der Erde gesegnet werden sollen und die das Glück Edens wiederherstellen soll, gleicht einem Haifischbecken. Kaum funktionsfähig, vorbildlich schon gar nicht. Ein gieriger Geschäftsmann als Familienvater, der sein Bett schließlich nicht nur mit zwei, sondern mit vier Frauen teilt. Serien von Intrigen, Skandalen und unappetitlichen Stammesfehden und – wen überrascht es – zwölf Söhne, deren Integrität, Vertrauenswürdigkeit und soziale Kompetenzen mehr als zu wünschen übrig lassen. Ellbogenkultur, Neid, Gewalt auf ganzer Linie. Mitmenschen sind in dieser Familienkultur entweder Werkzeuge oder Hindernisse. Werkzeuge werden benutzt, Hindernisse beseitigt, Beziehungen nur so lange gepflegt, wie sie Vorteile bringen. Nichts erinnert an die Harmonie von Eden. Typisch Gott! Er erweckt Hoffnungen, danach geschieht das Gegenteil des Erhofften. Kenner seines Wesens wissen um dieses Muster. Rückschläge sind Teil des Plans. Ohne sie wirft sich keiner auf die Gnade Gottes.

Ausgerechnet Juda entpuppt sich als eins der wüstesten Mitglieder von Vater Jakobs Männerverein. Seine Idee ist es, den jüngeren Bruder Josef, der ein arroganter Angeber und Besserwisser zu sein scheint, an Wüstenpiraten zu verkaufen und damit ins Unglück zu stürzen (1. Mose 37,26). Um den Zielen Gottes mit der Aktion zu dienen? Nichts konnte ihm ferner sein. Er wollte die Nervensäge einfach nur loswerden.

Dass Josef in Ägypten den Aufstieg vom Knast bis zum Amt eines Spitzenpolitikers schafft und die Welt vor einer Hungersnot rettet, war nicht Judas, sondern Gottes Absicht in dieser

Geschichte. Oft wirkt Gott eher *trotz* seiner Leute als *durch* seine Leute. Seine Fähigkeit, auch die abgründigsten Blamagen in seine Strategie zu integrieren, ist sensationell.

Das tut er auch bei Juda – in einer unappetitlichen Episode, über die kaum eine Predigt gehalten wird und die keinen Stoff für nette Sprüche auf Grußkarten oder Kalendern liefert. Bühne frei für das nächste gebrochene Herz in der Serie der patriarchalen Zeugungspannen (1. Mose 38) und die erste verstoßene Frau, die im Stammbaum des Christus namentlich erwähnt wird (Matthäus 1,3).

Judas Schwiegertochter Tamar wird frühzeitig Witwe. Kinderlos. Onan, der die damals übliche Schwagerehe mit ihr eingehen soll, um einen Erben für den toten Bruder zu zeugen, verweigert seine Pflicht. Er geht zwar zu ihr ins Bett, sorgt aber dafür, dass sein Sperma nicht zu einer Befruchtung führt (1. Mose 38,9). Als auch Onan stirbt, verweigert Juda Tamar die Heirat mit seinem dritten Sohn.

Tief gekränkt verhilft sich Tamar auf kreative Weise selbst zu ihrem Recht. Sie verkleidet sich als Hure, verführt ihren Schwiegervater, wird von ihm schwanger und bringt Zwillinge zur Welt. Weitere Einzelheiten über ihr bewegtes Leben erfahren wir nicht.

So eine anzügliche Episode bei den Vorfahren des Christus! Ein Mann, der sich weigert, das Haus seines Bruders zu bauen? Der die Fortsetzung einer Linie gefährdet? Spielen hier andere Kräfte mit als nur die egoistischen Launen machtsüchtiger Stammväter? Kann es sein, dass dieser Stamm dem Widersacher Gottes jetzt schon Kopfschmerzen bereitet, dass er jetzt schon auf der Lauer liegt und versucht, die Geburt desjenigen zu verhindern, der seinen Kopf eines Tages zermalmen wird? Dass er diesen Stamm ausrotten will, bevor er überhaupt richtig entsteht?

Juda: ungehobelt, peinlich, missraten, mit einer von Skandalen erschütterten Familie und einer einsamen, gestrandeten Stammmutter. Juda: Gottes Adresse auf Erden.

An Gottes langfristiges Ziel mit Juda erinnert sich Jakob, als er seinen Söhnen am Sterbebett letzte Segensworte mit auf den Weg gibt. An der Schwelle zur Ewigkeit sieht er auf einmal das große Bild.

Juda, du, dich werden deine Brüder preisen! Deine Hand wird auf dem Nacken deiner Feinde sein. Vor dir werden sich niederbeugen die Söhne deines Vaters.

1. Mose 49,8

Ob die Brüder sich gegenseitig verwunderte Blicke zugeworfen haben, als diese edlen Worte über den sittenlosen Juda gesprochen wurden? Menschliche Augen sehen einen unvollkommenen Mann, der nicht gerade durch Heldentaten geglänzt hat. Gott sieht einen anderen »Juda«, der eines Tages aus der Sippe dieses Mannes hervorgehen wird, das angekündigte Gericht über den Feind vollziehen und Lob und Ehre von seinen Mitmenschen dafür ernten wird. Leas Worte klingen wieder an: »Diesmal werde ich den Herrn preisen.«

»Hier nicht erwünscht«

Übersehen werden, nicht dazugehören: Manchmal sind es Kleinigkeiten im Alltag.

Ein geselliges Essen mit Bekannten. Ich setze mich mutig neben eine Frau, mit der ich bisher nie warm geworden bin. Vielleicht ergibt sich heute ein wenig Small Talk. Die Dame wirft einen höflichen Blick auf mich, um uns scharen sich ihre engsten Vertrauten, und bald sitze ich mitten in einer Clique, zu der ich nicht gehöre. Es folgen vergebliche und peinliche Versuche, mich ins Gespräch einzuhaken. Insider-Geplauder, das in allen Richtungen an mir vorbeiläuft. Der Nachtisch wird eingeläutet, ich ergreife die Flucht.

Über meine Tollpatschigkeit kann ich herzhaft lachen. Dabei denke ich an meine Stiefmutter Jo. Sie hätte sofort gemerkt, dass sich eine nicht zugehörig fühlt, und sie hätte Platz gemacht, die Person liebevoll ins Gespräch hineingezogen. Sie hätte so etwas gesagt, wie: »Schön, dass du dich zu uns gesetzt hast.«

Ich kenne Menschen, die sich auf solche peinliche Situationen, wie ich sie hin und wieder erlebe, von vornherein nicht einlassen würden. Meine Freundin Milla bleibt lieber zu Hause, bevor sie es riskiert, eine Abfuhr zu bekommen. Zu oft hat sie sich im Leben in der falschen Warteschlange befunden, hintendran, nicht schnell, schlau, hübsch, schlagfertig, witzig, angepasst genug. Ohne Partner, ohne Gespräch, ohne Einladung zu einem Geburtstag oder auf eine Hochzeit. Um sich vor Enttäuschungen zu schützen, bleibt sie lieber am Rand im Schatten. Sie klagt aber oft über Einsamkeit.

Milla hat eine tiefe Wertschätzung für Leute, die einen leeren Stuhl heranziehen, andere in die Runde holen und zu jeder Zeit ein »Komm doch dazu« auf den Lippen haben.

Gott ist derjenige, der die »Kommt-doch-dazu«-Idee erfunden hat. Von allein wäre der sündige Mensch nicht darauf gekommen. Er fühlt sich in seiner Clique wohl, er will unter seinesgleichen sein, er mag Fremdkörper nicht.

Vom Schicksal gezeichnete Frauen

Die Linie Judas setzt sich fort. Mächtige Verheißungen wechseln sich mit gescheiterten Existenzen ab. Stammesmutter Tamar war eine Sünderin aus Not. Sie wollte die familiäre Würde in Anspruch nehmen, die ihr zustand, und wurde von den Männern im Stich gelassen. Ihre Nachfolgerin Rahab ist Sünderin vom Fach (Josua 2,2), die Stadthure der Metropole Jericho. Ihre

Adresse: mitten im Rotlichtmilieu an der Stadtmauer. Nicht nur eine Heidin, sondern auch eine Heidin aus der untersten Schublade. Aber offensichtlich eine, die darauf wartet, gerettet zu werden – sowohl von der belagerten Stadt Jericho als auch von einem Lebensstil, der ihr wohl wenig Vergnügen bietet. Mit ihrer Hilfe erhalten die Gesandten Josuas die Auskünfte über Jericho, die sie brauchen, und können die Stadt unbemerkt wieder verlassen.

Wie Rahabs Geschichte nach dem dramatischen Untergang Jerichos weitergeht, erfahren wir nicht. Sie taucht aber später beiläufig in einem Stammbaum auf. Daher wissen wir: Sie wurde Teil des Volkes Gottes. Sie gründete eine Familie, wurde Mutter und Großmutter von Helden. Ihr Sohn Boas war ein Mann von außerordentlicher Integrität. Er macht genau das Gegenteil von seinem Urahn Juda. Er bietet der Witwe seines verstorbenen Verwandten ein Zuhause. Und dadurch wird er Teil einer biblischen Geschichte, in der der Stamm Juda erneut zum Treffpunkt für gestrandete Außenseiter wird.

Dieses Mal ist der Schauplatz von Gottes Wirken im Abseits, weit weg vom Land Israel. Heidnischer als im Land Moab geht es nirgends zu. Die Moabiter sind im Volk Gottes verpönt. Kein Israelit, der etwas auf sich hält, will mit einem Moabiter zusammen gesehen werden. Die Feindschaft hat Tradition, geht auf die Zeit der Landeroberung durch Josua zurück, in der die Könige von Moab sich geweigert haben, das Wandervolk durch ihr Gebiet nach Kanaan durchreisen zu lassen. Moabs führendes Idol ist der Gott Moloch. Moloch-Feste sind als religiöse und kulturelle Ereignisse der Renner. Trauriger Höhepunkt dieser Saufgelage ist die öffentliche Verbrennung von Säuglingen bei lebendigem Leibe.

Während Könige, Politiker und Großmächte toben und um die Weltherrschaft kämpfen, während das Volk Israel unter den Richtern immer wieder gegen heidnische Mächte siegt, richtet sich Gottes Blick ausgerechnet auf dieses heidnische Land, wo drei Frauen um ihre verstorbenen Männer trauern. Gott ist wieder mit Einzelschicksalen beschäftigt, wieder auf der Suche nach gestrandeten Seelen.

Unter den vier Vorfahrinnen von Jesus, die im Stammbaum von Matthäus aufgelistet sind, ist die Moabiterin Rut die stärkste Sympathieträgerin. Sie heiratet in eine jüdische Familie ein, die ihrer Heimatstadt Bethlehem in einer Zeit der wirtschaftlichen Not den Rücken gekehrt hat, um Wohlstand und Glück im Nachbarland zu suchen. Während der Serie von Schicksalsschlägen, die die Kleinfamilie heimsucht, richtet Rut ihren Blick auf ihre gottesfürchtige Schwiegermutter Noomi. Eine tiefe Zuneigung verbindet die beiden Frauen. Diese ist so stark, dass Rut sich mit aller Macht an der älteren Frau festklammert, als diese zurück nach Bethlehem gehen und sich von ihren Schwiegertöchtern verabschieden will:

> *Aber Rut sagte: Dringe nicht in mich, dich zu verlassen, von dir weg umzukehren! Denn wohin du gehst, dahin will auch ich gehen, und wo du bleibst, da bleibe auch ich. Dein Volk ist mein Volk, und dein Gott ist mein Gott. Wo du stirbst, da will auch ich sterben, und dort will ich begraben werden. So soll mir der Herr tun und so hinzufügen – nur der Tod soll mich und dich scheiden.*
>
> RUT 1,16-18

Diese bewegte Rede ist seither die Hymne der Sentimentalität schlechthin geworden, Gänsehaut garantiert. In verschnörkelter Schrift in Altrosa schmückt sie Hochzeitseinladungen. Sie löst am Valentinstag rührselige Träume von einer Liebe aus, die nie stirbt. Die Umstände, in denen die Worte gesprochen wurden, sind jedoch alles andere als sentimental. Den beiden Frauen steht eine gefährliche Reise bevor. In der erbarmungslosen Hitze der wilden Steppen zwischen Moab und Bethlehem gibt es für ungeschützte Reisende viele Möglichkeiten, ein grausames Ende zu finden. Diese verödeten Landstriche wimmeln von wilden Tieren und Wüstenpiraten auf der Suche nach Beute.

Die Gottesfurcht von Noomi übt jedoch eine so starke Anziehungskraft auf ihre junge Schwiegertochter aus, dass diese bereit ist, sich von allen bisherigen Sicherheiten sowie von jeder Aussicht auf eine zweite Heirat zu lösen und alle Hoffnungen auf eine Karte zu setzen: auf die Hilfe des Gottes Israels. Der Glaube von Noomis Vorgängerin Lea schimmert durch. Auch in dieser Geschichte gibt es ein »Diesmal«. Auch Noomi trifft mangels anderer Alternativen eine mutige Entscheidung. Sie macht sich auf, um zurück nach Bethlehem zu gehen, das heißt übersetzt: »Haus des Brotes«. Es ist ein Vertrauensvotum für den Gott Israels. Alle Stricke reißen, aber er ist noch da, auch wenn man ihn nicht fühlt oder sieht.

Als die Frauen Bethlehem erreichen, hoffen sie zunächst vergeblich auf ein spürbares, dramatisches, sichtbares Eingreifen des Himmels. Sie werden nicht mit offenen Armen empfangen:

Und es geschah, als sie in Bethlehem ankamen, da geriet die ganze Stadt ihretwegen in Bewegung, und die Frauen sagten: Ist das Noomi?
RUT 1,19

Ob hier Bestürzung, Überraschung oder ein bisschen Schadenfreude zum Vorschein kommen? Noomi ist den Frauen auf jeden Fall eine Erklärung schuldig. Sie antwortet mit den ehrlichen Worten:

Nennt mich nicht Noomi (= die Liebliche), nennt mich Mara (= die Verbitterte), denn der allmächtige Gott hat mir sehr bitteres Leid zugefügt.
RUT 1,20

Wir können nur vermuten, dass die Ausländerin Rut in den Häusern der Hebräer, in denen der Alltag von Koscher-Regeln und Reinigungsritualen der Thora bestimmt wird, misstrauisch beäugt wird. Sie hat sicherlich gewusst, auf was sie sich einlassen würde. Auf eine Gesellschaft, in der sich niemand um eine Freundschaft mit ihr reißen wird, in der Einsamkeit vorprogrammiert ist. Sie wird wohl viele Nächte wach gelegen und geweint haben.

Wie so oft in der Bibel sind es kleine Nebensätze, beiläufige Details, leicht zu überlesen, die das Geschehen aufschlüsseln.

Der Herr vergelte dir dein Tun, und dein Lohn möge ein voller sein von dem Herrn, dem Gott Israels, zu dem du gekommen bist, um unter seinen Flügeln Zuflucht zu suchen!
  RUT 2,12

Warme, herzliche Worte aus dem Mund eines Mannes namens Boas, der die junge Ausländerin aus der Ferne beobachtet hat, der ahnt, dass ihre Reise nach Bethlehem auch eine geistliche Dimension hat. Sie hängt nämlich nicht nur an Noomi, sie hängt auch an Noomis Gott. Klar, der Sohn Rahabs. Auch halb Ausländer. Hat er vielleicht mitgefühlt, wie es Rut ergeht? Hat seine Mutter Ähnliches erlebt? Es dauert nicht lange, bis eine tiefe Zuneigung Boas mit Rut verbindet.

Boas ist mit Noomi verwandt. Nach damaligem Brauch ist der nächste männliche Verwandte dazu verpflichtet, die Witwe eines Verstorbenen zur Frau zu nehmen. Ruth bekommt die Versorgung, die Tamar auf grausame Weise vorenthalten wurde.

Eine Frauenrunde mit Vision

Die Geschichte endet mit der Geburt eines Sohnes. Das letzte Kapitel des Buchs Rut ist voller faszinierender unterschwelliger

Botschaften. Oberflächlich gesehen teilt eine Gruppe von Freundinnen die Freude der frischgebackenen Großmutter Noomi, die ihren Enkelsohn im Arm hält. Kaffeeklatsch-Stimmung unter den Frauen Bethlehems.

Doch unter der Oberfläche laufen weit wichtigere Ereignisse ab. Die Linie von Juda blüht wieder auf. Eine heidnische Witwe ist dem lebendigen Gott Israels in die Arme gelaufen, ist die erste Dame der Stadt Bethlehems geworden und damit Mitbesitzerin der Felder, auf denen sie anfänglich im demütigenden Schweiß ihres Angesichts Weizenkörner für sich und ihre Schwiegermutter gesammelt hat. Die Geschichte ist das Evangelium in verschleierter Sprache. Die Akteure selbst haben keine Ahnung, dass sie Teil eines prophetischen Schauspiels sind, über das Jahrhunderte später noch gesprochen werden wird.

Gepriesen sei der Herr, der es dir heute nicht an einem Löser hat fehlen lassen! Sein Name werde gerühmt in Israel! Und er wird dir ein Erquicker der Seele sein und ein Versorger deines Alters!

Rut 4,14-15

Das Geschirr klappert, die Neuigkeiten vom Markttag werden ausgetauscht, es wird über Kinder und Rezepte geplaudert, der neugeborene Säugling wird bewundert, die Großmutter gefeiert ... und die bisher eindeutigste Weissagung auf das Kommen des Messias platzt nebenher durch den Mund dieser Dorftanten in die Welt. Ein Erlöser ist im Anmarsch. Sein Name wird gerühmt werden. Lobpreis. Die Stimme Leas. Der Erlöser wird müde Seelen erfrischen, er wird versorgen und durchtragen.

Alles an diesem Segen hat die Merkmale einer klassischen biblischen Prophetie. Der unmittelbare Empfänger dieser gewaltigen Verheißungen ist Ruts Sohn Obed. Der Wortschatz entstammt der klassischen messianischen Tradition. Das Kommen des Messias aus der Linie Judas fängt an, klare Konturen zu bekommen. Die Erlebnisse von Noomi und Rut, ihre Rückkehr zum »Haus des Brotes«, ihre Integration in die Lebensgemeinschaft der Gottesfürchtigen, ihr Aufstieg in die Oberschicht Israels: Hier finden wir wieder die Spuren Edens. Gott ist bei der Arbeit, rufend, einladend.

Obed selbst, seine Kindheit, sein Leben überhaupt, wird in der Bibel übersprungen. Vielleicht war er einer dieser gesegneten Männer, die kein großes Aufsehen erregen. Vielleicht war Obeds Aufgabe einfach, durch ein ordentliches Leben Fundamente für die nächste Generation und das nächste Eingreifen Gottes zu legen.

Sein Sohn taucht im nächsten Buch der Bibel auf, in 1. Samuel. Er ist ein wohlhabender Bauer mit vielen Söhnen. Die Familie ist nach wie vor eine der führenden Familien Bethlehems. Die Söhne stehen im Dienst des Königs Saul und sind als tapfere Krieger bekannt. Der jüngste Sohn ist für die Verwaltung der familieneigenen Schafherden zuständig und verbringt seine Tage auf den Feldern. Mal im Zweikampf mit Löwen und Bären, die die Tiere belauern, mal beim Komponieren von Liedern und Gedichten. Er heißt David.

Der Kerl hat alles: Charme, Charisma, eine stattliche Erscheinung und eine tiefe Empathie für Menschen. Er ist ein geschickter Krieger, kann aber auch singen, dichten, Harfe spielen. Eine Ausnahmeerscheinung an Statur und Talent. Vor allem hat er eine tiefe Leidenschaft für seinen Gott und eine Sehnsucht, ihn über alles zu verehren.

Glücklich war für Israel der historische Tag, an dem »*die Männer von Juda kamen und salbten David dort zum König über das Haus Juda*« *(2. Samuel 2,4).*

Mit dem Aufstieg Davids zur Königsherrschaft über Israel gewinnt der Stamm Juda zum ersten Mal auf der Weltbühne Prominenz, politisch, geistlich wie auch kulturell. Lieder und Gedichte werden veröffentlicht, die bis heute einen Stammplatz im Kulturgut zivilisierter Nationen haben. König David: Der Name steht für

Lobpreis. Der Bau eines Tempels als sichtbare Bleibe Gottes auf Erden rückt zum ersten Mal in erreichbare Nähe. Ein goldenes Zeitalter wird eingeläutet, die Feinde Israels werden wie nie zuvor in die Knie gezwungen, die Nation bekommt eine Infrastruktur, gesicherte Grenzen, eine Hauptstadt. Ein König, der von allen angehimmelt wird, bombastische Feste, großzügig geteilte Reichtümer, Versorgung auch für die Armen und Verstoßenen, Großzügigkeit seinen Feinden gegenüber, Beliebtheit beim Volk.[11] Kein Wunder, dass Gott über ihn sagte: »*Ich habe David gefunden, den Sohn Isais, einen Mann nach meinem Herzen, der meinen ganzen Willen tun wird*« *(Apostelgeschichte 13,22)*. Die Ergebnisse können sich sehen lassen. Eden winkt wieder aus der Ferne.

David ist jedoch auch ein Mensch, der in seinem Privatleben gravierende Fehltritte begeht. Er ist ein Frauenschwarm, und dies wird ihm zum Verhängnis, vor allem als er in eine Dreiecksbeziehung gerät. In einem Augenblick der Muße und des erotischen Irrsinns spannt er einem seiner engsten Mitarbeiter die Ehefrau aus und lässt ihren Mann umbringen, um das Vergehen und den Verursacher der daraus entstandenen Schwangerschaft zu vertuschen. David fällt deshalb bei Gott in Ungnade und seine Frau Batseba wird unter unrühmlichen Umständen in die Linie Judas eingebaut. Der Sohn, der im Ehebruch gezeugt wurde, stirbt kurz nach der Geburt. David ist am Boden zerstört.

Gerade in den Stunden seines folgenschwersten Scheiterns blickt er tief in Gottes Herz, erlebt seinen Zorn, aber auch seine Vergebung, seine Wiederherstellung. Schon wieder nimmt Gott nach einem Totalschaden im Leben eines seiner Diener die Bruchstücke in die Hand und macht aus einem reumütigen Herzen ein anbetendes und dienendes Herz. Die Bruchstücke hinterlassen Spuren. Zu keiner Zeit seiner Königsherrschaft ist Davids Leben nach dem Vorfall mit Batseba krisenfrei. Aber es gibt einen Lichtblick. Der zweite Sohn von Batseba, Salomo, wird von Gott zum Thronerben ernannt. Gottes Geschichte wird nicht vom Gesetz, sondern von Gnade geschrieben.

Auch lange nachdem Davids Lieder verklungen sind, Israels glorreiches Zeitalter vorbei ist, der Tempel zerstört und das Volk zerstreut, bleiben Gottes Augen auf die Stadt Bethlehem gerichtet, wo Juda seinen Stammsitz hat. Ein wenig bekannter Prophet blickt eines Tages nachdenklich auf diese kleine, unauffällige Stadt, wird von aufgewühlten Gefühlen überrollt und schreibt folgende Worte auf:

> *Und du, Bethlehem Efrata, das du klein unter den Tausendschaften von Juda bist, aus dir wird mir der hervorgehen, der Herrscher über Israel sein soll; und seine Ursprünge sind von der Urzeit, von den Tagen der Ewigkeit her.*
>
> MICHA 5,1

Die Tragweite dessen, was er für einen kurzen Moment erblickt, kann er nicht ahnen. Es dauert weitere Jahrhunderte, bis Bethlehem der Schauplatz für das größte Ereignis der Weltgeschichte wird.

Zurück zu Lea

Das Drama Judas hat so banal angefangen. Eine ungeliebte Frau, die immer die Zweitbeste war, übersehen und unbeachtet, schluchzt nachts in ihr Kopfkissen, während sie sich vorstellt, wie der Mann, den sie liebt, im benachbarten Zelt die andere Frau leidenschaftlich liebkost und küsst. Irgendwann hebt sie den Kopf, wischt die Tränen weg und spricht zu sich: »Genug des Weinens – ich setze mein Vertrauen auf den Herrn«, und nennt ihren Sohn Juda, »Lobpreis«.

Ohne es zu wissen, hat sie sich direkt in die Arme eines Schöpfers hineingehäult, der denen nahe ist, »*die zerbrochenen Herzens sind und die zerschlagenen Geistes sind*« *(Psalm 34,19).*

Ob sie auch in diesem Leben Glück gefunden hat? Vielleicht. In einem unauffälligen Nebensatz erfahren wir, dass Jakob seine

Frau Lea nach ihrem Tod ins Grab der Patriarchen gelegt hat (1. Mose 49,31), neben dem Platz, der für ihn bestimmt war. Eine Ehre, die nicht zu überbieten ist. Sie beendet ihr Leben als rechtmäßige, anerkannte Stammmutter, im Tod – wenn auch nicht immer in den Tumulten eines schweren Lebens – vereint mit dem Mann, den sie geliebt hat. Rahel, die schon in jungen Jahren gestorben ist, ist in einem anderen Grab zur Ruhe gelegt worden.

Vielleicht war Leas Scheitern letztlich ihr größtes Glück. Denn sie gehört zu einer erlesenen Sippe von gestrandeten Existenzen, die einen Platz im Leben gefunden haben – mitten im Heilsplan Gottes für diese Welt.

4. Der Preis, den es gekostet hat

I look to the cross where you died
There is mercy, forgiveness, redemption for me,
I look to the cross where you died.

I kneel at the cross where you bled
There is cleansing, deliverance and healing for me,
I kneel at the cross where you bled.

I rejoice at the grave where you rose.
There is victory, salvation and new life for me,
I rejoice at the grave where you rose.

Ich schau auf das Kreuz, wo du starbst.
Dort warten Gnade, Vergebung, Erlösung auf mich.
Ich schau auf das Kreuz, wo du starbst.

Ich knie vor dem Kreuz, wo du verblutet bist.
Dort warten Reinigung, Befreiung und Heilung auf mich.
Ich knie vor dem Kreuz, wo du verblutet bist.

Ich jubele vor dem Grab, das du verlassen hast.
Dort warten Sieg, Rettung und neues Leben auf mich.
Ich jubele vor dem Grab, das du verlassen hast.

    Jo Sperry 2018[12]

Der Schmerz des Verrats

Mobbingopfer kennen dieses Gefühl. Scheidungswitwen und -witwer können ein Lied davon singen, auch Mitarbeiter, die den Zusammenbruch einer Firma oder einer Gemeinde erlebt haben: Sie kennen die gähnende Leere in der Seele, wenn man mit kalten Blicken von Menschen begrüßt wird, deren Augen früher aufgeleuchtet haben, wenn sie einen gesehen haben. Freie Stühle im Gottesdienst, auf denen früher Mitarbeiter saßen, der Platz am Geburtstagstisch, an dem die entfremdete Freundin jetzt fehlt. Die Messerstiche im Herzen, wenn eine Kleinigkeit im Alltag plötzlich an unbeschwerte Zeiten erinnert, die ein Leben lang anhalten sollten, jetzt aber vorbei sind.

Auf einmal sind sie wieder da, Worte, die Wunden geschlagen haben. Träume, die zerschlagen wurden. Und es fühlt sich so an, als ob es erst gestern gewesen wäre. Man wollte Geschichte miteinander schreiben, miteinander alt werden. Man hat es so gut gemeint. Das Zerbrechen von Beziehungen zu erleben, die einst auf bleibende Freundschaft hoffen ließen, ist zähe Trauerarbeit.

Für Lea und die vier Frauen, die im Geschlechtsregister von Jesus erscheinen, ist dieses Gefühl Alltag. Sie erleben am eigenen Leib die Folgen des Sündenfalls in ihrer leidvollsten Form. Eigene Pannen verbinden sich mit den Fehltritten anderer und ziehen Schneisen der emotionalen Verwüstung durch ganze Lebensgemeinschaften. Die Erzählungen sind knapp und nüchtern, geben nur das Notwendigste preis und überlassen vieles unserer Vorstellungskraft. Dennoch, wer selbst Verrat, Enttäuschung und Einsamkeit erlebt hat, findet sich schnell darin wieder und braucht nicht viel Fantasie, um sich in die Seelen dieser Frauen hineinzufühlen.

Die Verbannung aus Eden wiederholt sich in immer neuen Varianten. Zur Zeit Davids geht Gottes Rettungsplan, zumindest ansatzweise, in Erfüllung. Jerusalem, die Stadt, die untrennbar mit dem Namen und dem Charakter Gottes verbunden ist, soll der zentrale Schauplatz für sein Wirken auf Erden werden und Vorbildcharakter haben. Am Höhepunkt ihres Ruhms wird die Stadt von allen Seiten bewundert und König David schwärmt in einem seiner Lieder:

Groß ist der Herr und sehr zu loben in der Stadt unseres Gottes. Sein heiliger Berg ragt schön empor, eine Freude der ganzen Erde; der Berg Zion, im äußersten Norden, die Stadt des großen Königs. Gott ist in ihren Palästen bekannt als Zuflucht.

PSALM 48,2-4

Davids Sohn Salomo setzt noch eins drauf. Der Tempel, den er baut, gilt als Gottes Landeplatz auf Erden schlechthin (1. Könige 10,23-29). Gott, so sichtbar und hörbar wie nie zuvor in der Geschichte der Menschen. Eine Stimmung fröhlicher Unbekümmertheit herrscht im Land Israel. Üppigkeit, Sicherheit, Wohlstand. Silber ist so preiswert wie Steine.

Die größte Sensation: Alle haben Zugang zu den Ressourcen dieser aufkeimenden Utopie. Alle Merkmale des Gartens Eden kommen wieder zum Vorschein in einem Land, dessen König seinen Gott öffentlich und freudig in den Mittelpunkt des Gemeinwohls stellt. Jerusalems Schätze und Reichtümer bereiten konkurrierenden Weltherrschern Kopfschmerzen. Ausländische Prominente aus Wirtschaft und Politik strömen nach Jerusalem, um die Geheimnisse von Salomos Erfolg zu erforschen. Eine Königin nimmt eine lange Reise auf sich, um sich zu überzeugen, dass das, was erzählt wird, wirklich wahr ist, und staunt am Ende: *»Doch siehe, nicht die Hälfte ist mir berichtet worden!«* (1. Könige 10,7).

Aber der Erfolg ist zerbrechlich. Geld ist Gift für die gefallene Seele und knabbert beharrlich an ihrer Gottesfurcht. Geld will selbst Gott werden, immer. Die Segnungen des Herrn werden bald von den Gesegneten für selbstverständlich angesehen. Das, was nur Gott schenken kann, ist auf einmal ihr gutes Recht. Sie haben es verdient, es steht ihnen zu. Sie haben vergessen, dass ein blutiger Schlachthof im Zentrum des mit Gold überzogenen Tempels steht. Nicht gerade der appetitlichste Teil des jüdischen Heiligtums. Nicht der Teil, den man seinen Gästen aus anderen Städten zeigen würde. Dort fließt Blut, 24/7. Dort werden Tiere geschlachtet und ihre Leichen auseinandergehackt, die Innereien sortiert, eine makabre Erinnerung daran, dass die Vereinigung eines sündigen Menschen mit einem heiligen Gott einen blutigen Preis kostet.

Einmal im Jahr wird ein Ziegenbock feierlich in die Wüste verbannt, symbolisch mit den Sünden des Volkes beladen. Einer wird vom Schöpfer verstoßen, damit die vielen zurück nach Hause kommen dürfen. Das Thema bahnt seinen Weg durch die Geschichtsarchive des auserwählten Volkes. Die Ankunft des Messias wirft ihren Schatten voraus. Dieser Altar im Tempel ist ein Hinweis auf den eigentlichen Altar, auf dem ein »Lamm ohne Makel« eines Tages geopfert werden wird.

Aber der Mensch gewöhnt sich an alles. Auch an die tägliche Erinnerung daran, dass er sich nicht an alles gewöhnen soll. Die Opferrituale werden nach und nach zwischen Einkäufen und Familienfesten abgehakt, ihre Bedeutung gerät in Vergessenheit, und ein schleichender Abfall von den Ordnungen Gottes beginnt. Davids chaotisches Sexleben bringt eine Brut von ungezähmten, sexsüchtigen und ehrgeizigen Söhnen hervor, für deren ordentliche Erziehung kein noch so gut meinender Vater die Kapazität hat. Seine Frauenliebe verhindert, dass seine eigene Gottesfurcht an nachfolgende Generationen weitergereicht wird.

Das Interesse des Thronfolgers Salomo an exotischen Frauen und die Duldung von deren Götzen reißt noch größere Breschen in die Abwehrkräfte einer gottgeweihten Nation. Mit Salomos Tod ist die Glanzzeit Jerusalems vorbei. Das Königreich teilt sich und erreicht nie wieder die Macht und die Achtung der Welt, die es unter David und seinem Sohn genossen hat. Bis heute blicken Juden auf die Zeit Davids und Salomos mit nostalgischen Tränen in den Augen zurück.

Trotz regelmäßiger Lichtblicke unter der Regentschaft guter Könige und mutiger Propheten geht die Spirale langsam, aber sicher nach unten. Mit der Verbreitung von Götzendienst, der systematischen Aushöhlung göttlicher Werte und der Vernachlässigung der Feste und Ordnungen der Thora nimmt der Untergang Israels seinen Lauf. Die Stadt, die als uneinnehmbar galt, wird schließlich eingenommen (Psalm 46,6; 2. Chronik 36,15-21) und niedergebrannt, das Volk Gottes in die Diaspora verbannt.

Die Fassungslosigkeit, die dadurch ausgelöst wird, findet Ausdruck in den bedrückenden Strophen der Klagelieder des Propheten Jeremia:

> *Die Wege nach Zion trauern, weil niemand zum Fest kommt. All ihre Tore sind menschenleer, ihre Priester seufzen, ihre Jungfrauen sind betrübt, und ihr selbst ist bitter weh. ... So zog aus der Tochter Zion all ihre Pracht aus.*
>
> KLAGELIEDER 1,4.6

Nach siebzig Jahren gibt es wieder einen dynamischen Neuanfang. Die Mauer wird gebaut, Männer wie Nehemia und Esra machen von sich reden. Danach hört man eine Weile nichts mehr. Das Volk Gottes torkelt von einer Krise in die nächste. Die Makkabäer füllen ein paar Kapitel in den Geschichtsbüchern. Die Römer schlucken das kleine Land bei ihrem Vormarsch zur Weltherrschaft. Widerstandskämpfer versuchen ihr Glück und scheitern, und die Juden im besetzten Land versinken in Armut und Verbitterung, der vergangene Glanz glorreicher Könige ist längst ein Traum aus fernen Zeiten.

Verheißungen geraten in Vergessenheit. Das, was einst als Tatsache geglaubt wurde, ist im Bewusstsein der Menschen nur noch eine »Schön wäre es gewesen«-Fantasie. Die Aussicht, dass einmal ein Messias kommen wird, greift nicht mehr. Keiner denkt noch an Lea, die vernachlässigte Frau aus den Geschichtsbüchern, die immer nur die Zweitbeste war, in einer trotzigen Geste ihren Sohn Juda nannte und dadurch eine Hoffnungsnachricht für nachrückende Generationen hinterließ.

Juda taucht wieder auf

Die römische Diktatur ist brutal, sie schröpft jede Bevölkerung, die das Unglück hat, in ihre Fänge zu geraten, und schlägt aufkeimende Widerstände blutrünstig nieder. Die Hauptzufahrtsstraße nach Jerusalem ist von Folterinstrumenten gesäumt. Das Kreischen und Brüllen der Aufständischen, die an einen Balken genagelt werden und qualvoll um ihre letzten Atemzüge ringen, hört man kilometerweit. Die Leichen bleiben hängen, die Geier kreisen unaufhörlich über den Köpfen der Reisenden.

Kein Mensch, der bei Sinnen ist, riskiert so ein Ende. Der normale Bürger kämpft sich durch, so gut er kann. Rechnungen müssen bezahlt werden, übertriebene Steuergelder werden von der römischen Verwaltung einkassiert, Schafe müssen gehütet, eine Existenz bestritten werden. Wer hat da Zeit für Frömmigkeit? Die interessiert nur, wenn es darum geht, über die geistliche Elite zu lästern. Denn diese trägt ihren Teil dazu bei, den Menschen Lasten und Pflichten aufzulegen, die sie noch lauter stöhnen lassen.

Mitten in dieser Tretmühle des Leids taucht Gott wieder auf. An einem Ort und zu einer Zeit, an der man am wenigsten mit ihm rechnet. Engelsboten erscheinen, als man schon seit Jahrhunderten nicht mehr an Engel glaubt. Bei einem Mädchen, das in der Küche Teig knetet. Bei einem Priester, der seine Andacht vorbereitet. Bei einem jungen Mann, der seine Hochzeit abblasen will, weil seine Verlobte schwanger ist, und zwar nicht von ihm. Bei Hirten, die bei der Nachtwache dösen.

Sterndeuter beobachten ein ungewöhnliches Ereignis am Nachthimmel und machen sich auf eine Reise. Ein alter Mann eilt in den Tempel, weil ein plötzliches Gefühl ihn überkommt, dass er Gott dort treffen wird. Eine Witwe unterbricht ihre Gebetszeit und segnet ein junges Elternpaar und seinen Säugling. Schlag auf Schlag blitzen Funken der Herrlichkeit Gottes in die müde Welt hinein. Alle Fäden laufen zusammen in der trauten Zweisamkeit eines jungen Paares, das ein Kind auf die Welt bringt. Es wird gemunkelt, dass das Kind ein König sei.

Der amtierende Herrscher Israels, Herodes, gerät in Panik und befiehlt seinen hausinternen Theologen und Historikern, in den Archiven Israels nachzusehen. Die uralte Weissagung des Propheten Micha wird abgestaubt und der Name Bethlehem kommt zum Vorschein. Die Sterndeuter aus dem Osten, immer noch auf der Suche nach einer Antwort auf das Rätsel eines unbekannten Sterns, tauchen in Jerusalem auf. König Herodes schickt sie nach Bethlehem mit dem Auftrag, Spionage zu betreiben und ihre Befunde postwendend an den Palast zu melden. Die Frauen Judas schreien wieder vor Schmerz auf. Der Schreiber Matthäus erinnert sich an die Worte einer alten Prophetie:

> *Eine Stimme ist in Rama gehört worden, Weinen und viel Wehklagen: Rahel beweint ihre Kinder, und sie wollte sich nicht trösten lassen, weil sie nicht mehr sind.*
> MATTHÄUS 2,18

Von wegen Rettung: Die Ankunft Gottes löst als Erstes einen Massenmord aus, der durch die Kinderkrippen Bethlehems fegt. In seinem Bemühen, das eine Kind auszulöschen, vernichtet der grausame König gleich alle männlichen Babys und Kleinkinder.

Nach den turbulenten Anfängen wird es dreißig Jahre lang ruhig um dieses Kind. Der Betrieb in der Schreinerei von Nazareth, wo die kleine Familie lebt, nimmt seinen gewohnten Lauf. Jesus lernt das Handwerk seines Adoptivvaters. Seine Mutter denkt vermutlich manchmal: »Habe ich das alles nur geträumt? Er ist doch ein ganz normaler Junge! Retter der Welt? Messias? Er isst doch Brot wie jeder andere, klettert auf Bäume, holt Fleisch vom Markt ...« Vielleicht wagt sie es, auf eine normale Existenz zu hoffen. Der Dorftratsch um die voreheliche Schwangerschaft und die Identität des Vaters hat nachgelassen, der Kerl ist ordentlich erzogen und folgsam: »*Und Jesus nahm zu an Weisheit und Alter und Gunst bei Gott und Menschen*« *(Lukas 2,52).*

Was will man mehr? Der Alltag hat seine Art, die menschliche Seele gegen geistliche Realitäten, die sich unter der Oberfläche abspielen, abzustumpfen. Aber dann macht Marias Sohn doch noch von sich reden. Nach einer skandalösen Predigt im Gottesdienst in Kapernaum, in der er sich zum ersten Mal in seiner Rolle als Messias vorstellt (Lukas 4,17-21), schlagen die Wellen hoch. Die Leute klammern sich entweder an ihn oder sie wollen ihn umbringen.

Er wird der Familie peinlich. Maria fleht ihn an, seinen Eifer herunterzufahren, seine Bibelauslegungen etwas weicher zu spülen, am besten seinen Predigtdienst ganz einzustellen und zur Werkbank zurückzukehren.

Die Schar seiner Anhängerinnen und Anhänger wächst unaufhörlich. Alle erhoffen sich etwas von ihm. Zeichenhaft und ohne Mühe macht er die Auswirkungen des Sündenfalls überall rückgängig, wo er auftaucht. Lahme gehen, Blinde sehen, lang vergessene messianische Träume werden wieder wach. Menschen mit unheilbaren Krankheiten kehren gesund nach Hause zurück, außer sich vor Freude. Verfechter für die Rechte Armer und Benachteiligter grinsen hämisch, wenn Jesus Führungspersonen aus Kirche und Gesellschaft durch den Kakao zieht.

Immer mehr Arme und Benachteiligte setzen auf seinen politischen Einfluss und sehen in ihm ihren Anwalt und Verbündeten. Er bringt deftige Wahrheiten mit einer schockierenden Furchtlosigkeit auf den Punkt und entlarvt Heuchler mit sichtbarem Genuss. Die Menschenmengen sind von seinen Wunderwerken ergriffen, von seinem hemmungslosen Mangel an politischer Korrektheit fasziniert. Auch zu Kindern hat er einen guten Draht, das kommt beim Normalbürger immer gut an.

Der Auftrag wird klar

Jesu Versuche, die Aufmerksamkeit seiner Zuhörer auf das eigentliche Ziel seines Wirkens zu lenken, stoßen allerdings auf taube Ohren. »*Deine Sünden sind dir vergeben*« *(Lukas 5,20)*, sagt er zu einem Schwerbehinderten, der auf einer Liege vom offenen Dach in die Versammlung heruntergelassen wird. »Ja und?«, denken sich einige. »Das ist wohl nicht sein Hauptproblem.« »Doch« wäre die Antwort des Herrn gewesen. Das Heilungswunder ist nicht seine erste Priorität. Er wird nicht müde, zu betonen, dass er gekommen ist, um sein Volk von seinen Sünden zu retten (Matthäus 1,21), nicht aus seinen unmittelbar empfundenen Problemen, gleich wie gravierend diese sein mögen.

Viele seiner Anhänger hoffen in der Tat, dass er die Römer stürzen wird. Die Schuld ihrer Unterdrücker interessiert sie mehr als ihre eigene Schuld vor Gott. Die Jünger träumen von einem siegreichen König Jesus auf dem Thron in Jerusalem, sie selbst als engste Berater im Vorstand, das Land Israel wieder frei und unabhängig, aufblühend unter der Herrschaft des Messias. Die Menschenmengen, die Jesus mit Palmenzweigen beim Passahfest begrüßen, wollen eine Krone auf sein Haupt setzen. Selbst nach der Auferstehung erkundigen sich die Jünger behutsam: »*Herr, stellst du in dieser Zeit für Israel das Reich wieder her?*« *(Apostelgeschichte 1,6)*.

Jesus trägt ihre geistliche Naivität mit Fassung und lässt sich nicht aus der Ruhe bringen. Erst nach Pfingsten fällt bei seinen Freunden der Groschen: Sein Reich ist tatsächlich nicht von dieser Welt. Sein Reich ist die Gemeinschaft des Gartens Eden, die ins Herz von jedem hineingepflanzt wird, der glaubt: »*Denn siehe, das Reich Gottes ist mitten unter euch*« *(Lukas 17,21)*.

Dieses Reich hat mit politischen Manifesten und nationalen Identitäten nichts zu tun. Es hat nur ein Herrschaftsgebiet, und das ist das menschliche Herz.

Das ist die Nachricht, die kein Mensch hören will. Auch heute nicht. Es kostet Überwindung, zu sagen: »Vergib mir meine Schuld«, wenn mein Problem ein ganz anderes zu sein scheint: Krankheit, Stress mit den Kindern, Streit in der Gemeinde, Einsamkeit. Aber genau das ist der erste Akt des Gehorsams, wenn wir uns Gott weihen, der erste Schritt unserer Umkehr von der eigenen Herrschaft zurück zur Herrschaft Gottes. Er, nicht ich, hat zu bestimmen, wo mein eigentliches Problem liegt.

Hin und wieder singen wir bei uns im Gottesdienst den Choral *»Mir ist wohl in dem Herrn«*. Strophe drei lautet: *»Die Last meiner Sünde trug Jesus, das Lamm, und warf sie weit weg in die Fern.«* Immer wieder muss ich beim Singen an die Tragödie denken, die der Verfasser dieses Liedes, Horatio Spafford, erlebt hatte, bevor er diesen Text schrieb. Seine fünf Töchter waren auf einer Reise über den Atlantik tödlich verunglückt, als ihr Schiff kenterte. Bald danach überquerte er den Atlantik auf der gleichen Route wie das untergegangene Schiff. An der Stelle, an der das Unglück passiert war, griff der trauernde Vater nach einem Stift. Er schrieb aber nicht von seinem Schmerz, sondern von der Wegnahme seiner Sünde am Kreuz. Beim Liederdichter Paul Gerhardt war es ähnlich. Mitten in widrigen Lebensumständen beklagte er nicht die Ungerechtigkeit des Lebens, sondern schrieb die Worte: *»O Haupt voll Blut und Wunden, voll Schmerz und voller Hohn!«*

Sie blickten auf den Gekreuzigten in Zeiten der Not: Haben diese Glaubensväter etwas begriffen, das wir modernen Christen vergessen haben? Dass es möglich ist, den inneren Blick von der eigenen Not abzuwenden, auch wenn sie noch so lähmend ist, und Trost im Wissen zu finden, dass wir Vergebung für unsere Sünde haben und damit unser Hauptproblem jetzt und für die Ewigkeit gelöst ist?

Schuld ganz praktisch

Was genau ist die Schuld, aus der Gott mich erlösen will? In erster Linie ist es die Schuld, nicht wissen zu wollen, dass ich schuldig bin. *»Die Frau, die du mir zur Seite gegeben hast ...«* *(1. Mose 3,12).* »Diese Familie, dieser Vorgesetzte, diese Schule, dieser Staat, dieses Wetter, diese Krankheit, diese Gemeinde ...« Der Versuch, die Ursache für meine Probleme woanders zu suchen als in meinem eigenen Herzen. Solange ich die Tarotkarten meiner Oma, die Scheidung meiner Eltern, die Dummheiten der Politiker, die Anforderungen meines Vorgesetzten, die NS-Verbindung meines Opas, das Aufbrausen der Nachbarn oder die fehlende Vollmacht meines Hauskreisleiters für mein dahinsiechendes Leben verantwortlich mache, werde ich nie begreifen, was Christus für mich getan hat.

Auch heute greift die Eva in uns nach der Frucht. Auch heute flüstert uns jemand zu, dass diese Frucht uns zusteht, uns bisher unrechtmäßig vorenthalten worden ist. Wenn wir nur diese Frucht in der Hand halten, werden wir glücklich, so wispert sie uns zu. Auch heute vergessen wir all den Segen, den wir schon haben. Sehen uns selbst als Sonderfall. Man gönnt sich ja sonst nichts. Und außerdem, keiner muss es wissen. Die anderen tun sowieso nicht genug, um mich glücklich zu machen. Alles Weitere ist lediglich die natürliche Folge davon. Der Seitensprung, der Lohnsteuerbetrug, das Gelästere über die Geschwister, die fehlende Lust zum Beten, Kritik an anderen, der Wutausbruch, wenn ich selbst kritisiert werde. Am gefährlichsten wird es, wenn wir das alles normal finden.

In seinem Buch »Pardon ich bin Christ« erklärt C.S. Lewis: *»Der gefallene Mensch ist nicht nur ein unvollkommenes Wesen, das verbesserungswürdig wäre, er ist ein Rebell, der die Waffen niederlegen muss.«*[13]

Aber wie bringt Gott einen von sich selbst überzeugten Rebellen dazu, die Waffen niederzulegen? Mit einer flächendeckenden

Gnadenpauschale? Schwamm drüber, alles nicht so schlimm? Gnade als Auffangnetz? Um sich Stress zu ersparen? Das hätte nichts gebracht. Eine durch Sünde verdunkelte Seele wäre unberührt geblieben. Adams Nachkommen hätten fröhlich weitergesündigt und sich dabei nichts gedacht, sie wären in ihrer Spirale von Gewalt und Zerstörung gefangen geblieben. Sobald sie eine Grenze zu viel überschritten hätten, hätten die Menschen auf die Gnade Gottes gepocht und ihre Ankläger als spießige Spielverderber niedergeschrien. Sie hätten sich nicht einmal für so eine Gnade bedankt.

Auch der erhobene Zeigefinger, das Lesen der Leviten, das Einfordern von Zwangsgehorsam wären nutzlos gewesen. Die Rebellen hätten sich nur ins Fäustchen gelacht, denn sie wären gegen jede Art von Selbstregulierung immun gewesen. Oder sie hätten sich aus Angst angepasst und wären Marionetten geworden, von einem bleiernen Gefühl der permanenten Verdammnis niedergedrückt. Der Apostel Paulus bringt es im Römerbrief auf den Punkt:

Aber die Sünde hätte ich nicht erkannt als nur durchs Gesetz. Denn auch von der Begierde hätte ich nichts gewusst, wenn nicht das Gesetz gesagt hätte: »Du sollst nicht begehren!«
    Römer 7,7

Mit anderen Worten: Gesetze können Sünde bloßstellen, aber nicht entfernen. Die Thora erinnert Menschen an den Lebensstil, den sie führen sollen, gibt ihnen aber nicht die Kraft dazu. Sie sorgt bestenfalls für ein schlechtes Gewissen und macht die Hoffnungslosigkeit der Situation deutlich.

Das Gegenprogramm

Genau das ist der Plan. Die Abtrünnigen haben nur dann eine Chance, sich retten zu lassen, wenn sie ihre Rettungsbedürftigkeit erkennen. Gott bereitet eine dramatische Rückeroberung ihrer Herzen vor. Selbst die gottesfürchtigsten Propheten des Altertums können nur rätseln, was er vorhat, so unglaublich ist es. Der ganze Himmel hält den Atem an.

Gott wirft sich selbst ins Blutbad der Menschheit und wird Mensch. 33 Jahre lang.

Von Anfang an sticht sein Leben durch eine außerordentliche Integrität heraus. Er tut konsequent genau das Gegenteil von dem, was Adam getan hat. Der erste Mensch hat sich zu einem Gott gemacht. Gott macht sich zu einem Menschen. Der Mensch erhebt sich. Gott erniedrigt sich. Der Mensch reißt Macht an sich. Gott gibt seine Macht ab. Der Mensch sündigt und lässt andere leiden. Gott sündigt nicht und nimmt das Leid der anderen auf sich. Der Mensch sucht Gemeinschaft mit gleich gesinnten Sündern und rottet sich zusammen mit jenen, die seine Niedertracht teilen. Gott begibt sich freiwillig an den Ort der äußersten Einsamkeit außerhalb der Stadt – er wird ausgestoßen, gefoltert, gedemütigt, verhöhnt, brutal ermordet. So böse zugerichtet, dass er kaum als Mann zu erkennen ist (Jesaja 52,14).

Schlimmeres kann man einem Menschen nicht antun als das, was man Jesus angetan hat. Über einem unschuldigen Opfer entlädt sich die gesamte Last Tausender Jahre von Mord, Vergewaltigung, Ausbeutung, Diebstahl, Gemeinheit, Lästerung, Grausamkeit, Verrat. Er bricht zusammen unter dem Gewicht und schluchzt:

> *Eloí, Eloí, lemá sabachtháni?, was übersetzt ist: Mein Gott, mein Gott, warum hast du mich verlassen?*
>
> MARKUS 15,34

Er wird zum Außenseiter, damit die Außenseiter nach Hause zurückkehren können. Er macht sich selbst zur Lösung des Problems, auf das das ganze Alte Testament hinweist. »*Gebt, und es wird euch gegeben werden*« *(Lukas 6,38)*, ruft er seinen Nachfolgern zu. Ihm selbst wird nichts gegeben. Oder vielmehr nur Schlechtes. Sein »*Kommt her zu mir, alle ihr Mühseligen und Beladenen! Und ich werde euch Ruhe geben*« *(Matthäus 11,28)* wird mit »*Kreuzigt ihn!*« erwidert. Der, der die Lilien kleidet, wird öffentlich ausgezogen. Dem, der Sünden vergibt, wird keine Gnade erwiesen. Der, der zum Vater einlädt, wird vom Vater verstoßen. Der, der lebendiges Wasser anbietet, schreit: »Ich dürste!«, und wird mit bitterem Essig abserviert. Der, der das Licht der Welt ist, wird von Finsternis umhüllt.

Er nimmt das Schicksal auf sich, das mir in meinem verlorenen Zustand zugefallen wäre. Er zieht die Notbremse und geht selbst den Weg, der für mich vorbestimmt war. Der Einzige, der nichts schuldet, bezahlt. Er legt sich mit der Macht der Hölle an, damit ich in den Himmel gehen kann.

Den, der Sünde nicht kannte, hat er für uns zur Sünde gemacht, damit wir Gottes Gerechtigkeit würden in ihm.
2. KORINTHER 5,21

Hier ist das eigentliche Wunder der Menschwerdung Gottes. Nicht die Auferweckung von Toten, nicht das Wasser, das in Wein verwandelt wurde, lahme Beine, die wieder gehen, oder blinde Augen, die wieder sehen. Das Wunder ist, dass Jesus alles in dieser Welt hätte haben können. Die Menschenmengen fraßen ihm aus der Hand. Die Prominenz warb um seine Gunst. Aber das ließ ihn kalt. Er tauschte einen roten Teppich gegen einen steinigen Bergweg, der zu einem Foltergerät hinaufführte. Das Kreischen der begeisterten Anhänger gegen das spöttische Johlen eines hysterischen Pöbels. Die Autogrammstunden gegen das hämische Schriftstück »König der Juden«, als böser Scherz über seinen blutverschmierten Kopf gehängt.

Seine Spötter hänselten ihn. Er sollte beweisen, dass er Gott ist, und runtersteigen vom Kreuz. Hätte er können. Er hätte Tausende von Engeln rufen können, um ihn aus diesen Qualen zu retten. Doch er blieb hängen, bis zum letzten Atemzug.

Das Jubeln, das zu früh ausbricht

Die Hölle tobt vor Freude, der Feind lässt die Korken knallen. Der Kopf der Schlange wird zertreten? Von wegen! Juda ist tot. Die Gegenoffensive der Hölle ist gelungen. Endlich! Herodes hat es nicht geschafft. Der Frontalangriff auf Jesus in der Wüste am Anfang seines Dienstes hat nichts genützt, auch nicht die Neider und Kritiker, die ihn immer wieder mit ihren Bedrohungen zum Schweigen bringen wollten. Aber jetzt. Man muss nur einen langen Atem haben. Ja nicht aufgeben. Dem Gegner auf der Spur bleiben, jahrhundertelang, wenn es sein muss, bis man ihn in die Falle gelockt und die Schlinge um seinen Hals zugezogen hat. Die Römer erledigen den Rest.

Mit einer Sache hat der Satan jedoch nicht gerechnet. Den, der keine Sünde kennt, kann der Tod nicht halten. Denn der Tod ist eine direkte Folge der Sünde. Der, der seine Macht nicht festhält und zu eigenen Zwecken missbraucht, hat wahre Macht. Der, der es schafft, am Kreuz hängen zu bleiben, statt es sich einfach zu machen und sich selbst zu retten, ist unbesiegbar. So wird der Feind mit der einen Waffe erobert, die er nicht kennt und mit der er nichts anfangen kann: Liebe. Freiwillige Selbstaufopferung. »*Du hättest keinerlei Macht über mich, wenn sie dir nicht von oben gegeben wäre*«, sagt Jesus zu Pilatus (Johannes 19,11), als dieser versucht, ihn einzuschüchtern.

In Adam reißt der Mensch das an sich, was ihm nicht zusteht. Wie der Satan selbst, der das gleiche Spiel getrieben hat, bevor er in den Abgrund gestürzt ist.[14] Gott, der rechtmäßige Herr des Universums, legt das nieder, was ihm zusteht, um uns in unserem gefallenen Zustand zu begegnen, uns an die Spielregeln des ersten Gartens zu erinnern, Sehnsüchte nach der alten Heimat in uns zu wecken und uns einzuladen, ihm zurück nach Eden zu folgen. Immer wieder in den Schriften des Neuen Testaments wird an die Anfänge erinnert. Der Verfasser des Hebräerbriefs beschreibt das Blut Christi als »*das Blut der Besprengung*« (der Reinigung und Vergebung), »*das besser redet als das Blut Abels*« *(Hebräer 12,24)*. Paulus schwärmt von dem »zweiten Adam«, der im zweiten Anlauf den Auftrag erfüllt, bei dem der erste Adam gescheitert ist.

> *Denn da ja durch einen Menschen der Tod kam, so auch durch einen Menschen die Auferstehung der Toten. Denn wie in Adam alle sterben, so werden auch in Christus alle lebendig gemacht werden.*
>
> 1. KORINTHER 15,21-22

Der Bann Edens ist damit gebrochen, der Kopf der Schlange zertreten, der Schuldschein für Adams Rebellion zerrissen, die Rechnung bezahlt. Das Tor ist wieder offen, ewiges Leben für die, die das Angebot annehmen. Unser Part? Zu glauben. Uns an der Stelle wieder mit dem Himmel zu verbinden, an der Adam die Leine zum Himmel losgelassen hat. Die Bibel hat dafür verschiedene Begriffe. Wiedergeburt, Versöhnung mit Gott, Umkehr. Auch wir müssen den Weg des Kreuzes gehen: »*Wenn jemand mir nachkommen will, verleugne er sich selbst und nehme sein Kreuz auf und folge mir nach!*« *(Matthäus 16,24)*.

> *Die Waffen niederlegen, sich ergeben, bereuen, einsehen, dass wir auf dem falschen Weg sind, und dazu bereit sein, von Grund auf neu zu beginnen – das ist der einzige Weg hinaus aus unserer »Patsche«. Diese bedingungslose Kapitulation, dieses »mit Volldampf zurück«, das ist es, was die Christen unter »Buße« verstehen.*[15]
>
> C.S. LEWIS

Um in die Beziehung mit Gott einzutreten, müssen wir keine besonderen Taten vollbringen. Wir müssen nur kapitulieren, Gott alles hinhalten und darauf vertrauen, dass er schon alles getan hat, was notwendig ist, damit wir in den Garten zurückkehren können.

Baustelle Gedankenwelt

Während ich diese Zeilen schreibe und um Formulierungen für die Geschehnisse rund um die Passion Christi ringe, die menschliche Worte nie gebührend beschreiben können, ertappe ich mich dabei, dass ich an eine langjährige Freundin denke, die mir plötzlich ohne sichtbaren Grund den Rücken gekehrt hat. Ich mochte sie und habe sie in vielen ihrer Lebenskrisen unterstützt. Klagen füllen meine Gedanken. Empörung steigt wieder hoch. Wie konnte sie nur?

Ich werde rot, wenn ich an alles denke, was ich ihr anvertraut habe. Persönliches, Peinliches. Sie kennt meine Schwächen, meine Geheimnisse. Ich habe ihr von meinen Sorgen erzählt, ihr mein Vertrauen geschenkt. Wo wird das alles jetzt hingestreut? In mir steigt das Gefühl auf, verraten, missbraucht worden zu sein, Zeit und Energie verschwendet zu haben.

Ich bin auch auf mich selbst sauer. Wieso habe ich nichts bemerkt? Wie konnte ich mich dermaßen verschätzen, so unweise sein? Ich möchte sie gestraft sehen, voller Reue, dass sie unsere Freundschaft so mir nichts, dir nichts weggeworfen hat.

Der Schmerz zieht einen Rattenschwanz von weiteren alten Klagen mit sich. Andere Menschen, die mich enttäuscht haben. Mein schweres Leben überhaupt. Bald bin ich dabei, in einem Sumpf von Selbstmitleid zu versinken. Ich ertappe mich rechtzeitig und rüttele meine Seele wach, flehe den Herrn um Hilfe an.

Langsam erscheinen im Nebel der turbulenten Gefühle zwei Balken – einer ragt in die Höhe, der andere kreuzt ihn seitwärts. Ich bündele in meinen Gedanken meine Klagen in einen Rucksack und mache mich auf Richtung Golgatha. Ja, ich tue es mir an. Ich schleppe mich zusammen mit ihm diesen steinigen Hang hoch, hechle nach Wasser, versuche, das schadenfrohe Gelächter der Spötter aus den Ohren zu verbannen. Höre das schluchzende Stöhnen aus dem Mund dessen, der dem Wind und den Wellen befehlen konnte, ruhig zu sein. »Beneath the cross of Jesus, I fain would take my stand«, heißt es in einem alten Choral von Elizabeth Cecilia Clephane. »Am Fuß des Kreuzes Jesu bleibe ich lange stehen.« Meine Fragen werden dort nicht beantwortet, aber sie verlieren an Bedeutung und Kraft. Hier brauche ich keine Erklärungen. Hier hat Gott sich selbst auf die Anklagebank gesetzt und meinen Schmerz, meine Dummheiten, mein Scheitern auf sich genommen – das ganze Paket. Wenig war es nicht.

Ich werde daran erinnert, dass mir nichts auf dieser Welt gehört, auch die beste Freundschaft nicht. Mir steht nichts zu, absolut nichts. Er ist der Meister, ihm gehört alles, ihm verdanke ich alles, was ich bin und habe. Seine Freundschaft ist genug. Was will ich mehr?

Mein Herz schmilzt vor Dankbarkeit. Ich wende mich den Aufgaben des Tages zu. Die Last ist weg und ich denke wieder an fröhlichere Dinge.

Die Kirchenväter machen es praktisch

Die Kirchenväter konnten mit dem Wort »Buße« mehr anfangen als wir modernen Christen. Ich saß neulich in einem traditionellen anglikanischen Gottesdienst in England. Die Liturgie wurde in modernem Englisch vorgetragen. Wir kamen zur »General Confession«, dem Sündenbekenntnis. Der Pfarrer forderte uns kurz dazu auf, die Fehler zu bereuen, die wir vielleicht begangen hatten, danach kam das Amen. Wo war das liturgische Sündenbekenntnis von früher geblieben? Als ich zu Hause war, schlug ich den ursprünglichen Text aus der Abendmahlliturgie des »Book of Common Prayer« von 1928 nach.

Es sollte »humbly kneeling« (demütig kniend) gebetet werden. Die herzzerreißende Tiefe und Leidenschaft der Worte von damals kennen wir gar nicht mehr in unserer weichgespülten Gottesdienstsprache. Markant sind die Adverbien, es ist, als hätten die Verfasser keine Verben oder Adjektive finden können, die stark genug waren, um die Notwendigkeit und Ernsthaftigkeit dieses Vorgangs auszudrücken.

Dies ist der Wortlaut des Originals, wie ich es mein Leben lang liebe und beherzige:

> *Then shall this General Confession be made, by the Priest and all those who are minded to receive the Holy Communion, humbly kneeling.*
>
> *Almighty God, Father of our Lord Jesus Christ, Maker of all things, Judge of all men; We acknowledge and bewail our manifold sins and wickedness, Which we, from time to time, most grievously have committed. By thought, word, and deed, Against thy Divine Majesty, Provoking most justly thy wrath and indignation against us. We do earnestly repent. And are heartily sorry for these our misdoings; The remembrance of them is grievous unto us; The burden of them is intolerable. Have mercy upon us, Have mercy upon us, most merciful Father; For thy Son our Lord Jesus Christ's sake, Forgive us all that is past; And grant that we may ever hereafter Serve and please thee In newness of life, To the honour and glory of thy Name; Through Jesus Christ our Lord. Amen.*[16]
>
> THE BOOK OF COMMON PRAYER 1928

In der Liturgie der deutschen Landeskirchen gibt es verschiedene bewegende Sündenbekenntnisse (»Confiteor«). Das englische »General Confession« habe ich aber für mich persönlich ins Deutsche übersetzt, weil ich nichts von der Kraft dieser Sprache verlieren möchte. Auf Deutsch würde es so klingen:

Allmächtiger Gott, Vater unseres Herrn Jesus Christus, Schöpfer aller Dinge, Richter aller Menschen. Wir bekennen und bedauern unsere vielfältigen und schwerwiegenden Sünden und Missetaten, die wir immer wieder begangen haben. In Gedanken, in Worten, in Taten. Gegen deine göttliche Majestät. Deinen rechtmäßigen Zorn und deine Wut gegen uns haben wir verdient. Wir tun von ganzem Herzen Buße. Diese Missetaten bedauern wir zutiefst. Die Erinnerung an sie schmerzt uns unendlich. Ihre Last ist unerträglich. Erbarme du dich unser, erbarme du dich unser, barmherziger Vater, um deines Sohnes, des Herrn Jesus Christus, willen. Vergib uns das, was vergangen ist. Schenk, dass wir fortan dir dienen und dir gefallen als neue Menschen. Zur Ehre und Verherrlichung deines Namens, durch Jesus Christus, unseren Herrn. Amen.

Wenn ich ganz ehrlich in meine Seele schaue und mich meiner Rettungsbedürftigkeit stelle, dann entspricht die Schärfe dieser Worte dem Ernst der Lage und der Dringlichkeit der Hilfe, die ich brauche. Ich werde daran erinnert, dass meine Sünde das einzige wirklich existenzielle Lebensproblem ist, das mich bedroht und das letztlich meinen Untergang bedeuten könnte. Nicht die Ablehnung, die ich gerade erlebt habe, nicht die enttäuschten Hoffnungen, nicht die Müdigkeit nach dem langen Arbeitstag, auch nicht der Verkehrsstau oder der Ärger mit der Kollegin. Dieses Gebet räumt Gott die Möglichkeit ein, immer das letzte Wort zu haben.

Wir haben in unserem Land nicht nur den Buß- und Bettag

abgeschafft, wir haben auch die Notwendigkeit der Buße als Weg zur Versöhnung mit Gott abgeschafft. Wir haben geistliche Subkulturen eingerichtet, die uns Glück versprechen, uns helfen wollen, unsere Probleme zu überwinden und ein erfülltes Leben zu führen. Wir haben Bücher, Kongresse, Seminare, Mechanismen und geistliche Denksysteme entwickelt. Und langsam, aber schleichend haben wir neue Wege gefunden, die wahre Ursache der Brüche in unserem Leben zu verschieben und zu umgehen. Martin Luther drückt das in seinen kernigen Worten so aus:

(Gott) will, so wir begehren selig zu werden, dass ein jeder auf seine Knie fallen, seine Hände aufheben und sagen soll: Herr, ich bin ein Sünder; mir ist Not, dass ich mich bessere. Ich kann aber nicht. Darum, Herr, sei mir gnädig und hilf mir.[17]

Die Verharmlosung persönlicher Schuld wirkt sich bis in unseren Sprachgebrauch hinein aus. John Newtons berühmtes Lied beginnt mit den Worten: »*Amazing grace, how sweet the sound, that saved a wretch like me.*« (»Erstaunliche Gnade ... die einen *Schuft* wie mich gerettet hat.«) Eine moderne Lobpreisband änderte das Wort »Schuft« in »Seele« ab: »that saved a *soul* like me.« Menschen in unserem aufgeklärten Zeitalter als Schufte zu bezeichnen, schien den jungen Musikern nicht angemessen zu sein und schon gar nicht günstig für das Marketing ihres YouTube-Clips. Das Wort »Gnade« verliert jedoch seine Bedeutung, wenn wir uns nicht mehr bewusst sind, wofür wir Gnade brauchen. Den Fallschirm weiß nur der zu schätzen, der weiß, dass das Flugzeug bald abstürzen wird.

Der britische Prediger Charles Spurgeon sagte einmal:

Fürchtet Euch nicht vor dem Tod, Geliebte. Der Tod ist zwar die letzte, aber die unwichtigste Angelegenheit, um die ein Christ sich kümmern muss. Habt Angst lieber vor dem Leben. ... das ist ein Kampf, der schwer zu bestehen ist, eine

Disziplin, deren Ausübung hart ist, eine stürmische Seefahrt.[18]

Aus dem Mund von Jesus klingt das so:

Und fürchtet euch nicht vor denen, die den Leib töten, die Seele aber nicht zu töten vermögen; fürchtet aber vielmehr den, der sowohl Seele als auch Leib zu verderben vermag in der Hölle!
   MATTHÄUS 10,28

Für Menschen, die wissen, dass die Trennungsmauer der Sünde aufgehoben ist, und die sich Christus anvertrauen, verliert selbst der Tod seinen Schrecken.

Adam wiederhergestellt

Gott zeigte der Welt in Jesus, wie er sich Adams Leben gedacht hatte. »*Das Wort wurde Fleisch und lebte unter uns*« (Johannes 1,14). Mit Händen, die wir berühren konnten, einer Stimme, die wir hören konnten, mit der Einladung zurück in die Freundschaft mit dem Vater, in die Geborgenheit, die nur er geben kann. Die Tore Edens öffnen sich wieder. Die eigentliche Quelle des Glücks sprudelt mit dem lebendigen Wasser, das nur Gott schenken kann.

Nachdem Gott vielfältig und auf vielerlei Weise ehemals zu den Vätern geredet hat in den Propheten, hat er am Ende dieser Tage zu uns geredet im Sohn, den er zum Erben aller Dinge eingesetzt hat, durch den er auch die Welten gemacht hat; er, der Ausstrahlung seiner Herrlichkeit und Abdruck seines Wesens ist ...
   HEBRÄER 1,1-3

Der Stamm Juda hat seinen Auftrag erfüllt, den Samen des Christus durch Jahrhunderte hindurch von einer Generation zur nächsten weiterzugeben. Leas Tränen haben sich gelohnt. Tamars Ringen um ihr Familienrecht ist gelungen. Rahabs Mut, sich dem Volk Gottes anzuschließen, hat Geschichte geschrieben. Ruts Vertrauen, dass Gott ihr eine Familie schenken würde, wurde belohnt. In endlosen Sequenzen von Einsamkeit, Schuld und Zerbrochenheit leuchtete Gottes Herrlichkeit immer wieder durch gebrochene Gefäße hindurch, bis »*die Fülle der Zeit kam*« und er seinen Sohn sandte, »*geboren von einer Frau*« *(Galater 4,4).*

Gott ist mit seinem ursprünglichen Plan wieder auf Kurs: die Welt mit Menschen zu bevölkern, die nach seinem Ebenbild geschaffen sind, die ihm freiwillig und von ganzem Herzen dienen.

Wie wirkt sich das offene Tor Edens im Leben derjenigen aus, die durch dieses Tor gehen und ihr Leben ihrem Schöpfer anvertrauen? Das ist das Thema der nächsten Kapitel.

5. Beim Namen gerufen

Er macht uns das unfassliche Kompliment, dass er uns unerbittlich liebt. Er treibt unsere Seele in die Enge, indem er eine Sehnsucht in uns weckt, nach etwas, das wir nicht haben können. Damit möchte er uns offenbaren, was er uns schenken will, was in Wirklichkeit etwas viel Besseres ist.

ELISABETH ELLIOT[19]

Abschied vom Tod

Als er die Worte »Es ist vollbracht!« mit einem letzten gequälten Atemzug über seine blutigen Lippen zwingt und die Dunkelheit über ihn hereinbricht, heißt es für Jesus: Mandat erfüllt. Dienstakte geschlossen. Das Gerichtsurteil, das Gott in jenen nebeligen Anfangszeiten der Menschheit gefällt hat, ist vollzogen. Der Kopf der Schlange ist zertreten: »*Es hat überwunden der Löwe aus dem Stamm Juda, die Wurzel Davids*« *(Offenbarung 5,5)*.

Naturgewalten – eine Sonnenfinsternis und ein Erdbeben – spiegeln den Tumult wider, der den Himmel und die Hölle erschüttert, als der Sohn Gottes seinen Kopf auf seine Brust sinken lässt und seine zerschrammten Glieder erschlaffen. Das Ende ist banal. Ein römischer Soldat durchsticht seine Seite, um sicherzustellen, dass er tot ist. Als die Geier Aas wittern, beschließt ein guter Freund von Jesus, ihm wenigstens die Würde einer ordentlichen Bestattung zu gewähren.

Beim Passahfest darf kein Jude tot am Foltergerät hängen. Die letzte Ironie in einer Heilsgeschichte, die mit Ironien geradezu gespickt ist. Der, um dessentwillen Opferlämmer seit Jahrhunderten geschlachtet werden, muss den Platz räumen, damit das Fest ungestört gefeiert werden kann.

Der Statthalter Jerusalems genehmigt die Entsorgung der Leiche. Männer holen die blutigen Überreste von Gottes Sohn vom Holz herunter, wickeln sie in Grabtücher und legen sie in das Grab, das für den Freund von Jesus gedacht war.

Eine Schwere hängt über Jerusalem. Eine Atmosphäre herrscht, in der man nur im Flüsterton redet. Hinrichtungen vor dem Wochenende sind im alten Rom normal, aber hier ist etwas Schauriges im Gange. Alle reden darüber.

Begegnung mit dem Auferstandenen

Das Krachen eines riesigen Steins. Ein offenes Grab. Himmelsboten hier und da unterwegs, um auch die hartnäckigsten Zyniker zu überzeugen, dass Jesus auferstanden ist. Die Weltgeschichte ist dabei, sich in zwei Teile zu spalten – davor und danach. Einer Frau namens Maria aus dem Dorf Magdala fällt die historische Aufgabe zu, als erste Augenzeugin von der Auferstehung zu berichten. Sie ist jemand, der mit gutem Grund um Jesus trauert. Ihm verdankt sie ihr lebensrettendes Comeback nach katastrophalen Fehlentscheidungen in ihrer Jugend. Jesus ist ihr Ein und Alles.

Maria kann sich vom leeren Grab nicht losreißen. Es ist der Tag, an dem Gott wieder in einem Garten spazieren geht. Dieses Mal gibt es kein Versteckspiel wie einst in Eden. Keine Anzeichen von Tod und Verfall, die sich in eine gefallene Schöpfung hineinschleichen. Gott muss nicht nach dem gefallenen Menschen suchen. Der gefallene Mensch sucht nach Gott. Vermisst ihn, weint um ihn.

So sehr ist Maria in ihrer Trauer versunken, dass es ihr nicht auffällt, wie seltsam es ist, dass zwei fremde Gestalten am offenen Grab stehen. Auf ihre Frage, warum sie weint, antwortet sie: »*Weil sie meinen Herrn weggenommen und ich nicht weiß, wo sie ihn hingelegt haben*« *(Johannes 20,13)*. In Tränen aufgelöst blickt sie sich um und fragt einen Mann, den sie für den Gärtner hält: »*Herr, wenn du ihn weggetragen, so sage mir, wo du ihn hingelegt hast! Und ich werde ihn wegholen*« *(Johannes 20,15)*.

Wenn dieser kurze Dialog nicht so zärtlich und bewegend wäre, müsste man schmunzeln. Der »Gärtner« sagt zunächst nur ein Wort: »Maria«. Er nennt sie beim Namen. Wieder typisch. Gerade hat er das Universum gerettet und nun hat er nichts Besseres zu tun, als eine weinende Frau aufzusuchen und sie von diesen monumentalen Entwicklungen in Kenntnis zu setzen. Keine Posaune vom Berggipfel, kein dramatischer Auftritt mit optimaler Öffentlichkeitswirksamkeit. Keine Pressekonferenz, keine Twitter-Nachricht. Das hat er nicht nötig.

Maria darf es als Erste erfahren: Der Fluch von Eden ist gebrochen. Einer hat es geschafft, die Mauer der Endgültigkeit zu durchbrechen, in die Ewigkeit einzutauchen und zurückzukommen. Die Botschaft an Maria ist knapp, voller Freude, in Eile. Ihn umarmen darf sie nicht, zu viel Herrlichkeit klebt an seinen Gewändern, das würde sie nicht verkraften. Sie soll zu den anderen rennen und ihnen die gute Nachricht von der Auferstehung weitersagen.

Die Vertreibung der Römer aus jüdischem Revier? Das war das, was die zwölf Jünger und viele seiner Nachfolger sich von Jesus erhofft hatten. Aber seine Nachricht ist hundertmal besser. Der Tod ist besiegt, die Sünde entmachtet! In Adam wurden wir mit Recht zum Tod verurteilt, in Christus begnadigt.

Rettung eins zu eins

Die Szene am Grab trägt die göttliche Handschrift, die Bibelkennern so vertraut ist. Namen, nicht Zahlen. Einzelne, nicht die Massen. Originale, nicht Fließbandprodukte. Zum Familientisch lädt Jesus ein, nicht zum Arbeitskreis. Sein Programm heißt Vaterschaft, nicht Verwaltung. Sobald Gott seine Finger im Spiel hat, wird der Mensch aufgewertet, egal welche Lasten, Sünden oder Katastrophen er im Gepäck hat.

> *Aber jetzt, so spricht der Herr, der dich geschaffen, Jakob, und der dich gebildet hat, Israel: Fürchte dich nicht, denn ich habe dich erlöst! Ich habe dich bei deinem Namen gerufen, du bist mein.*
>
> Jesaja 43,1

Auf der Brusttasche des Hohepriesters, der zur Zeit des Alten Testaments in die Stiftshütte ging, um den Segen Gottes zu suchen, standen die Namen der Stämme Israels (2. Mose 28,10). Nicht Nummern, die ausgerufen werden, wie bei uns in der Stadtverwaltung, wenn man einen neuen Ausweis braucht oder seinen Führerschein verloren hat. Auch nicht geschwind dahingekritzelt oder in eine Liste getippt, sondern in Edelsteine eingefasst.

Es gibt kein »Du da, wie heißt du noch mal?« bei diesem Gott. Stattdessen sagt er:

- »Abraham! Abraham! ... strecke deine Hand nicht aus nach dem Jungen!« (1. Mose 22,11-12)
- »Jakob! Jakob! ... Ich bin Gott, der Gott deines Vaters.« (1. Mose 46,2-3)
- »Mose! Mose! ... Tritt nicht näher heran.« (2. Mose 3,4 5)
- »Samuel! Samuel!« (1. Samuel 3,10)

- »Marta, Marta! Du bist besorgt und beunruhigt um viele Dinge.« (Lukas 10,41)
- »Zachäus, steig eilends herab! Denn heute muss ich in deinem Haus bleiben.« (Lukas 19,5)
- »Simon, Simon! ... Ich ... habe für dich gebetet, dass dein Glaube nicht aufhöre.« (Lukas 22,31)
- »Maria!« (Johannes 20,16)
- »Saul, Saul, was verfolgst du mich?« (Apostelgeschichte 9,4)

An jeder beliebigen Stelle auf dieser Liste von persönlichen Anreden könnten wir anhalten und verfolgen, was mit einem Menschen passiert, der so intim von Gott angesprochen wird. Bei Maria löst die Begegnung mit dem auferstandenen Herrn eine Mischung aus Fassungslosigkeit und Freude aus. Ein Rennen, Eilen, Erzählen, Schwärmen, Tränen der Erleichterung. Die Nachricht verbreitet sich wie ein Lauffeuer – die Tragödie ist vorbei! Der Herr ist auferstanden! Projekt Messias ist wieder auf Kurs, und wir sind dabei!

Und für Maria persönlich? Welch außerordentliche Ehre, vom auferstandenen Herrn aufgesucht zu werden! Wie erstaunlich, dass er sich auf den Weg macht, um nach ihr zu schauen. Das ist, als ob die Queen oder die Kanzlerin an meiner Haustür erscheinen und sagen würde: »Ich wollte nur mal schauen, wie es dir geht« – nur viel besser.

Die gute Nachricht für uns ist, dass es keinen Bruch zwischen damals und heute gibt. Die Geschichte geht nahtlos weiter. Hartnäckige Versuche der Zyniker und Spötter, die Nachricht der Auferstehung zu widerlegen, machen sie für die Glaubenden nur umso glaubwürdiger. Maria ist Jesus nicht intensiver begegnet, als wir ihm heute begegnen können. Es könnte auch unser Garten sein. Unsere Verzweiflung. Unser Schrei: »Ich weiß nicht, wo sie ihn hingebracht haben.« Unsere euphorische Erkenntnis, dass der Herr des Universums den Ruf von Not leidenden Menschen hört, ihre Namen kennt und sie sucht, bis er sie gefunden hat.

Auf der Straße nach Emmaus erinnert Jesus zwei niedergeschlagene Kameraden an das, »*was die Propheten geredet haben*«, und führt sie während eines einzigen Spaziergangs, angefangen »*von Mose und von allen Propheten*«, durch eine Art Kurzbibelschule *(Lukas 24,25-27)*.

Gott ist derselbe, heute, gestern und in aller Ewigkeit – nicht nur in der Ausführung seines Heilsplans und in der Vertrauenswürdigkeit seiner Zusagen, sondern auch in der Art, wie er Menschen begegnet. Maria, eine Frau, deren Wort in der damaligen Gesellschaft nichts galt, darf als erste Zeugin des sensationellsten Ereignisses der Weltgeschichte auftreten. Eine Frau, verachtet von der Gesellschaft, geachtet vom Messias.

Rückblick auf »El Roi« und den Tag, an dem Gott beim Namen genannt wird

Lea, Rahab, Rut: gebrochene Seelen, die von Gott aufgesucht und aufs Zärtlichste zurück ins Leben gerufen wurden. Schon in den Anfangskapiteln der Bibel nennt Gott Namen, die keinem anderen etwas bedeuten. Eine dieser Geschichten hat eine erstaunliche Ähnlichkeit mit der Geschichte Marias.

Es ist eine dieser unglücklichen Verkettungen von Ereignissen, die nie hätten passieren dürfen – wie so viele in der Bibel und wie so viele in unserem Leben. Eine junge ägyptische Sklavin namens Hagar gehört nicht zum ursprünglichen Drehbuch Gottes. Sie ist Kammerdienerin und Hofdame für die First Lady des Patriarchenhauses, Sarai (später Sara). Vermutlich wurde sie nach Abrahams unglücklichem Abstecher zu den Pharaonen als Beute mitgenommen – eine Reise, die auch nicht zum ursprünglichen Drehbuch gehörte. Eine aus Hunderten von Mitarbeitern im Team Abraham.

Eines Tages bekommt sie eine neue Aufgabe: Leihmutter für den lang ersehnten Erben zu werden. Sie zeigt sich willig, stellt sich ihrer intriganten Herrin zur Verfügung, verbringt eine Nacht oder vielleicht mehrere bei Abraham im Zelt. Und sie wird von ihm schwanger. Alles Saras geniale Idee, bis unvermeidbare Ausbrüche von Neid und Konkurrenz einen Zickenkrieg zwischen den beiden Frauen auslösen. Irgendwann hält Hagar die Spannungen nicht mehr aus und ergreift die Flucht.

Sicherlich schleppt sich diese junge Frau mit einer unermesslichen Schwermut im Herzen durch die Wüste, in die sie flüchtet. Dass der Gott Abrahams nur eine Sekunde an sie denkt, ist vermutlich das Letzte, womit sie rechnet. Falls er sie überhaupt auf seinem Radarschirm hat, dann nur in einer dunklen Ecke, irgendwo unter der Rubrik »Sünder, Versager, abgeschriebene Fälle«. Welche Sprüche von Sara klingen ihr noch in den Ohren? »Du überhebliche Göre, meinst du, etwas Besseres zu sein, nur weil du schwanger bist und ich nicht?« Ist Hagars Todessehnsucht so stark, dass sie bereit ist, auch ihr ungeborenes Kind – oder vielmehr das ungeborene Kind ihrer Herrin – mit in den Tod zu reißen? Die Aussichten, von so einem Gang in die Wüste lebend nach Hause zurückzukehren, gehen gegen null.

Doch Gott holt sie am Tiefpunkt ihrer Verzweiflung ein. Er schickt einen Engel mit einer Nachricht: *»Hagar, Magd Sarais, woher kommst du, und wohin gehst du?« (1. Mose 16,8).*

Wenn Gott uns Fragen stellt, dann nicht, weil er Informationen über uns braucht, sondern weil wir Informationen über uns brauchen. So wie er sich nicht scheut, Menschen beim Namen zu nennen, so scheut er sich auch nicht vor peinlichen Fragen.

- »Wo bist du?« (1. Mose 3,9)
- »Wer hat dir erzählt, dass du nackt bist?« (Vers 11)
- »Warum bist du zornig?« (1. Mose 4,6)
- »Wo ist dein Bruder Abel?« (Vers 9)
- »Was tust du hier, Elia?« (1. Könige 19,9)

- »Ihr aber, was sagt ihr, wer ich bin?« (Markus 8,29)
- »Was nennst du mich gut?« (Markus 10,18)
- »Wollt ihr etwa auch weggehen?« (Johannes 6,67)
- »Was sind das für Reden, die ihr im Gehen miteinander wechselt?« (Lukas 24,17)

Seine Worte haben eine entwaffnende Einfachheit und Direktheit. Keine verschachtelte Klausel und Unterklausel, keine blumigen Versuche, dem eigentlichen Thema auszuweichen. Kein Small Talk zum Warmwerden. Er kommt gleich auf den Punkt.

Auch bei Hagar. Er tut nichts weiter, als sie an das zu erinnern, was sie selbst weiß. »Woher kommst du?« Ihre Vergangenheit, ihre Rolle als Sklavin einer vornehmen Dame. Das Leid, das diese Rolle mit sich gebracht hat. Missbrauch, Verrat, Streit, Flucht. Das alles ist passiert, kann nicht mehr geändert werden. *»Vor Sarai, meiner Herrin, bin ich auf der Flucht« (1. Mose 16,8)*, antwortet Hagar. Keine Schuldzuweisungen, kein »Dort ist das Leben unerträglich« oder »Wenn du wüsstest, welch höllisches Mobbing ich erlebt habe«. Sie nimmt die Verantwortung für ihre Aktion voll auf sich. Die, die nicht zu Gottes auserwählter Familie gehört, verzichtet auf Schuldzuweisungen à la Adam und Eva.

Die Antwort auf die zweite Frage »Wohin gehst du?« gibt ihr der Engel: *»Kehre zu deiner Herrin zurück, und demütige dich unter ihre Hände!« (Vers 9)*. Bevor sie die Chance hat, sich zu wehren mit Sätzen wie: »Aber du musst doch wissen, dass ...« oder »Wie kannst du das von mir verlangen?«, spricht der Engel weiter. Die Forderung ist zwar sehr groß, aber auch die Perspektive, die er ihr eröffnet. Hagar lernt ihren ungeborenen Sohn kennen. Ihren, nicht den von Sarai. Er hat schon einen Namen von Gott bekommen. Ismael soll er heißen, das bedeutet: »Gott hört.« Er soll ein sportlicher Typ sein, ein Kämpfer, Stammvater einer großen Menschenmenge, Gründer einer Dynastie (Vers 11-12).

Gott schenkt Hagar ihren Sohn zurück und übergibt ihr die

Verantwortung für ihn. Das ist ein starkes Motiv, um ins Leben zurückzukehren. Bisher war es Sarais Sohn und Hagar hätte vor lauter Verzweiflung seinen Tod in Kauf genommen. Jetzt ist es ihr Kind.

Welches Mutterherz schlägt nicht höher, wenn es erfährt, dass der Sohn ein Superstar werden wird? Schluss mit der Verzweiflung!

Am allermeisten staunt Hagar allerdings über etwas anderes: über die Erkenntnis, dass sie mit keinem Geringeren als Gott gesprochen und das Gespräch überlebt hat.[20] Sie kann ihr Glück kaum fassen. Es ist erstaunlich genug, dass Gott sie überhaupt im Blick hatte, einen winzig kleinen Punkt auf einer endlosen Sand- oder Geröllfläche. Noch viel erstaunlicher ist jedoch, dass er ihrem Baby einen Namen gibt und Ideen für ihre Zukunft und die ihres unehelichen Sohnes im Gepäck hat. Und das alles für eine Kleinfamilie, die durch einen unrühmlichen Skandal entstanden ist!

Der Gott, der Hagar beim Namen genannt hat, bekommt auch von ihr einen Namen: El Roi, das bedeutet: »ein Gott des Sehens« oder »*Du bist ein Gott, der mich sieht!*« *(Vers 13)*. Er ist nicht nur ein Gott, der hört (»Ismael«), sondern auch ein Gott, der sieht. Ein Brunnen wird nach ihm benannt.

Hagar richtet sich nach dieser Begegnung wieder auf, um sich dem Leben zu stellen. Die verwaiste Frau, die als »Sklavin der Sarai« in die Gegenwart Gottes gestolpert ist, marschiert erhobenen Hauptes als »die von Gott Gesehene« zurück zum Ort ihrer Verletzung.

Die Gegenwart Gottes ist der einzige Ort auf Erden, an dem keiner Ihnen sagen kann, dass Sie dumm, uncool, bedeutungslos, unerwünscht, nicht gut genug sind oder zu viele Fehler gemacht haben. Hagars Identität ist jetzt eine neue. Kein Geringerer als der Schöpfer des Universums hat sie berührt. Sie kann der Zukunft wieder ins Auge schauen. Die alten Aufgaben, die ihr unzumutbar erschienen sind, sind auf einmal erträglich. Es gibt einen Grund, morgens aus dem Bett zu steigen.

Wer Gottes Stimme im Ohr hat, wer weiß, dass er »gesehen« wurde, verliert jede Angst.

Stimmen in der Einöde

Manchmal frage ich mich, warum die einschneidenden Wenden im Leben biblischer Persönlichkeiten oft im Abseits geschehen. Einsame Alleingänge in Wüsten, Gärten und auf Bergen werden zu Schauplätzen des lebensverändernden Eingreifens Gottes: bei Hagar, Abraham, Jakob, Mose, David, Hanna, Elia, Maria Magdalena und vielen weiteren. Selten werden diese Begegnungen aktiv gesucht. Hagar flüchtet nicht in die Wüste mit dem Ziel, Gott zu suchen. David und Mose durchziehen abgelegene Steppen, weil sie als Viehhirten arbeiten, nicht weil sie besonders geistlich sind. Jakob, Hanna und Elia begegnen Gott, als sie Ruhe vor Feinden suchen, Hagar, weil sie einem unerträglichen Spannungsfeld davonläuft.

Die Abgeschiedenheit scheint für Gott der beste Ort zu sein, um unsere Aufmerksamkeit zu bekommen. Dies steht auch im Buch des Propheten Hosea. Gott wirbt um sein Volk wie um eine untreue Geliebte:

Siehe, ich werde sie locken und sie in die Wüste führen und ihr zu Herzen reden. ... Und dort wird sie willig sein wie in den Tagen ihrer Jugend.

HOSEA 2,16-17

Der Lärm dieser Welt, das Stimmengewirr der Menschen um uns herum, die Reize, die unsere Sinne betören – das alles vereinnahmt uns. Gottes Stimme ist nicht schwer zu hören. Unsere Sinne sind nur zu träge, um sie wahrzunehmen, zu abgelenkt durch das Getümmel dieser Welt. Auf Nachrichten vom Himmel hören wir besser, wenn wir in der Wüste sind.

Als ich mich um ein Stipendium für zwei Semester in Deutschland bewarb, fragte ich Gott nicht einmal, ob das in seinem Sinne ist, denn zu diesem Zeitpunkt glaubte ich nicht mehr an die Führung Gottes.

Ich hatte noch daran geglaubt, als ich mich Hals über Kopf in einen jungen Mann verliebt hatte, bei dem ich überzeugt war, dass er der Richtige sei. Wir beide hatten fleißig um Gottes Führung gebetet. Wir planten, nach Beendigung unseres Studiums zu heiraten und dem Herrn gemeinsam zu dienen. Ich erzählte überall großspurig und stolz davon, welch ein Segen es ist, wenn man eine romantische Beziehung im Willen des Herrn führt. Ich belehrte andere, wie wichtig es ist, Jesus in jedem Lebensbereich mitreden zu lassen. Doch plötzlich musste ich mich selbst belehren. Die Beziehung platzte auseinander und mit ihr meine gesamte Lebensplanung. Mein Herz war gebrochen, mein sauber gebügelter Prinzipienkatalog lag im Papierkorb, meine Träume in Scherben.

Mein Gottvertrauen entsorgte ich gleich mit. Die Entscheidung, nach Deutschland zu kommen, war eine Flucht. Vor den Erinnerungen, vor den Orten, an denen mein Ex-Freund und ich uns zärtliche Blicke zugeworfen hatten, vor der Angst, ihn mit einem anderen Mädchen zu sehen. Und vor allem vor der Verlegenheit, weil ich mich als Expertin in Sachen göttlicher Führung für die schmerzfreie Suche nach einem Ehepartner ausgegeben hatte und nun schmerzlich gescheitert war. Ich kehrte meinem Kindheitsglauben den Rücken und suchte die Universität aus, die auf den Postkarten am schönsten aussah: Tübingen am Neckar. Die hängenden Weiden am Fluss hatten es mir angetan.

»Wenn Gott was dagegen hat, soll er mir einen Stein in den Weg legen«, dachte ich. »Er kann verhindern, dass ich das Stipendium bekomme. Nichts leichter als das.« Konkurrenz um die Studienplätze gab es genug. Und wahrscheinlich hatte er mich nach dieser Liebes-Panne sowieso schon abgeschrieben, so dachte ich.

Gott hat mein Auslandsjahr nicht verhindert und mich auch nicht abgeschrieben. Fernab von Familie, Freunden und allem, was mir vertraut war, fand ich ihn wieder. Oder vielmehr er mich. Ich packte in meinem kleinen Studentenzimmer mitten in einem riesigen Hochhaus meinen Koffer aus, ging aus dem Haus und setzte mich in einem Park auf eine Bank, um fernab von neugierigen Blicken in Tränen auszubrechen.

Es war ein Gefühl, das ich bis dahin nicht gekannt hatte: das Empfinden, mich per Zufall, aus purem Trotz und ohne die geringste Suche nach dem Willen Gottes in einer Umgebung wiederzufinden, in der ich keine Seele kannte und nicht einmal die Sprache richtig konnte. Ich könnte sterben und es würde niemandem auffallen. Dem ersten Eindruck nach war es den Leuten hier nicht gerade nach Small Talk und Freundschaften zu einsamen ausländischen Studentinnen zumute.

Eine Überlebensstrategie musste her, um nicht wahnsinnig zu werden. Zwei Wochen Probezeit. Damit wollte ich Gott die Chance geben, wieder aufzutauchen und sich deutlich zu erkennen zu geben. Nicht erst nach stundenlangem Beten und Bibellesen, nicht erst nachdem ich geistlich wieder Fuß gefasst und meinen Glauben wieder abgestaubt, Seminare über »das Erkennen von Gottes Willen« besucht und Kassetten über »die Stimme Gottes« gehört hatte.

Und wenn er nicht auftauchen würde? Zurück nach Hause, Studium an den Nagel hängen, irgendeinen Job finden und auf die Gnade meiner Eltern hoffen, die von vornherein gesagt hatten, dass die Beziehung zu jenem Kerl keine gute Idee war? Warum hatte ich nicht auf sie gehört?

Da fiel mir ein, dass viele Diener Gottes sich genauso gefühlt haben müssen wie ich. Petrus nach seinem Verrat an Jesus: »Ab auf den See, ich gehe fischen.« Hiob, verlassen und verzweifelt irgendwo im Abseits. Hagar heulend in der Wüste. Mose, der Prinz von Ägypten, der Inbegriff eines Aufsteigers – aus der Gunst des Pharaos gefallen und jetzt bei den Schafen in Midian.

Maria von Magdala, dermaßen orientierungslos, dass es ihr nicht einmal auffällt, dass sie sich gerade mit einem Engel unterhält. Wie oft hatte ich Bilder von diesen Menschen in der Sonntagsschule gemalt und ihre Geschichten auf Flanelltafeln gesehen. Dabei war keiner von ihnen ein tapferer Glaubensheld gewesen. Zumindest nicht am Anfang.

Gott erschien mir nicht auf die Weise, wie ich es mir gewünscht hatte und mir immer wieder wünsche. Nicht mit hörbarer Stimme, nicht mit einer Engelserscheinung. Er scheint nicht viel auf Dramatik zu setzen, zumindest in meinem Leben. Stattdessen traf ich eine andere Engländerin. Sie war ebenfalls frisch eingetroffen und auf der Suche nach einem freundlichen Gesicht. Wir tranken zusammen Kaffee und gingen miteinander einkaufen. Eigentlich passten wir gar nicht zusammen, aber ein kleines Stück Heimat konnten wir uns in der Not anbieten. Die Zeit mit ihr half mir, nicht gänzlich zu verzweifeln. Nach meinen zwei Wochen Probezeit hatte ich immer noch so viel Heimweh, dass es mir fast das Herz zerriss. Kein Engel war erschienen, keine hörbare Stimme Gottes hatte mich getröstet. Aber ich hatte den Mut gefunden, meine Einsamkeit länger auszuhalten. Auch das ist eine Gebetserhörung. Abgesehen davon war ich zu stolz, um das großzügige Stipendium auszuschlagen, das mir das ganze Jahr finanzieren würde.

Im Nachhinein ist mir klar, dass Gott die ganze Zeit seine Finger im Spiel gehabt hat. Im benachbarten Studentenheim lebte der junge Mann, der mein Ehemann werden sollte. Um mich herum schlummerte meine Zukunft, meine Berufung, das Leben, das vor mir lag, die Zukunft meiner Kinder, die Geschichten, aus denen Bücher werden sollten.

»Fürwahr, der Herr ist an dieser Stätte, und ich habe es nicht erkannt!« (1. Mose 28,16), rief einmal Jakob mitten auf einer langen, gefährlichen Reise aus, auf der Flucht, getrennt von allem, was er im Leben kannte und liebte. Ich bekomme noch heute eine Gänsehaut, wenn ich daran denke, wie verlassen ich mich

damals von Gott und der Welt gefühlt habe – und wie sehr er in jeder Etappe dieses Abenteuers mitgespielt hat.

Es wäre fast peinlich, wenn es nicht so überwältigend wäre. Da dachte ich, ich sei vor schmerzlichen Erinnerungen und vor den Folgen meines eigenen Scheiterns auf der Flucht – und rannte aus Versehen direkt in die Arme eines Gottes, dessen Spitzname unter anderem »El Roi« ist: »Der Herr hat mich gesehen.« Ich habe die Trennung und mein Heimweh in Deutschland nicht nur überlebt, mein Leben fing dort erst wieder richtig an. Wie bei Hagar.

Sackgassen, die Wegweiser werden

Oft frage ich mich, wie man so viele Bibelverse in- und auswendig von sich geben kann, ohne irgendetwas davon zu begreifen. Zum Beispiel, dass die Armen im Geist diejenigen sind, denen das Reich Gottes gehört (Matthäus 5,3). Nicht die Experten, sondern die, die mit Scherben in der Hand kommen oder gar nichts in der Hand haben. Nicht die, die Meisterwerke und geistliche Kompetenzen zu bieten haben. Kapitulation, nicht Leistung. Rettungsbedürftigkeit, nicht Selbstdarstellung. »Ich hab es auf ganzer Linie verbockt«, nicht: »Ich bin eigentlich ein ziemlich guter Christ, nicht wahr?« In solchen Momenten der Beschämung verstehen wir, warum Jesu Tod am Kreuz notwendig war. Wie erbärmlich unsere Selbstsicherheit und Überheblichkeit waren. Wie groß die blinden Flecken waren, wie verdient das Gericht Gottes gewesen wäre. Und wie großartig die Liebe ist, die ihn dazu getrieben hat, die Folgen unserer Schuld auf sich zu nehmen.

Die einzige angemessene Reaktion ist, in Dankgebete auszubrechen. Wenn jemand zu uns sagt; »Gott liebt dich«, lässt es uns nicht mehr kalt. Wenn die Klänge von »O Haupt voll Blut und Wunden« unsere Ohren erreichen, kommen uns die

Tränen. Kalte Theologie bekommt einen warmen, leidenschaftlichen Herzschlag.

Diese Stimme hallt immer wieder nach in einer Seele, die Trost erfahren hat. »Frau, warum weinst du?«, fragt sie im Garten am leeren Grab, »Wohin gehst du?«, in der Wüste. Mein Name auf seinen Lippen. Sein Name auf meinen Lippen. »El Roi« – Gott hat mich gesehen. Das Geflüster im Ohr wird lebensprägend. Danach ist nichts mehr Zufall.

Meistens müssen die Lebensumstände diese Wunder für uns bewirken, von allein geschehen sie selten. Zu tief sitzt in uns der Drang, uns doch selbst zu retten. Die Kluft zwischen Kopf und Praxis ist an dieser Stelle sehr tief, und oft sehen wir sie nicht. Es sind die Tiefpunkte des Lebens, die uns offenbaren, wie viel Misstrauen, Eitelkeit und Überheblichkeit noch in uns stecken, und uns in die rettenden Arme unseres Schöpfers treiben.

Wer erkannt hat, dass er von Gott gesehen, gesucht, gerettet, gekauft worden ist und sich auf die Freundschaft mit Gott einlässt, legt seine Waffen nieder und fängt an, aus Gnade zu leben. Was habe ich denn, was ich nicht als Geschenk bekommen hätte?

Während meiner Kindheit in Afrika wurden wir als Familie fast jeden Tag mit dem Leid und der Armut der einheimischen Bevölkerung konfrontiert. Ich kann mich nicht erinnern, nur einmal daran gedacht zu haben, dass es auch mich hätte treffen können. Oder wie ungerecht es ist, dass ein Kind sich mit geschwollenem Hungerbauch durch seine ersten Lebensjahre hindurchschleppt, während ein anderes seine Brotkruste naserümpfend in den Küchenmüll wirft. Dazwischen liegen nur groteske und ungerechte Zufälle der Geburt und der Nationalität.

Heute schäme ich mich über meine Undankbarkeit. Ich hätte als Sklavin im alten Rom geboren werden können. Opfer einer Abtreibung sein können. Als Sexsklavin verkauft. Die Varianten sind endlos. Ich wage kaum, daran zu denken, was alles hätte sein können und in welcher Welt ich hätte landen können. Alle möglichen Faktoren haben sich zusammengetan, um mir das beste Leben zu bescheren, das diese Welt zu bieten hat. Ich habe wahnsinniges Glück gehabt. Wie bin ich jemals auf den Gedanken gekommen, dass mir all das zusteht? Nackt kam ich in die Welt hinein, nackt werde ich eines Tages wieder aus der Welt scheiden. Alles dazwischen ist Gottes Eigentum, mir ausgeliehen. Meine einzige Existenzberechtigung ist es, in seinem Auftrag mit diesem Eigentum treu zu haushalten, es mit anderen zu teilen und am Ende ihm dafür Rechenschaft abzulegen. Nichts davon gehört mir.

Ich bekomme dann Probleme mit Gott und mit anderen, wenn ich die Güter dieser Welt als mein gutes Recht betrachte. Manchmal müssen meine Welt oder Teile davon erst zusammenbrechen, bevor ich das wahrhaben will. »*Was hat ein Mensch denn davon, wenn ihm die ganze Welt zufällt, er selbst dabei aber seine Seele verliert?*« *(Markus 8,36;* HFA*).*

Deine Altäre, O Gott

So schnell kann es gehen. An einem Tag hängte ich die Wäsche auf, kaufte eine neue Hose und holte Milch vom Supermarkt. Am nächsten Tag lag ich im OP-Saal, drei Tage später saß ich in der Kinderklinik neben dem Brutkasten meines ersten Kindes. Zwölf Wochen zu früh, Ausgang ungewiss.

Mitten in einem Dickicht von Überwachungsmonitoren, blubbernden Röhrchen und piependen und blinkenden Maschinen war vor lauter Schläuchen, Kabeln und Verbänden von dem Säugling kaum etwas zu sehen. Schwestern in blauen Kitteln huschten hin und her, der Geruch von Desinfektionsmitteln hing in der Luft. Dem Kind neben uns war das Beatmungsgerät ausgeschaltet worden. Eine Ärztin hatte den Eltern gerade erklärt, dass nichts mehr zu machen sei. Der verwaiste Vater blickte auf seinen Sohn und schluchzte leise.

Intensivstation. Nur ein paar Meter trennen zwei komplett verschiedene Welten. Draußen hupen die Autos und die Passanten erledigen ihre Einkäufe. Es wird gelacht und geplaudert. Drinnen schweben Menschenseelen zwischen Leben und Tod. Viele Patienten und Besucher sind hier allein mit ihrer Angst. Eine Tür, die in die Ewigkeit führt. Wer hier ein und aus geht, für den teilt sich das Leben in »Davor« und »Danach«. So auch bei uns. Schon wieder eine »Wüste«.

Ich hatte gerade erlebt, wie ein Kind stirbt. Und meins konnte das nächste sein. Die kleinen Patienten waren gemäß der Ernsthaftigkeit ihres Zustandes aufgereiht. Das tote Kind lag im zweiten Brutkasten, unseres im ersten, dort, wo jeweils das Baby lag, dessen Zustand nach ärztlichem Ermessen am kritischsten war. Durch ein kleines Seitenfenster in der Glasscheibe durften wir unsere Tochter berühren, die Teile zumindest, die nicht verkabelt waren. Ich wollte die winzigen, durchsichtigen Fingerchen, dünn wie Streichhölzer, die die Kuppe meines kleinen Fingers umklammerten, nicht loslassen.

Die Besuchszeit war vorbei. Ich flehte den Herrn für das Leben meines Kindes an, flüsterte den trauernden Eltern mein Beileid zu und lenkte meinen Rollstuhl zum Aufzug und zurück in mein Zimmer. Eine hochschwangere Frau torkelte im Gang an mir vorbei. Sie hatte eine Zigarette im Mund und fluchte über die bevorstehenden Geburtsqualen und den Stress schlafloser Nächte. Ich erinnerte mich an den Kommentar meiner Schwester, die als Ärztin in diesem Krankenhaus gearbeitet hatte: »Draußen im Abfall liegen Säuglinge, die größer sind als dein Baby.«

Endlich wieder allein. Eine Lawine von Panikgefühlen. Ich weinte für die Eltern, die ihr Kind verloren hatten, griff nach meiner Bibel und blätterte mit zitternden Händen durch die Psalmen. Irgendeinen Halt brauchte ich, bis mein Mann in drei Stunden für die nächste Besuchszeit kam. Er würde mir wieder Mut zusprechen. Er zweifelte keine Minute lang daran, dass unser Kind überleben und gesund sein würde.

Ich hielt bei Psalm 84 an.

»Auch der Vogel hat ein Haus gefunden und die Schwalbe ein Nest für sich, wo sie ihre Jungen hingelegt hat – deine Altäre, Herr der Heerscharen, mein König und mein Gott!« (Vers 4).

Altäre. Nicht der Ort, wo ich als Vogel mein Nest bauen würde. Das fließende Blut, das der Garant für mein Seelenheil ist. Der Schmerz, der meine Schmerzen zudeckt. Die Gewissheit, dass mein Leben nie tiefer fallen kann als in die Hände Gottes. Die Vögel zumindest haben es kapiert. Sie bringen ihre Säuglinge dorthin, wo das Blut fließt. Mit ziemlicher Zuversicht und mit freudiger Selbstverständlichkeit, wie es scheint.

Ich hatte nichts zu verlieren. Ich beschloss, das Gleiche zu tun. Mein Nest dort zu bauen, wo das Blut des Sohnes Gottes fließt. Meine Babys dort hinzulegen: dieses wie auch weitere, die der Herr uns vielleicht schenken würde. Sie sind Leihgabe, nicht Besitz. Oder vielmehr sie sind sein Besitz. »Der Ort des Opfers ist der Ort der Sicherheit«, schrieb ich neben den Vers. Ich döste weg. Der Gesang einer Reinigungskraft weckte mich auf. »Welch ein Freund ist unser Jesus«, trällerte sie lautstark, als sie in mein Zimmer trat, um das Waschbecken zu putzen. Wer hat jemals behauptet, dass es heute keine Engel mehr gibt?

Uns blieb aus irgendeinem Grund das Schicksal erspart, das dem anderen Elternpaar zugemutet wurde. Unser Kind überlebte, gedieh, wurde für viele zum Segen und hat inzwischen selbst Kinder. Bis heute denke ich immer wieder an die leere Tragetasche der anderen Eltern und bete, dass diese Tragetasche für weitere Kinder Heimat bieten konnte und dass sie in ihrer Wüste getröstet wurden.

6. Frische Kleider, frisches Wasser – und zurück ins Leben

Es ist leicht, das geistliche Leben zu einer Kathedrale für schöne Erinnerungen zu machen; aber es gibt Füße, die man waschen muss, große Hindernisse, die man überwinden muss, und Menschen, die auf Essen warten. Nur wenige von uns begeben sich auf diesen Weg, aber es ist derjenige, den der Sohn Gottes gegangen ist.

OSWALD CHAMBERS[21]

Die Rückkehr in den Alltag nach einer intensiven Begegnung mit Gott ist eine ernüchternde Zumutung. Aus der warmen Stube hinaus in die eiskalte, stürmische Nacht. Zurück in den Matheunterricht nach dem Schülerpraktikum. Wieder Wäsche waschen und Toilette putzen nach der Kur an der Ostsee. »*Lass uns drei Hütten machen, dir eine und Mose eine und Elia eine*« (Lukas 9,33), ruft Petrus, als er und seine Freunde den verherrlichten Jesus zusammen mit den Propheten Mose und Elia mit offenem Mund bestaunen und ein Stück Himmel vor sich haben.

»Zurück in die Welt? Runter vom Berg? Kommt gar nicht infrage!« – so etwas sagt normalerweise kein junger Visionär wie Petrus, der mitten im Leben steht und dabei ist, die Welt zu verändern. Die Begegnung mit Gott in der Abgeschiedenheit kann höchstens ein Trost für einen Schwerkranken auf dem Sterbebett sein, für den die Welt nichts mehr zu bieten hat. Und dennoch: Für einen kurzen Augenblick ist sogar der Aktionsmensch Petrus, der sonst keine Minute still sitzen oder den Mund halten kann, sprachlos vor Schock. Nichts auf der Erde kann das überbieten, was er gerade vor Augen hat.

Wer den Himmel wirklich geschmeckt hat, tut sich mit der Erde schwer – es sei denn, er nimmt ein Stück Himmel mit auf die Erde. Jesus zerrt Petrus liebevoll in sein irdisches Dasein zurück. Er darf keine Hütten bauen. Es gibt Arbeit zu tun.

Unten wartet ein verzweifelter Vater, dessen Sohn mit Schaum vor dem Mund um sich schlägt und seine Familie und Freunde in den Wahnsinn treibt. Die Jünger Jesu, an die der Vater sich gewandt hat, haben ihre Versuche, den Jungen zu befreien, aufgegeben. Gebete ohne Ergebnis, Hilfeversuche, die nichts bringen, Enttäuschung, weil auch die letzte Hoffnung verflogen ist. Hängende Schultern, Kopfschütteln, Leid. Das ist die Welt, in die Petrus und seine Freunde zurückkehren. Jesus macht mit dem Fall des kranken Jungen kurzen Prozess, belehrt seine Freunde über die Wichtigkeit von Fasten und Gebet als Kanal für die Kraft Gottes, klagt über ihren Unglauben und bringt den kranken Jungen mit einem Wort wieder auf die Füße (Lukas 9,37-42).

Zurück. Dorthin, wo das Leben grau und ermüdend ist. Kalte Blicke, abweisende Worte. Für Maria Magdalena: zurück zu den Jüngern, um ihnen eine welterschütternde Nachricht zu überbringen, aufs Risiko hin, dass sie als Spinnerin abgestempelt wird. Das Wort einer Frau wird zu dieser Zeit mit einem Naserümpfen abgetan oder gar nicht beachtet. Die Jünger haben mindestens zweimal verlegene Blicke getauscht, als Jesus eine Frau mit Würde und Achtung behandelt hat (Markus 14,3-4; Johannes 4,27). Aber Maria rennt mit der Nachricht los, von einer Freude angetrieben, die größer ist als ihre Angst.

Auch Hagar muss zurück. Einer wütenden Chefin erklären, wo sie war und warum sie sich mit dem Kind im Bauch, das rechtlich gesehen der Herrin gehört, davongemacht hat. Sie wird vielleicht wegen ihres Ungehorsams bestraft werden. Aber sie geht. Nach der Begegnung mit »El Roi« marschiert sie festen Schrittes in eine ungewisse Zukunft. Sie hat nichts zu verlieren.

Ein Brunnen dient als bleibendes Wahrzeichen dieser Heimsuchung Gottes mitten in der Einöde, der Brunnen »*Beer-Lachai-Roi*«, das bedeutet: »Brunnen des Lebendigen, der mich gesehen hat«[22].

Auch der Prophet Elia rennt davon und sucht Zuflucht in der Abgeschiedenheit der Wüste. Eine Enttäuschung zu viel, und seine Seele bricht zusammen. Nichts mehr ist von seinem gewohnten Feuer und seiner Furchtlosigkeit zu spüren. Auch er stolpert in der Wüste in die Arme Gottes. Er wird von einem Engel überrascht. Gestärkt durch Nahrung und eine Runde Schlaf, belebt durch die Stimme Gottes am Berg Sinai, ahnt er nicht, dass ihm sein größtes Abenteuer noch bevorsteht: die entscheidende Kraftprobe, die auf Ahabs Mord am Weingärtner Nabot folgt. Nach der Begegnung mit Gott ist Elia ganz der Alte – kompromisslos, mutig, konfrontativ (1. Könige 21).

Zurückkehrende haben in der Bibel Tradition. Hanna ist am Ende ihrer Kraft nach Jahren des vergeblichen Wartens auf ein Kind. Tag für Tag von den Sticheleien ihrer Rivalin gehänselt flüchtet sie schließlich in die Stiftshütte und wirft sich auf die Gnade Gottes. Als sie herauskommt, kann sie wieder lachen (1. Samuel 1,10.18), beteiligt sich wieder an der Gemeinschaft. Ihr Appetit kehrt zurück.

Dumme Kommentare, schräge Blicke, kaltes Schweigen, Frauen, die über sie, die Verachtete, die Kinderlose, hinter vorgehaltener Hand tuscheln: Das alles spielt keine Rolle mehr, weil sie mit Gott zusammen gewesen ist. Seine Gegenwart färbt auf sie ab. Dabei hat Gott für sie nicht einmal etwas Konkretes getan. Zumindest noch nicht. Sie ist genauso wenig schwanger wie vor ihrem Abstecher in die Stiftshütte. Etwas Besseres als eine Schwangerschaft ist geschehen. Gott ist geschehen. Er ist ihr in ihrer Not begegnet, wie Hagar. Er hat ihre Augen von dem schmerzhaften Mangel abgelenkt und zurück auf den Gott, der die Antwort auf jeden noch so großen Mangel ist.

Von der Außenseiterin zum Superstar

Einer der unvergesslichsten Momente bei der britischen Casting- und Talentshow »Britain's Got Talent« bleibt der erste Auftritt der inzwischen weltberühmten Sängerin Susan Boyle. Sie stakste unbeholfen auf die Bühne, eine Hausfrau mittleren Alters. Haare zerzaust, in einem altmodischen Kleid. An ihren Füßen Stöckelschuhe, mit denen sie nicht gerade wie ein Model über den Laufsteg schwebte. Sie blinzelte orientierungslos ins Licht der Bühnenstrahler. Alle kicherten, die Jurymitglieder verdrehten die Augen und tauschten spöttische Blicke.

Dann baten sie Frau Boyle, sich vorzustellen. Sie erzählte, dass sie aus einem Dorf in Schottland stammte. Den Namen des Dorfes musste sie ein zweites Mal nennen, weil keiner jemals davon gehört hatte. Noch mehr Gekicher. Auf die Frage »Was ist Ihr Traum?« antwortete sie: »Ich will eine professionelle Sängerin werden.« Der Saal brach in Gelächter aus. Bis sie anfing, das berühmte Solo »I dreamed a dream« aus dem Musical »Les Misérables« zu singen. Die Stimmung im Publikum kippte innerhalb von Sekunden um. Keine Häme mehr. Große Augen, offene Münder, bald wurde hier und da eine Träne aus dem Augenwinkel gewischt. Als Susan Boyle die letzten Töne gesungen hatte, sprangen die Zuhörer auf ihre Füße und gaben ihr einen lang anhaltenden Applaus.

Warum haben Videoclips von solchen Momenten Millionen von Aufrufen? Warum werden »Vorher-nachher«-Klassiker zum Teil mit Absicht inszeniert? Vermutlich, weil sie in jedem Herzen einen Nerv treffen. Und auch, weil sie in Gottes Heilsgeschichte einen roten Faden bilden. Welcher Außenseiter in der Schulklasse träumt nicht davon, seine Peiniger zu beschämen? Plötzlich und unerwartet die beste Note in der Deutschklausur zu schreiben oder mit dem schönsten Kleid die anderen beim Tanzfest in den Schatten zu stellen? Der Verlierer, der plötzlich der Gewinner ist, das ist der Stoff, aus dem Märchen gemacht sind. Das Aschenputtel, das von seinem Prinzen aufgespürt wird und seine Rivalinnen gelb vor Neid werden lässt. Der Unterlegene, der es dem pompösen Überflieger heimzahlt.

Ein Kind kehrt zurück in das Umfeld, in dem es schikaniert wurde, aber dieses Mal ist der Papa dabei. Und er fährt eine Limousine und hat Bodyguards und eine Motorradeskorte. Er ist ein Prominenter, der König, der die Scham wegnimmt und Würde verleiht. Die Meute zieht sich beschämt zurück. Sie wusste nicht, dass das Kind einen adligen Vater hat.

Dieses Kind hält es aus, wenn es bei der Einteilung der Mannschaften immer als Letztes genommen wird. Dieser Mitarbeiter bleibt gefasst in der eisigen Atmosphäre im Unternehmen. Dieser Mensch schlägt nicht zurück, wenn er in der Verwandtschaft niedergemacht wird, wenn Freundschaft und Zuwendung nicht erwidert, Mühe und Einsatz nicht geschätzt werden. Er kann hilfreiche Kritik mit Dankbarkeit annehmen und zerstörerische Kritik mit gutem Gewissen von sich weisen. Dieser Mensch ist auch in der Lage, seinem eigenen Fehlverhalten ins Gesicht zu schauen und an sich zu arbeiten. Er fühlt sich nicht mehr persönlich angegriffen, muss nicht mit schnippischen Ausreden die Verantwortung von sich weisen.

In der Gegenwart Gottes verliert Sünde ihren Anspruch auf mich. Meine Seele ist nach Hause gekommen, sie kann die fieberhafte Suche nach Befriedigung in dieser Welt einstellen. Das mühsame Spiel mit den Schuldzuweisungen hat ein Ende. Nicht mehr »*die Frau, die du mir zur Seite gegeben hast*« (1. Mose 3,12) ist schuld, sondern »*gegen dich allein habe ich gesündigt und getan, was böse ist in deinen Augen*« (Psalm 51,6). Gott vergibt mir, versichert mir, dass der Preis schon bezahlt ist. Die gemeinsamen Spaziergänge im Garten können wieder aufgenommen werden. Buße, Vergebung, Gnade, Neuanfang, Heiligung – diese biblischen Schlagworte sind auf einmal mit Leben und Freude gefüllt.

Mit Christus in mir habe ich meinen Anwalt immer dabei. Dass ich dies zuversichtlich behaupten darf, hat mit Stolz oder

Überheblichkeit nichts zu tun. Ganz im Gegenteil. Es hat mit tiefer Demut zu tun. Mit dem Bewusstsein, dass ich aus mir selbst keine Abwehrkräfte gegen die Widrigkeiten des Lebens aufbringen kann. Dass ich Christus alles verdanke, was ich bin und habe, dass ich in ihm alles habe, was ich für dieses Leben brauche. Das ist die Art von Selbstbewusstsein, die gesund macht. Ich bin keine Außenseiterin mehr. An Gottes Seite, mit meiner Hand fest in seiner geborgen, bin ich immer mitten im Geschehen.

Zu Einsamkeit verurteilt

Der erste Schritt dazu ist, die Machenschaften dieser Welt zu durchschauen und sie zu entlarven. Die allgegenwärtigen Social Media zum Beispiel. Sie machen Millionenumsätze mit menschlicher Einsamkeit. Facebook, Instagram, Twitter & Co sind Portale der Einsamkeit schlechthin. Dazu konzipiert, um mir das Gefühl zu geben, dass mir etwas fehlt. Dass ich von außen auf eine Insel der Glückseligen blicke, auf der alle in einem Dauerfreudentaumel leben, nur ich nicht. Likes, Aufrufe, »Freunde«, die aber so flüchtig sind wie die neusten Online-Trends. Billige Kicks und Gratis-Glückshormone, die die Seele noch leerer und verwaister zurücklassen, als sie vorher war.

Die Endlosschleife der exotischen Urlaubsbilder, der fröhlichen Gruppenbilder und neusten Knutsch-Porträts mit dem Traumpartner sind wie Salz in den Wunden einer einsamen Seele. Zu jeder Zeit präsentiert sich jemand, der fitter, hübscher, schlanker, schlauer, verliebter ist, mehr Likes bekommt, mehr Freunde hat. Niemand postet ein Bild vom Streit, der zur Trennung geführt hat, vom tränenverschmierten Gesicht und den schwarzen Ringen unter den Augen nach dem Liebes-Aus, vom Urlaub, bei dem es nur geregnet hat, oder von der Klausur mit der Note Vier.

Welcher Jugendliche fühlt sich in diesem Klima nicht minderwertig und ausgegrenzt? Studien zeigen, dass Internetsurfer in der Regel nach dem Stöbern im Internet depressiver sind als davor.

Ich muss mein Verhalten und das der anderen durchschauen und entlarven. Um Isolation und Abgrenzung auf alle Fälle zu vermeiden, sind Menschen zu vielem fähig. Maximilian kündigt die Freundschaft zu seinem Kindheitsfreund Leon, weil dieser bei den neuen Kumpels als Schwächling gilt und immer eine komische Hose trägt. Die Clique im Jugendkreis serviert Marie eiskalt ab, weil sie über den Jugendleiter nicht mitlästern will. Kim wird von einer Feier ausgeladen, weil sie Johanna in Schutz genommen hat, als diese gemobbt wurde. Tim gilt als blöd, weil er weder Tattoos noch Piercings tragen will.

Die Liste könnte endlos weitergeführt werden. Wir kaufen Kleider und Autos und bauen Häuser, die wir uns nicht leisten können, nur um als »angekommen« zu gelten. Um den Eltern, Kollegen und Nachbarn zu beweisen, dass wir es zu etwas gebracht haben. Wir streben Ämter an, für die wir weder die Zeit noch die Kompetenzen haben. Ziehen uns lautstark aus der Mitarbeit zurück, wenn Dinge nicht nach unserem Konzept laufen. Wir handeln entgegen unseren Prinzipien, geben sogar unseren Glauben auf, um nicht ausgegrenzt zu werden. Kritisieren andere, um selbst besser dazustehen. Klagen über unser Los, um Aufmerksamkeit zu bekommen. Lästern über die, die unsere Wünsche nicht erfüllen, drängen andere an den Rand, um uns zu rächen. Freuen uns, wenn wir Verbindungen zu »wichtigen« Menschen haben. Reiben uns die Hände, wenn unseren Feinden etwas Negatives zustößt – schön, dass es sie auch mal erwischt.

Manchmal passen wir uns einfach an, um dazuzugehören. Verhalten uns, wie die anderen es wollen, laufen mit. Manchmal machen wir absichtlich auf Rebell und Querdenker in der Hoffnung, gesehen zu werden. Wir brüsten uns, wollen auf Biegen und Brechen das Argument gewinnen – alles lieber, als zu riskieren, nicht beachtet zu werden. Wenn dies zu einem Lebensstil wird und wir weder ein Korrektiv von anderen noch irgendeine

Selbstregulierung zulassen, erreichen wir genau das Gegenteil von dem, was wir wollen. Wir isolieren uns. Kein Mensch hält es länger mit jemandem aus, der nur auf die eigene Selbstinszenierung aus ist, der jedes Gespräch darauf anlegt, selbst im Mittelpunkt zu stehen.

Das Schlimme ist: Isolation bringt ein Verhalten hervor, das weitere Isolation nach sich zieht. Der Verletzte verletzt andere und will es sich nicht einmal eingestehen. Die Spirale dreht sich immer weiter nach unten.

Die Suche nach Aufmerksamkeit

Ein Mann, nennen wir ihn Robert, und ich waren zusammen in einer Mitarbeiterbesprechung. Ich hörte aufmerksam zu, wie er felsenfest darauf bestand, dass seine Sicht der Dinge die richtige sei. Es war keine existenzielle Sache, nur eine dieser Entscheidungen, bei denen beide Möglichkeiten Vor- und Nachteile haben und keine perfekt zu sein scheint. Roberts Gesprächspartner versuchten, Gegenargumente zu bringen und sich gegen seine Ansprüche zu wehren. Ich blickte immer wieder verstohlen auf die Uhr und fragte mich, ob es auffallen würde, wenn ich mir schnell eine Tasse Tee hole. Fragte mich, wann die Diskussion ein Ende finden würde und ob ich nicht einen wertvollen Nachmittag verschwendete.

Robert ereiferte sich immer mehr. Die Schüchternen schwiegen und blickten auf den Tisch. Das Duell hieß: Robert gegen den Leiter der Runde.

Was hatte er eigentlich davon, recht zu haben? Ob er glücklich war, wenn er alle anderen niedergewälzt und eingeschüchtert hatte? Ob er in der Nacht deswegen ruhiger schlafen würde? Wollte er wirklich, dass alle ihn von nun an mit Samthandschuhen anfassen, weil es so mühsam ist, mit ihm auszukommen?

Ich kannte Robert gut genug, um zu wissen, dass er bei der nächsten Mitarbeiterrunde mit einem ganz anderen Thema aufbrausen und auf den Tisch hauen würde. Er war ein Querschießer vom Fach, ganz gleich um welches Thema es ging.

Das ist die Logik von Stolz und Rechthaberei. Unwichtiges wird wichtig. Kleinigkeiten sind Aufhänger für die eigene Show, die man durchziehen will. Im Recht zu sein, zu beweisen, dass ich hier das Sagen habe, wird zum Maßstab für Glück und Erfolg – und wichtiger, als Freunde zu haben. Aber welches Glück, welcher Erfolg? Ein armseliger und fataler Betrug: Das »Ich bin hier Gott«-Spiel von Adam und Eva offenbart sich in immer neuen Varianten. Robert ist ein sehr einsamer Mann.

Der Gott, der auch mich bei solchen Spielchen ertappt, ist der Gott, der mich entlarvt. Ich kann mich wehren wie Kain, aus der Haut fahren und ihm den Rücken kehren. Ins Land »Nod«, das Land der Heimatlosigkeit, ziehen. Oder mich von seiner Zuwendung überwältigen lassen und voller Freude und Hoffnung ins Leben zurückkehren – nicht, um immer recht haben zu müssen und alle Blicke auf mich zu ziehen, sondern um Gott und meinen Mitmenschen zu dienen.

Die Adressänderung

Geschehenes ungeschehen machen: Das ist unmöglich. Schön wäre es, wenn wir das Drehbuch zurückspulen und wieder von vorn anfangen könnten. Auf »Reset« drücken. Ein neuer Anlauf – ohne die Worte, die wie ein Messer geschnitten haben. Ohne das schadenfrohe Gekicher der anderen, als ich etwas Unpassendes gesagt habe. Ohne die ausbleibende Einladung zum Geburtstag, obwohl ich gedacht habe, wir seien befreundet. Ohne die Krankheiten, die Vertrauensbrüche, den sexuellen

Missbrauch, die Kündigung, die misslungene Prüfung, den abwesenden Vater.

Auch Gott drückt nicht auf »Reset«. Stattdessen mischt er sich mit großem Geschick in das laufende Drehbuch ein, um es auf eine fröhliche Spur zu ziehen. Vergangenen Schmerz löscht er zwar nicht aus, aber er kann eine Leidenschaft schenken, die stärker ist als der Schmerz. Gott lenkt uns ab. Zieht unseren Blick, wenn wir es zulassen, immer wieder auf das Kreuz zurück, an dem er unsere Seele zu seinem Eigentum erklärt hat. Mein Umfeld mag kalt und dunkel sein, aber in Christus habe ich ein Lagerfeuer, an dem ich mich wärmen kann. Ein Licht, das meinen Weg beleuchtet. Einen gedeckten Tisch mitten unter meinen Feinden. König David findet immer wieder gefühlvolle Worte für diese Heimat, die wir in der Beziehung zu Gott finden können:

Wie lieblich sind deine Wohnungen, Herr der Heerscharen! Es sehnt sich, ja, es schmachtet meine Seele nach den Vorhöfen des Herrn, mein Herz und mein Leib, sie jauchzen dem lebendigen Gott entgegen.

PSALM 84,2-3

Diese Heimat ist nicht geografischer Natur, es ist ein Ort mitten in meinem Herzen. Eine neue Wahrnehmungszentrale, eine Vorausschau auf die himmlische Heimat, die ich zu meinem Reiseziel erklärt habe in dem Augenblick, als ich Jesus zum Herrn meines Lebens gemacht habe. Es ist die Heimat, aus der heraus ich das Leben mit neuen Augen beurteile. Meine Identität wird neu geprägt, meine Wurzel liegt in Christus. Eine Adressänderung findet statt. Eine negative Leidenschaft verliert ihre Macht über die Seele, wenn eine tiefere, positive Leidenschaft sie erfüllt. Menschenfurcht, Sorgen, giftige Gewohnheiten und Ängste verlieren ihren Reiz, wenn die Liebe Gottes unser Herz vereinnahmt.

Meine Welt, deine Welt

Meine Welt.
Tretmühle des Chaos.
Mit dem Alltag ringen, nach Luft schnappen,
was als Erstes anpacken?

Das weinende Kind, die untröstliche Frau am Telefon,
Pflanzen nicht gegossen, Herd klebrig,
jammernde Stimmen, wohin ich mich auch wende,
Probleme, für die ich keine Lösung habe.

Missmut in Großformat auf Glanzpapier und vierfarbig,
Berge von Erwartungen und kein Dankeschön,
überall Kalkül, Gerangel um Macht,
kalte Blicke, frostige Launen,
bis ich nicht mehr kann,
der Kopf hämmert, die Seele erstarrt.

Ich ergreife die Flucht
In deine Welt.

Ein Kunstwerk in Weiß.
Felder und Bäume geschmückt mit Kristallen,
endlose, schweigende Weite unter einem Panorama von Azur,
so viel Blau, so tief, ich kann es kaum ertragen.

Bäume, majestätisch und still,
nicht steif oder leblos, nur ehrfurchtsvoll
mit Girlanden von Eiszapfen festlich behängt.

Deine Klänge,
irgendwo unter dem Eis plätschert ein Bach
wie eine Engelsmelodie
und flüstert Frieden in ein müdes Herz.

Sonst nur Stille, gedämpfte Stille,
aber eine gefüllte, eine gespannte Stille, voller Erwartung,
denn irgendwo hier bist du,
mitten in deiner Welt.[23]

Kleider machen Leute – Schutz für die Wanderschaft

Die Bibel ist großzügig mit aussagekräftigen Metaphern, die diese Adressänderung verdeutlichen und das Kind Gottes mit allen Sinnen erleben lassen, mit welcher Zuversicht es nach einer Berührung von Gott zurück in den Alltag gehen kann. Die Bilder strahlen Verlässlichkeit aus, Geborgenheit, Schutz, Erfrischung bei Hitze, Wärme bei Kälte, Zugehörigkeit, innere Verwandlung. Sie schaffen Atmosphäre. Sie nisten sich in unsere Vorstellungskraft ein, sodass wir ihre Wirklichkeit spüren, Gott unwiderstehlich finden und seine Adresse zu unserer Adresse machen.

Es fängt mit den Kleidern an. Manchmal aus echtem Stoff, manchmal symbolisch gemeint. Der, der den Witterungen des Lebens schutzlos ausgesetzt war, wird zugedeckt und warm eingepackt. Das Erste, was Gott für die gefallenen Bewohner Edens macht, ist Kleidung (1. Mose 3,21). Diese Fellkleider decken nicht nur Scham zu, sie halten auch warm.

Josef bekommt ein kostbares leinenes Kleid, um seinen Ausstieg aus der Misere der Gefangenschaft und seine Ernennung zum Herrscher Ägyptens zu besiegeln (1. Mose 41,42). Die Moabiterin Rut bittet ihren zukünftigen Ehemann Boas darum, den Saum seines Gewandes über sie zu breiten, als Zeichen dafür, dass er sie heiraten und versorgen wird (Rut 3,9). Auch die Propheten denken immer wieder über die Kleider nach, die Gott seinen Dienern schenkt. Sacharja träumt von einer dramatischen göttlichen Rettungsaktion, bei welcher der Hohepriester Joschua in schmutzigen Kleidern vor dem Herrn erscheint und vom Satan angeklagt wird.

> *Und der Engel antwortete und sprach zu denen, die vor ihm
> standen: Nehmt ihm die schmutzigen Kleider ab! Und zu ihm
> sprach er: Siehe, ich habe deine Schuld von dir weggenommen
> und bekleide dich mit Feierkleidern. Und ich sprach: Man
> setze einen reinen Kopfbund auf sein Haupt! Und sie setzten
> den reinen Kopfbund auf sein Haupt und zogen ihm reine
> Kleider an; und der Engel des Herrn stand dabei.*
>
> SACHARJA 3,4-5

Vorahnungen auf den Neuen Bund schwingen an diesen Stellen mit: Es geht nicht um eine äußere Hülle, die innere Sündhaftigkeit verstecken soll, sondern um das, was mit einer Seele geschieht, die sich Christus geweiht hat und frei ist von aller Schuld. Es geht um Gottes Ordnungen, nicht nur in Stein gemeißelt, sondern in Herzen hineingeflüstert, die den Sinn dieser Ordnungen begriffen haben und in ihnen nicht mehr den erhobenen Zeigefinger eines richtenden Herrschers, sondern den Herzschlag eines liebenden Vaters sehen.

Der Prophet Hesekiel vergleicht das abtrünnige Volk Gottes mit einem Säugling, der in der Wüste gefunden und von Gott gewaschen, gekleidet und ans Herz gedrückt wird. Die schützende Decke kommt auch hier vor.

> *Und ich breitete meinen Gewandzipfel über dich aus und
> bedeckte deine Blöße. Und ich schwor dir und trat in einen
> Bund mit dir, spricht der Herr, Herr, und du wurdest mein.*
>
> HESEKIEL 16,8

Der jüngere Sohn im Gleichnis von Jesus wird mit einem Festkleid geschmückt, nachdem er reuevoll nach Hause zurückgekehrt ist.

> *Der Vater aber sprach zu seinen Sklaven: Bringt schnell das beste Gewand heraus und zieht es ihm an und tut einen Ring an seine Hand und Sandalen an seine Füße ...*
>
> LUKAS 15,22

In einem weiteren Gleichnis von Jesus wird ein Hochzeitsgast vor die Tür gesetzt, weil er kein Festkleid angezogen hat (Matthäus 22,1-14).

Die Symbolik der Kleider taucht im Buch der Offenbarung wieder auf, in dem von den verfolgten Heiligen die Rede ist, die ihre Kleider gewaschen und im Blut des Lammes weiß gemacht haben (Offenbarung 7,14).

Der Apostel Paulus erklärt, wie diese Kleider praktisch aussehen und sich in unserem Verhalten auswirken:

> *Belügt einander nicht, da ihr den alten Menschen mit seinen Handlungen ausgezogen und den neuen angezogen habt, der erneuert wird zur Erkenntnis nach dem Bild dessen, der ihn erschaffen hat!*
>
> KOLOSSER 3,9-10

Einen ähnlichen Appell richtet er an die Gemeinde in Ephesus:

> *Ihr habt ihn doch gehört und seid in ihm gelehrt worden ... dass ihr, was den früheren Lebenswandel angeht, den alten Menschen abgelegt habt, der sich durch die betrügerischen Begierden zugrunde richtet, dagegen erneuert werdet in dem Geist eurer Gesinnung und den neuen Menschen angezogen habt, der nach Gott geschaffen ist in wahrhaftiger Gerechtigkeit und Heiligkeit.*
>
> EPHESER 4,21-24

Kein Regelkatalog wird hier aufgeführt, keine Keule geschwungen mit Drohungen oder mit einer Forderung nach Zwangsgehorsam. Das Bild ist ein Bild von Freude und Ermutigung. Werde das, womit du gekleidet bist! Hülle dich in das gesunde Selbstbewusstsein, das nur Jesus schenken kann! Wickle dich in seine Liebe ein! Lass den, der dich geschmückt hat, dich nun innerlich verwandeln, dein Wesen und deinen Charakter umgestalten, dich genießbar machen! Ein Christ, der heilig lebt, ist kein langweiliger Asket – er ist ein Mensch in seinem Element.

Engel und Wasserquellen

Neben Schutz vor der Kälte bietet Gott Wasser in der Hitze. Hagars Brunnen »Beer-Lachai-Roi« taucht in verschiedenen Formen immer wieder in der Bibel auf. Hagar begegnet El Roi ein zweites Mal, etwa fünfzehn bis achtzehn Jahre nach der ersten Begegnung. Standort ist wieder die Wüste, die Situation die gleiche. Die Lage ist noch aussichtsloser als beim ersten Mal. Es gibt kein Zurück mehr. Sie ist ausgestoßen, dieses Mal von Abraham selbst, auf das Drängen seiner Frau hin. Dieses Mal mit einem Teenager, den sie zu versorgen hat. Keine Vorwürfe hören wir aus dem Mund Gottes, nicht: »Du schon wieder hier? Was hast du dieses Mal angestellt?« Auch nicht: »Ich hab dir schon einmal geholfen, jetzt müsste es reichen!«, sondern:

> *Da rief der Engel Gottes der Hagar vom Himmel zu und sprach zu ihr: Was ist dir, Hagar? Fürchte dich nicht! Denn Gott hat auf die Stimme des Jungen gehört, dort, wo er ist. Steh auf, nimm den Jungen, und fasse ihn mit deiner Hand! Denn ich will ihn zu einer großen Nation machen. Und Gott öffnete ihre Augen, und sie sah einen Wasserbrunnen; da ging sie hin und füllte den Schlauch mit Wasser und gab dem Jungen zu trinken. Gott aber war mit dem Jungen ...*
> 1. Mose 21,17-19

Ein Engel, der den Durst einer müden Seele stillt. Die Bibel erzählt uns: »*Der Engel des Herrn lagert sich um die her, die ihn fürchten, und er befreit sie*« *(Psalm 34,8)*. Es gibt von diesem Engel kein Entkommen. Genau das erlebt auch der Prophet Elia. Er ist ebenfalls ein Flüchtling in der Wüste, ebenfalls am Ende seiner Kräfte. So gern hätte ich seinen Gesichtsausdruck gesehen, als er bemerkte, was ihn da aus dem tiefen Schlaf der Erschöpfung gerissen hatte: »*Ein Engel rührte ihn an und sprach zu ihm: Steh auf, iss!*« *(1. Könige 19,5)*.

Das Fladenbrot, das auf heißen Steinen gebacken war, und den Krug Wasser, mit dem der Engel ihn versorgte, verschlang er bestimmt in Windeseile. Und dann? »*Er aß und trank und legte sich wieder hin*« *(Vers 6)*. Eine der bewegendsten Szenen in der Bibel. Es war ein besonderes Mahl, das seinen Energiebedarf optimal deckte, denn nachdem er ein zweites Mal gegessen und getrunken hatte, heißt es: »*Er ging in der Kraft dieser Speise vierzig Tage und vierzig Nächte*« *(Vers 8)*.

Die dürren Landstriche dieses Lebens scheinen von Engeln Gottes regelrecht bevölkert zu sein. An anderen Stellen in der Bibel macht Gott klar, dass sein erfrischendes Wasser nicht nur wenigen Auserwählten vorbehalten ist, sondern dass das Angebot für alle gilt. Er drängt uns, zu trinken. Die einzige Voraussetzung dafür ist, Durst zu haben und zu wissen, dass auch die besten Angebote dieser Welt diesen Durst nicht löschen können.

> *Auf, ihr Durstigen, alle, kommt zum Wasser! Und die ihr kein Geld habt, kommt, kauft und esst! Ja, kommt, kauft ohne Geld und ohne Kaufpreis Wein und Milch!*
>
> Jesaja 55,1

> *Ich will dem Dürstenden aus der Quelle des Wassers des Lebens geben umsonst.*
>
> Offenbarung 21,6

Regen in dürren Zeiten

Die letzten Tage der Trockenzeit in Afrika waren eine schwierige Zeit. Die Landschaft war ausgedorrt. Jeder Tropfen von Feuchtigkeit war aus dem Boden gesaugt und vom beißenden Staub verschlungen worden, der von der Wüste herwehte und Himmel und Erde in eine Schicht fades Gelb hüllte. Die Brunnen gaben nur eine bräunliche Brühe her. Nach einem Bad war man dreckiger als vorher. Das Trinkwasser schmeckte alt, staubig. Man ging schwitzend durch den Tag, mit einem Kratzen im Hals. Alles schrie nach Regen. Trockene Lippen, entzündete Augen, ein Lechzen nach Erleichterung, nach Kühle, nach der Farbe Grün. Das war die Trockenzeit.

Endlich kam ein leises Grollen aus der Ferne, Wolken rückten an, ein unheimliches Schweigen, die Ruhe vor dem Sturm. Wir Kinder hockten auf der Veranda, in Badeanzügen, horchten gespannt auf das Platschen der ersten Tropfen.

Endlich der Wolkenbruch! Der Himmel schüttete in einem großen Guss alles aus, was er angestaut hatte. Wir sprangen hinaus, jauchzend vor Freude, hielten unsere Gesichter zum Himmel, öffneten unseren Mund, ließen jeden Tropfen Regenwasser auf unserer Zunge zergehen. Schon am nächsten Morgen hatte sich unsere müde gelb-braune Welt in ein herrliches Grün verwandelt, das in den unterschiedlichsten Varianten schillerte.

Vielleicht fällt es mir wegen dieser Kindheitserlebnisse besonders leicht, die Wassermetaphern zu verstehen. Wenn die Bibel von Wasser spricht, müssen wir uns einen Durst vorstellen, der wehtut. Ausgetrocknete Seelen, die sich gierig auf alles stürzen, was nach Wasser aussieht. Auf die Beziehung, die Geborgenheit verspricht. Auf die Karriere, die Wohlstand in Aussicht stellt. Die Tabletten, die Therapie, die Kur, die Gruppe, die Sportart, das Hobby, die neue Frisur, die Anschaffungen oder Reisen, die endlich glücklich machen sollen. Die Gemeinde, in der ich Geltung finden kann, den Prediger, der meine Meinung teilt oder mich von meinen Lasten befreit und mir den geistlichen Sieg anbietet.

Aber das alles ist abgestandenes, verseuchtes Wasser. Irgendwann spuckt der vernünftige Mensch es voller Ekel aus. Erlaubt sich nicht, zu denken, dass die giftige Flüssigkeit normal sei. Hütet sich davor, sich daran zu gewöhnen. Er sucht nach dem lebendigen, frischen Wasser, bis er es findet. Das Wasser, das für seine Seele gemacht wurde.

Eine einsame Frau wird zurückgeschickt

Einmal befindet sich Jesus mit seinen Freunden auf der Durchreise in Samaria und macht eine Pause an einem Brunnen, während die Jünger sich auf Brotsuche begeben. Als sie mit ihren Einkäufen zurückkehren, wissen sie vor lauter Verlegenheit nicht, wo sie hinschauen sollen. Jesus in trauter Zweisamkeit mit einer Frau. Für damalige Verhältnisse ein Tabubruch ohnegleichen. Ein respektierter Rabbiner und eine Frau von schlechtem Ruf: Da liegen Welten dazwischen, es gibt keine Berührungspunkte. Das Kastensystem der jüdischen Frömmigkeit ist luftdicht.

Aber es gibt doch einen Berührungspunkt: den Brunnen. Diese Frau hat ihr Leben lang den Durst ihrer Seele mithilfe von Männerbeziehungen gelöscht. Oder es zumindest versucht. Ihr Kindheitstraum ist es sicher nicht gewesen, von einer sexuellen Affäre in die nächste zu stolpern, dermaßen sozial isoliert, dass sie sich nur zur Mittagszeit – wenn alle anderen Siesta machen – traut, Wasser zu holen.

Ihr ist das passiert, was immer passiert, wenn Menschen ein leeres Herz mit der falschen Nahrung sättigen. Enttäuschung, Beziehungschaos, Einsamkeit. Lockerer Sex befriedigt Grundtriebe sofort und billig, verspricht alles, hält jedoch nichts davon.

Sich gegenseitig ausgiebig zu begrapschen, ohne sich aneinander zu verpflichten: Das geht meistens irgendwann in den Leerlauf. Diese Frau muss tief gefallen sein. Ihrem Austausch mit Jesus können wir entnehmen, dass sie gebildet, theologisch versiert und geistlich aufmerksam ist. Doch sie ist im Abseits gelandet. Jesus macht ihr keine Vorwürfe. Er lässt sich lediglich auf die Themen ein, die im Raum stehen: lebendiges Wasser, Durst, Lebenssinn.

Wenn du die Gabe Gottes kenntest und wüsstest, wer es ist, der zu dir spricht: Gib mir zu trinken!, so hättest du ihn gebeten, und er hätte dir lebendiges Wasser gegeben.

JOHANNES 4,10

Jesus lenkt ihren Blick weg vom faden, dreckigen Wasser, das ihre Seele krank macht, hin zum lebendigen Wasser, das er zu bieten hat. Er erweist ihr einen tiefen Respekt, lässt sich auf ein ausführliches geistliches Gespräch ein, auf Augenhöhe. So etwas hat diese Frau noch nie erlebt. Impulsiv, euphorisch, wartet sie keine Sekunde, sondern lässt am Ende des Gesprächs alles stehen und liegen und rennt ins Dorf zurück, in dem keiner gut auf sie zu sprechen ist. Sie holt ihre Nachbarn aus ihren Häusern und sagt: »*Kommt, seht einen Menschen, der mir alles gesagt hat, was ich getan habe! Dieser ist doch nicht etwas der Christus?*« (Vers 29).

Dass Jesus ihr sündhaftes Leben hemmungslos aufgedeckt hat, empfindet sie nicht als Bloßstellung, sondern als Befreiung. Ihr Schöpfer, der sie kennt wie kein anderer, der ihre schmuddelige Vergangenheit, ihre Rastlosigkeit und ihr Versagen vor Augen hat – und sich trotzdem Zeit für sie nimmt, sie mit Würde behandelt, ihr eine vergebende Hand reicht, um ihre Zuwendung wirbt: Das ist das »Wasser«, das müde Herzen aufleben lässt. Es ist gratis für jeden zu haben, der dürstet. Denn »*überall wohin der Fluss kommt, da schenkt er Leben. Ja, durch ihn wird das*

Wasser des Toten Meeres gesund, sodass es darin von Tieren wimmelt« (Hesekiel 47,9; HFA*).*

Luther übersetzt Gottes Einladung, von diesem Wasser zu trinken, folgendermaßen: »*Ich will dem Durstigen geben von der Quelle des lebendigen Wassers umsonst« (Offenbarung 21,6;* LUT*).*

Eine doppelte Bedeutung versteckt sich in diesen Worten. Nicht nur das lebendige Wasser selbst wird dem geschenkt, der dürstet und davon trinkt, sondern auch ein Anteil an der Quelle. Wir füllen nicht nur unsere Krüge und Flaschen auf, wir dürfen einen Teil der Quelle mitnehmen, wir werden Mitinhaber.

Jesus macht eine ähnliche Anspielung, als er der Samariterin sagt:

> Jeden, der von diesem Wasser trinkt, wird wieder dürsten; wer aber von dem Wasser trinken wird, das ich ihm geben werde, den wird nicht dürsten in Ewigkeit; sondern das Wasser, das ich ihm geben werde, wird in ihm eine Quelle Wassers werden, das ins ewige Leben quillt.
>
> JOHANNES 4,13-14

Wir nehmen nicht nur das Wasser mit, wir nehmen auch die sprudelnde Quelle mit!

Gestärkt, getröstet, seine Stimme im Ohr, die uns beim Namen nennt, die Scham bedeckt, den Durst gelöscht, überschäumend vor Glück – so sind Menschen, die Fragmente des Himmels erblickt haben und sich auf den Weg zurück in den Alltag machen, gerüstet für alles, was das Leben bringt.

Trost, wenn alle Lichter ausgehen

Als ich vor vielen Jahren am Sterbebett meiner Mutter saß, dachte ich an eine Bitte, die sie an mich gerichtet hatte, als ihr

Krebs als unheilbar erklärt wurde. Sie ermahnte mich, dass das Leben auch ohne sie weitergehen musste, und gab mir und meiner Schwester eine Reihe Anweisungen mit auf den Weg – wie wir uns am besten um unseren Vater kümmern sollten, was bei der Erziehung unserer Kinder zu beachten wäre und vieles mehr.

Als das Ende nahte, war ich vor Trauer wie gelähmt. Die Aufgabe, den Rest meines Lebens ohne sie durchstehen zu müssen, kam mir unzumutbar vor. Ich rügte mich innerlich, denn jeder muss das früher oder später durchmachen. Eines Tages werden meine Kinder auch an meinem Sterbebett sitzen. Es gehört zum Leben dazu.

Kopfwissen und innerer Schmerz klaffen manchmal auseinander. Eine Belehrung in solch einem Moment ist das Letzte, was man braucht, auch wenn es eine Selbstbelehrung ist. Ich erinnerte mich trotzdem daran, dass ich hier auf Erden nur auf der Durchreise bin. Dass meine Mutter nur ein wenig früher zu Hause angekommen ist und ich ihr irgendwann dorthin folgen darf. Zur anderen Adresse.

Die Stimme Gottes in meinem Ohr fasste ich an jenem Tag in einem Lied zusammen:

Bei dir, Herr, habe ich ein Zuhause gefunden,
an deinem Herzen fühl ich mich wohl.
Bei dir bin ich zur Ruhe gekommen,
bei dir bin ich daheim!

Ohne dich war mein Leben leer,
bis ich dich entdeckte und dir folgte, Herr.
Und zusammen mit dir bin ich heil.
Denn ich hörte deine Stimme: »Komm lauf jetzt mit mir!«,
und zusammen mit dir hab ich keine Angst.

Einsam und verletzt schlug ich mich durch,
bis du zu mir sagtest: »Ich kämpf für dich!«

Und zusammen mit dir bin ich stark.
Und weil wir zwei eins geworden sind,
können wir miteinander gehen,
denn zusammen mit dir hab ich ein Ziel!

Es reichte, um die nächste Lebensphase mutig anzugehen. Wir reisen nicht allein. Wir reisen bekleidet, unser Durst ist gelöscht. Wir haben einen Abstecher zum »Brunnen des Lebendigen« gemacht. Wir müssen am Schauplatz der Begegnung keine Hütten bauen, denn es gibt noch Arbeit zu tun. Aber Jesus selbst geht mit uns. Zurück.

7. Abgelehnt, aber nicht einsam

Perhaps some future day, Lord,
Thy strong hand will lead me to the place
Where I must stand utterly alone;
Alone, Oh gracious Lover, but for Thee.

I shall be satisfied if I can see Jesus only.
I do not know Thy plan for years to come.
My spirit finds in Thee its perfect home: sufficiency.
Lord, all my desire is before Thee now.
Lead on no matter where, no matter how,
I trust in Thee.

Herr, vielleicht führt mich deine starke Hand
eines Tages zu dem Ort,
an dem ich ganz allein bin –
allein, mein gnädiger Herr, mit dir.

Ich bin zufrieden, wenn ich nur Jesus sehen kann.
Ich kenne deinen Plan für die kommenden Jahre nicht.
Mein Geist findet in dir sein vollkommenes Zuhause: Zufriedenheit.
Herr, mein ganzes Verlangen gilt jetzt dir.
Führe mich weiter, egal wohin, egal wie.
Ich vertraue dir.

　　　ELISABETH ELLIOT[24]

Menschen begegnen Gott und werden mit der Botschaft seiner Liebe zurück ins Leben gesandt. Dort werden die meisten nicht mit einem Handkuss empfangen. »Toll, dass du Gott begegnet bist! Und, wow, dass Gott auch mich mag und mir begegnen will, auf diese Nachricht warte ich schon mein Leben lang!« – Das ist nicht die Standardantwort einer gottlosen Gesellschaft auf die gute Nachricht. Bestenfalls gibt es ein spöttisches Kopfschütteln, schlimmstenfalls Hass und Häme, Verfolgung und Ausgrenzung. Und manchmal tut unsere eigene Tollpatschigkeit das Ihre zur Ablehnung dazu.

Der Kampf gegen Ablehnung

Jia Jiang ist Blogger und Schriftsteller in Portland in Oregon in den USA und stammt ursprünglich aus Beijing in China. Er kam als Teenager in die USA, studierte Computerwissenschaft und wurde Unternehmer. Bekannt wurde er durch seinen »Ted Talk« im Mai 2015, der inzwischen mehr als 3,8 Millionen Aufrufe verbuchen durfte. Der Titel: »What I learned from 100 days of rejection« (Was ich aus 100 Tagen Zurückweisung lernte).[25]

Seine Geschichte fing in der ersten Klasse an. Es war einer dieser kindlichen Albträume, die lebenslange Phobien auslösen können. Die Lehrerin hatte es gut gemeint. Jedes Kind durfte einem anderen Kind ein Kompliment machen und dann durfte sich dieses ein Geschenk abholen. Jia Jiang war eins der drei Kinder, die am Schluss übrig blieben, weil niemand sie ausrufen wollte.

Nach weiteren einschneidenden Erlebnissen mit ähnlichem Ausgang beschloss Jiang als junger Erwachsener, aus der Not eine Tugend zu machen, und wurde zum Lanzenreiter eines neuen amerikanischen Trends mit dem Namen »Celebrate rejection« (»Feiere die Ablehnung/Zurückweisung«). Er drehte den Videoblog »30 days of rejection« (»30 Tag der Ablehnung/ Zurückweisung«). Dreißig Tage lang machte er sich jeden Morgen auf, um sich gezielt in Situationen zu begeben, in denen negative Reaktionen garantiert waren. Ziel: sich seiner inneren Schmerzempfindlichkeit zu stellen und seine Ablehnungsphobie zu überwinden.

Am ersten Tag nahm Jiang sich vor, einen wildfremden Menschen zu bitten, ihm 100 Dollar zu leihen. Am dritten Tag bat er die Bedienung in einer Donut-Bude, ihm Donuts in der Form von fünf olympischen Ringen zuzubereiten. Er übte sich darin, den spöttischen Blicken und abweisenden Worten seiner Mitmenschen mit Fröhlichkeit zu begegnen. Nebenbei erlebte er auch, dass Menschen, von denen er eine Abfuhr erwartet hatte, überraschend freundlich und entgegenkommend waren. Er bekam tatsächlich Donuts in der Form der olympischen Ringe![26] Doch vor allem entwickelte er in seiner Seele Abwehrmechanismen gegen Ablehnung.

Jemand mag mich nicht, sagt nicht Danke schön, erwidert meinen Gruß nicht, erfüllt meine Bitte nicht – na und? Selbst ohne die »Gott-liebt-dich-trotzdem«-Plattitüden, die wir Christen einander manchmal zuwerfen, reicht etwas gesunder Menschenverstand, um zu erkennen, dass die Seele deswegen nicht das Recht auf einen Zusammenbruch haben muss.

Kränkende Worte und gekränkte Seelen

Manche Menschen erwischt sie schlimmer als andere: jene Gewohnheit, vor Panik zu vergehen, wenn einen nur ein böser Blick oder ein scharfes Wort trifft. Meine dreijährige Enkeltochter schreit vor Empörung, wenn ein korrigierendes Wort fällt. Es muss nicht einmal ermahnend sein. Nicht weil sie rebellisch ist, sondern weil sie den Gedanken nicht ertragen kann, es jemandem nicht recht gemacht zu haben.

Manche Angriffe sind jedoch sehr wohl darauf angelegt, zu verletzen. Als ich eine Freundin, die über Nacht zu einer Gegnerin geworden war, einmal fragte, was ich falsch gemacht hatte, sagte sie: »Nichts Konkretes.« Ob es etwas Inkonkretes sei, wollte ich wissen. Mir lag viel an dieser Beziehung und ihre Kälte tat mir weh. »Ach, es ist deine Existenz. Dass es dich überhaupt gibt.« Wow! Für meine Existenz konnte ich mich nicht entschuldigen. Es war das Ende einer Freundschaft, die vielleicht nie eine gewesen war. Ich hatte es nur nicht rechtzeitig gemerkt.

»Nimm es nicht persönlich«, sagte mir einmal ein Bekannter, den wir für einen guten Freund gehalten hatten. Wir hatten ihn gefragt, warum er Gerüchte über uns verbreitete, die nicht wahr waren. »Gegen euch als Menschen habe ich nichts«, erklärte er, »nur gegen das Amt deines Mannes. Ich hatte schon immer Schwierigkeiten damit, Leiter zu akzeptieren.« Mein Herz blutete. Das hätte er uns doch früher sagen können! Bevor wir mit ihm unser Leben geteilt hatten, mit ihm zusammen in den Urlaub gefahren waren und ihm Persönliches von uns preisgegeben hatten. Er und seine Frau hatten sich durch die Freundschaft zu uns einen Aufstieg auf der geistlichen Karriereleiter erhofft, wir selbst hatten ihm nie etwas bedeutet.

Die Einsamkeit, die folgt, wenn Freunde zu Feinden werden, ist zermürbend.

Brüche mit Langzeitfolgen

Neulich fragte mich eine liebe Frau aus unserer Gemeinde in einer E-Mail, wie es mir geht. Früher hätte ich ihr hemmungslos alles erzählt, was ich gerade auf dem Herzen habe, und hätte es geschätzt, dass jemand an mich denkt. Diese Wertschätzung habe ich immer noch und ich brachte sie in meiner Antwort zum Ausdruck. Von den Dingen, die mich wirklich beschäftigen, verriet ich ihr aber nichts. Ich wollte mich nicht von ihr zurückziehen, aber ich war mir auch nicht sicher, ob meine Schwierigkeiten bei ihr gut aufgehoben wären.

Es wäre oft leicht gewesen, mich als Frau eines Gemeindeleiters völlig abzuschotten, um keinen Verrat zu riskieren. Das war aber für mich nie eine Option. Ich bat den Herrn um Weisheit und Menschenkenntnis. Um die Fähigkeit, Nähe und Freundschaft zu pflegen, aber meine Seele dabei besser zu behüten. Nie zu vergessen, dass zu jeder Zeit heimliche Wünsche mitschwingen können, Hoffnungen auf Gegenleistungen, die ich nicht erfüllen kann. Wenn man es nur vorher wissen könnte.

Es ist ein Balanceakt. Wenn wir unsere Gefühle auf Eis legen, um nie verletzt zu werden, werden wir hart und verlieren unsere Fähigkeit für Empathie. Wenn wir uns jedoch zu sehr an Beziehungen festklammern, geraten wir in ein Hamsterrad von mühsamen Versuchen, es anderen recht zu machen. Plötzlich hängt der Erfolg meines Tages davon ab, dass ein bestimmter Mensch mich beachtet, auf meine Nachricht antwortet oder mich für eine Leistung lobt. Spätestens dann weiß ich, dass ich in die Abhängigkeitsfalle hineintappe, und alle Warnlämpchen sollten angehen. Anerkennung von diesem Menschen ist mir zu wichtig geworden.

Wenn ich nicht rechtzeitig auf die Bremse drücke, fange ich an, nach Zuwendung zu stochern, möchte auffallen und beeindrucken. Ich bin eingeschnappt, wenn ein Dank ausfällt, am Boden zerstört, wenn jemand anderes mehr beachtet wird als ich. Gefährliche Entwicklungen in einer ungeschützten Seele. Wenn wir nicht aufpassen, schlittern wir aufs Glatteis. Groll kommt gegen die Menschen auf, die uns enttäuscht haben, ohne dass diese Menschen es veranlasst oder verdient haben. Kommt ein christlicher Anstrich dazu, sorgt dies für endlose Spannungen und Überforderungen in wohlmeinenden Kirchengemeinden, die nichts lieber wollen, als Menschen zu helfen und sie zu integrieren.

Auch keine Ehe- oder sonstige Familienbeziehung hält für immer die Last selbstsüchtiger Ansprüche aus. Wenn mein Ehepartner für mein Lebensglück herhalten muss, ist die Beziehung zum Scheitern verurteilt. Wenn meine Kinder meine ganze Erfüllung und mein Lebensinhalt sind, dann ist die Wahrscheinlichkeit groß, dass sie bei erster Gelegenheit ausbüxen und ich später umso mehr über ihre Undankbarkeit klage und sie dadurch noch mehr vergraule. Es ist anstrengend, mit jemandem unter einem Dach zu leben oder in einem Büro zu arbeiten oder jemand in einer Gemeindearbeit mit im Team zu haben, der immerzu in seinem Selbstwertgefühl bestätigt werden muss. Diesen Dienst kann nur Gott selbst erfolgreich leisten.

Freundschaft – geschenkt oder beansprucht?

Eine Frau in meinem Hauskreis beklagte sich, dass ich ihr nicht genug Freundschaft entgegenbringen würde. Ich würde sie immer nur »beraten«, sie wünschte sich einen Austausch auf Augenhöhe, wie unter Freundinnen. Ich war betroffen und wollte das Problem lösen. Wir nahmen uns vor, uns alle zwei Wochen zum Frühstück zu treffen, um zu plaudern. Ich mochte sie und freute mich über unsere Gemeinschaft.

Einige Wochen später beklagte sich ihr Mann bei meinem Mann, dass die Missionsarbeit in der Gemeinde nicht richtig laufen würde. Danach kam noch eine Klage und noch eine. Irgendwann ließ er die Bemerkung fallen, dass seine Frau auch unzufrieden sei und kein Gegenüber hätte, mit dem sie sich austauschen könne. »Aber sie trifft sich alle zwei Wochen mit meiner Frau, die extra einen Babysitter organisiert, um diese Zeit frei zu halten«, meinte mein Mann erstaunt. Der andere antwortete: »Das ist zu viel und zu aufdringlich.«

Ich war fassungslos und beschloss, dieses Experiment nie zu wiederholen. Menschen, die immerzu nach Zuwendung suchen, sind unersättlich. Man kann ihnen nichts recht machen. Meist fängt es harmlos an. Das Schulkind, das bei jeder Gelegenheit aufspringt, um der Lehrerin jeden kleinen neuen Strich und

Farbklecks auf dem Bild zu zeigen, das es gerade malt, und dafür Lob einzufordern. Die junge Frau, die immer auf eine persönliche Einladung wartet, auch wenn alle gemeint sind. Das Gemeindeglied, das bei jeder kleinen Irritation ein ausgiebiges Klärungsgespräch mit der Pfarrerin, dem Pastor oder der Gemeindeleitung braucht und nicht merkt, wie lästig das im Laufe der Zeit wird.

Die verstorbene Prinzessin Diana, Publikumsliebling der britischen Royals in den Achtziger- und Neunzigerjahren und Medienikone einer ganzen Generation, löste nach ihrem tragischen Unfalltod im August 1997 unter Psychologen einen Rausch von empörter Faszination aus. Wie konnte eine Märchenprinzessin, die als hellster Stern am Prominentenhimmel alles im Leben hatte, ihr Leben dermaßen an die Wand fahren?

Ein britischer Bekannter von mir war einmal bei einem Empfang, zu dem die Prinzessin als »Special Guest« eingeladen war. Er berichtete später, wie ein Raunen der Bewunderung durch die Reihen ging, als sie zu den Klängen der Nationalhymne »God save the Queen« den Raum betrat. Meinem Bekannten fehlten die Worte, um sie zu beschreiben. Ihre Ausstrahlung, Schönheit, Natürlichkeit, ihr liebevoller Umgang mit Menschen. Die Abwesenheit von irgendwelchen Starallüren in der Art, wie sich unter den Menschen bewegte. Wer sie aus der Nähe erlebte, musste sie einfach lieben, meinte er nachdenklich. Und er war kein Fan der Royals.

Doch es gab die andere Seite, die das Publikum kaum mitbekam. Wutausbrüche hinter verschlossener Tür, Freundschaften und Affären, die nie länger als ein paar Jahre hielten. »Bei Diana hieß es: Entweder alles oder nichts«, meinte einmal eine ihrer ehemaligen Vertrauten. Man kam ihr sehr schnell nahe, gewann sie auf Anhieb lieb. Aber sobald sie einen Wunsch hatte, der nicht erfüllt wurde, oder sobald man irgendetwas infrage stellte, was sie tun wollte, war es mit der Freundschaft aus. Sie fühlte sich verraten und verletzt.

Wenn man den Medien glaubt, strauchelte die beliebteste Frau der Welt von einer intimen Freundschaft zur nächsten, immer nach dem gleichen Muster: ein Raketenaufstieg von Vertrautheit und Nähe, gefolgt von einem blitzartigen Verglühen der Freundschaft. Mit dem Eifer eines verknallten Teenagers verlangte sie in ihren Beziehungen, ob zu männlichen Liebhabern oder zu Freundinnen, bedingungslose Loyalität. Und aus dem Scheitern ihrer Freundschaften zog sie nie eine Lehre.

Angehimmelt von Öffentlichkeit und Medien ließ die Superstar-Prinzessin nie durchschimmern, dass sie abends tränenüberströmt und allein vor ihrem Fernseher hockte, mit Fish and Chips von der Imbissbude auf einem Tablett, weil keiner sich mehr in ihre Nähe traute. Erst recht nicht, als sie auf Schritt und Tritt von Paparazzi verfolgt wurde und jeder, der mit ihr zu tun hatte, automatisch ins Rampenlicht geriet. Ich denke jedoch, dass der tiefere Grund ein anderer war: die Angst der Menschen davor, erst von ihrem unersättlichen Hunger nach Liebe vereinnahmt und später auf Eis gelegt zu werden, falls man einen falschen Schritt machte. Die Endstation der Spirale: Bitterkeit und Isolation. Mal kapselte sich die Prinzessin ab, tat sich schwer damit, sich irgendjemandem anzuvertrauen, mal war sie für völlig unangemessene Freundschaften anfällig, die ihr nur Schaden brachten. Dauernd pendelte sie hin und her zwischen suchtartiger Abhängigkeit und misstrauischer Distanz. Ein solches Leben wünsche ich niemandem.

Dianas Geschichte schlägt bis heute Wellen. Sie ist die Geschichte einer ganzen Gesellschaft. Einsame Menschen finden sich im Zwiespalt der legendären Hochzeit des Jahrhunderts wieder, die in den größten Absturz des Jahrhunderts mündete und viele Opfer mit in den Abgrund riss.

Risikofreie Bündnisse

In dem letzten Kampf um das Land Narnia mustert der junge König Trilian seine Truppen und prüft, mit wie viel Rückendeckung er von den einheimischen Narnianen im Kampf gegen die Besatzer rechnen kann. Einen heftigen Rückschlag erlebt er, als sich herausstellt, dass die Zwerge, auf deren Königstreue traditionell Verlass war, die Seite gewechselt haben – oder dass sie sich vielmehr auf keine Seite mehr stellen. Sie sind Zyniker geworden.

»Wir sind einmal zum Narren gehalten worden, ein zweites Mal lassen wir uns nicht hintergehen«, verkündigt ihr Oberster trotzig. »Wir brauchen weder Könige noch irgendwelche Aslans. Wir werden von jetzt an nur mehr uns selbst achten und vor niemandem den Hut ziehen ... Wir sind selbstständig geworden. Kein Aslan mehr, keine Könige und keine albernen Märchen mehr von fremden Welten. Zwerge sind für Zwerge.«[27]

Letztlich schießen sie mit Pfeil und Bogen auf die feindlichen Truppen, aber auch auf Trilians Krieger. »Die Zwerge für die Zwerge«, lautet bis zu ihrem Untergang ihr Kampfschrei. Ihr Alleingang zwischen den Fronten führt in einen Abgrund des Elends und der Finsternis. Am Ende der Geschichte sind sie vom Festmahl umgeben, das König Aslan so gern mit ihnen teilen will, aber sie sind nicht mehr in der Lage, diese Leckerbissen als solche zu erkennen. In ihrer Bitterkeit haben sie die Fähigkeit, Freude zu empfinden, verloren. Die Fetzen fliegen, sie kämpfen gegeneinander, schreien sich gegenseitig an.

Die Hölle ist ein innerer Gemütszustand, bevor sie zu einem Ort wird. Genauso wie der Himmel.

In seinem Beziehungsklassiker »Was man Liebe nennt« erklärt C.S. Lewis das, was mit seinen Zwergen in »Der letzte Kampf« passiert ist. Es ist die Tragödie eines Herzens, das sich von Gott nicht heilen lässt, das nicht begriffen hat, dass es in diesem Leben keine absolute Versicherung gegen Enttäuschungen und Verletzungen gibt:

> *Liebe irgendetwas, und es wird dir bestimmt zu Herzen gehen oder gar das Herz brechen. Wenn du ganz sicher sein willst, dass deinem Herzen nichts zustößt, dann darfst du es nie verschenken, nicht einmal an ein Tier. Umgib es sorgfältig mit Hobbys und kleinen Genüssen; meide alle Verwicklungen; verschließ es sicher im Schrein oder Sarg deiner Selbstsucht. Aber in diesem Schrein – sicher, dunkel, reglos, luftlos – verändert es sich. Es bricht nicht; es wird unzerbrechlich, undurchdringlich, unerlösbar. Die Alternative zum Leiden, oder wenigstens zum Wagnis des Leidens, ist die Verdammung. Es gibt nur einen Ort außer dem Himmel, wo wir vor allen Gefahren und Wirrungen der Liebe vollkommen sicher sind: die Hölle.*[28]

Mit der Zerbrechlichkeit unserer Beziehungswelt müssen wir wohl zu leben lernen. Ich kann im Laufe der Jahre und mit wachsender Reife lernen, in meinem Umgang mit Menschen umsichtiger und weiser zu werden. Einen endgültigen Schutz gegen die »Gefahren und Wirrungen der Liebe« gibt es nicht. Ich darf das Bewusstsein nicht aus den Augen verlieren, dass auch die liebsten Weggefährten in meinem Leben genau wie ich aus Fleisch und Blut sind. Ich muss ihnen die Erlaubnis geben, mich zu enttäuschen, schon im Vorfeld einen kräftigen Vorschuss an Gnade und Vergebungsbereitschaft in die Beziehung einfließen lassen und hoffen, dass sie das Gleiche mit mir machen. Ich darf Meinungsverschiedenheiten als Zeichen einer belastbaren Freundschaft verstehen, nicht als Anlass, gekränkt zu sein. Zeiten der Funkstille nicht gleich als Ablehnung verbuchen. Gute Beziehungen halten einiges aus.

Und sollte mein Herz in der Tat gebrochen werden, flüchte ich innerlich zu Gottes Brunnen, zum lebendigen Wasser, das nur Gott geben kann. Oder ich ziehe über meine Seele die Scham bedeckende Kleidung, mit der Gott die Blamagen enttäuschter Hoffnungen und vergangener Fehltritte zudeckt, mit der er eine kalt gewordene Seele wieder aufwärmt, mit der er mich daran erinnert, dass ihm nahe zu sein mein einziges, bleibendes Glück ist (Psalm 73,28). Wenn es einen gibt, der einer weinenden Seele Trost bieten kann, dann derjenige, der mit seinen letzten Atemzügen die Worte »*Warum hast du mich verlassen?*« gestöhnt hat *(Markus 15,34)*. Derselbe, der seine Freunde auffordert:

Kommt zu mir, alle ihr Mühseligen und Beladenen! Und ich werde euch Ruhe geben. Nehmt auf euch mein Joch, und lernt von mir! Denn ich bin sanftmütig und von Herzen demütig, und ihr werdet Ruhe finden für eure Seelen.

MATTHÄUS 11,28

Überleben im Minenfeld

Enttäuschte Hoffnungen machen ein Herz empfindlich. Auch Jahre nach dem Zusammenbruch einer Freundschaft bleibt ein mulmiges Gefühl, wenn wir uns wieder auf Beziehungen einlassen. Angst, dass es wieder schiefgehen könnte, dass irgendetwas mit uns nicht stimmt, irgendeine verborgene Untugend, die ans Licht kommen wird, sobald wir uns zu sehr für andere öffnen, eine Untugend, welche die Menschen um uns herum abschrecken wird.

Aber das Grundgefühl, verlassen zu sein, ist nicht mehr da, nachdem ich das Angesicht des Herrn gesucht habe, mein Leben und die Wunden in meinem Herzen zurück in seine Hände gelegt und alle Erwartungen und Hoffnungen für das Wohlsein meiner Seele auf ihn gesetzt habe. Innere Gesundung hängt nicht von den Kräften ab, die das Herz aus sich selbst hervorbringen kann, sondern davon, in welche Hände die Scherben gelegt werden. Bruchstücke eines verletzten Herzens sind in den Händen Gottes Dynamit, die Eingangstür schlechthin in ein Leben durchzogen mit Gnade. Nie kommen wir näher an das Herz Gottes heran, als wenn unser eigenes Herz gebrochen ist.

Jesu Anweisungen für solche Situationen sind eindeutig. Bitterkeit ist für seine Nachfolger keine Option. Sie ist ein giftiges Tötungsgerät für die menschliche Seele.

Nach einem Zwiegespräch mit Gott gibt es nur ein Gefühl: beschenkt und begnadet zu sein. Meine Einsamkeit ist nichts anderes als Gottes Visitenkarte gewesen, die mich an seine Treue erinnert. Ich zermartere meinen Kopf nicht mehr wegen dem, was ich nicht habe, sondern freue mich über das, was ich habe. Ich beschäftige mich gedanklich nicht mit den Freundschaften, die verloren gegangen sind, sondern mit denen, die bleiben. Vor allem mit der wichtigsten aller Freundschaften: der Freundschaft mit meinem Schöpfer.

Jedes freundliche Wort, das ich von Menschen höre, jede Ermutigung, die ich bekomme, ist ein Zusatzbonus. Ich erwarte sie nicht mehr, ich suche meine Bestätigung und meine Kraft beim Herrn. Ich suche nicht mehr die Zuwendung der anderen, vielmehr will ich dafür sorgen, dass sie von mir Zuwendung bekommen.

Lernen von Jesus

Aus Jesu Umgang mit Menschen können wir eine einfache Regel übernehmen: vieles auszuhalten, aber nicht alles. Meine Haltung meinen Mitmenschen gegenüber – auch jenen, die ich nicht sympathisch finde oder die mir nicht wohlgesonnen sind – kann zu jeder Zeit bejahend und wohlwollend sein, ohne dass ich ein Stück meines Herzens verschenke oder Vertrauen investiere, das nachher mit den Füßen getreten wird. Auch mit unseren emotionalen Kräften müssen wir gut haushalten. Ich muss niemanden um seine Gunst anflehen.

Eine Freundschaft beruht auf Initiative und Gegeninitiative. Wir sollen als Christen in unserer Suche nach Austausch und Gemeinschaft aktiv sein. Aber wenn unsere Initiativen nicht erwidert werden, dürfen wir uns guten Gewissens zurückziehen. Mit Menschen, die mich offensichtlich nur auslaugen und manipulieren wollen, mache ich kurzen Prozess und ich lasse mich gar nicht erst auf eine Beziehung mit ihnen ein. Von Menschen, die einen Weg einschlagen, auf dem ich sie mit gutem Gewissen nicht begleiten kann, ziehe ich mich leise zurück. Ich muss nicht über sie schimpfen, aber ich darf sie loslassen. Wenn sie mit Ärger und Zorn auf meinen Rückzug reagieren, nehme ich Stellung dazu, sonst schweige ich.

»Soviel an euch ist, lebt mit allen Menschen in Frieden!«, mahnt Paulus *(Römer 12,18)*. »Soviel an euch ist« – manchmal ist es nicht möglich, in diesem Frieden zu leben, und manchmal hängt es nicht von uns ab. Manchmal müssen wir den Mut haben, abgelaufene Beziehungen zu den Akten zu legen, unsere Wunden nicht zu lange zu lecken, und wieder aufstehen. Auch biblische Helden haben sich damit schwergetan hat. Der Prophet Samuel war am Boden zerstört, als sein geliebter Saul nach einem fulminanten Aufstieg als erster Königs Israels auf Irrwege geriet. Gott hielt sich nicht lange damit auf, er war anscheinend auch nicht überrascht. Stattdessen forderte er Samuel auf, seine Trauer abzuschütteln und sich der nächsten Aufgabe zu widmen:

> *Wie lange willst du um Saul trauern, den ich doch verworfen habe, dass er nicht mehr König über Israel sei? Fülle dein Horn mit Öl und geh hin! Ich will dich zu dem Bethlehemiter Isai senden; denn ich habe mir unter seinen Söhnen einen zum König ausersehen.*
>
> 1. SAMUEL 16,1

Verlassen zu werden und damit klarzukommen, das mutet Gott seinen Dienern zu. Er bewahrt Josef nicht davor, von den eigenen Brüdern verstoßen und verkauft zu werden. Er wirft sich nicht dazwischen, als David vor Saul die Flucht ergreifen muss. Nehemia ist gezwungen, mit seinem Kollegen Tobija zu brechen, als dieser ihn davon abhalten will, die Mauer Jerusalems zu bauen. Jesus wird von Freunden und Anhängern im Stich gelassen, weil seine Predigten zu scharf sind. Manchmal geht es banaler zu: Paulus und Barnabas trennen sich aufgrund von Differenzen in der Bewertung eines Mitarbeiters. Einmal beklagt sich Paulus bei Timotheus, dass alle ihn verlassen haben.

Im Leben von jedem, der Gott dienen will, gibt es Beziehungsbrüche. Die entscheidende Frage ist – wohin damit?

Mit Jesus allein

Alle möglichen Kräfte hatten sich verschworen, um diese Dame ins Abseits zu drängen. Sie hat niemanden mehr, der ein gutes Wort für sie einlegt. Keine große Vorstellungskraft ist nötig, um sich ihre hoffnungslose Lage auszumalen. Der Apostel Johannes erzählt ihre Geschichte in Kapitel 8 seines Evangeliums. Eine unglückliche Ehe, ein Verehrer, der ihr die Bewunderung entgegenbringt, die sie von ihrem Ehemann nicht bekommen hat, die Verlockung in eine zärtliche Zweisamkeit hinein, Endstation Ehebruch. Eine Geschichte, die sich in einer Endlosschleife in verschiedenen Varianten seit Weltbeginn wiederholt. Auf frischer Tat ertappt, kauert sie, vermutlich halb nackt und tief gedemütigt, auf einem öffentlichen Platz und wartet auf die vom Gesetz vorgeschriebene Hinrichtung.

Möglicherweise wurde diese Frau in eine Falle gelockt. Warum sonst konnte sie bei einem intimen Bettgeflüster belauscht werden?

Laut Altem Testament müssen beide Verursacher eines Ehebruchs zur Rechenschaft gezogen werden (3. Mose 20,10). Hier fehlt der Mitschuldige, nur die Frau soll gesteinigt werden. Die Ankläger fragen nicht einmal nach ihrem Liebhaber. Theologen munkeln, dass es sich vielleicht um eine Verschwörung handelte, um Jesus hereinzulegen. Wenn dies stimmt, hat diese Frau nicht nur die Trauer einer gescheiterten Ehe erlebt, sondern auch den hinterlistigen Verrat des Liebhabers, der ihr neues Glück versprochen hatte. Nebenbei wurde sie, ohne es zu wissen, das Futter für eine theologische Auseinandersetzung zwischen Jesus und den Pharisäern. Sie wurde manipuliert, war nur eine Spielfigur auf dem Schachbrett. Nun wird ihre Schande in aller Öffentlichkeit genüsslich zur Schau gestellt und sie soll gesteinigt werden.

Aber Jesus macht dabei nicht mit. *»Wer von euch ohne Sünde ist, werfe als Erster einen Stein auf sie« (Johannes 8,7)* – mit einem kurzen Satz entwaffnet Jesus seine Gegner, schüttet Gnade über die gebrochene Sünderin und trägt jedem Buchstaben der Thora trotzdem Rechnung. Für ein Todesurteil benötigt es zwei oder drei Zeugen (5. Mose 17,6), und laut dem Talmud, der mündlichen Überlieferung der Rabbiner, müssen diese tadellos in ihrer Lebensführung sein.[29] Die Ankläger verstehen die Anspielung, die Jesus hier macht, und ziehen sich beschämt zurück.

Der Tempelhof ist leer. Sogar Jesu Freunde haben verlegen den Rückzug angetreten. *»Er wurde allein gelassen mit der Frau« (Vers 9).* Was folgt, ist ein Gänsehautmoment. *»Frau, wo sind sie? Hat niemand dich verurteilt?«*, fragt Jesus *(Vers 10)*. *»Niemand, Herr«*, antwortet sie *(Vers 11)*. Dass die Sünderin ihre Tat bereut, dass sie keine Argumente hat, um sich zu rechtfertigen, geht aus der Geschichte hervor. Denn mit seinen Abschiedsworten *»Auch ich verurteile dich nicht. Geh hin und sündige von jetzt an nicht mehr«* nennt Jesus ihren Fehltritt beim biblischen Namen: »Sünde«. Ihn zu verharmlosen, hätte mit Gnade nichts zu tun. Die Frau begreift die Ernsthaftigkeit ihres Vergehens. Sie blickt vom staubigen Boden auf und schaut in das Angesicht des Herrn.

Es gibt einen, der den Raum nicht verlässt – auch wenn die Ankläger, ehemalige Freunde, Kritiker, sich alle zurückgezogen haben. Spätestens hier ist die Einsamkeit der Frau Vergangenheit. Die Gnade Christi spricht sie frei. Befähigt sie, nicht mehr von der Sünde beherrscht zu werden.

»Die Welt zerbricht jeden und nachher sind viele an den gebrochenen Stellen stark«, schrieb der amerikanische Schriftsteller Ernest Hemingway. Diejenigen, die von Jesus berührt werden, würden dem zweiten Teil dieser Aussage von ganzem Herzen zustimmen.

Die Kintsugi-Künstler

Japan ist das Land, in dem niemand sich Sorgen machen muss, wenn seine Lieblingsporzellantasse kaputtgeht, denn in Japan leben die Kintsugi-Künstler, die seit dem 16. Jahrhundert aus der Not eine Tugend machen und Keramikscherben in Kunststücke verwandeln. Inzwischen haben sie ihre kreative Recycling-Reparatur zu einer hohen Kunstform entwickelt nach dem Motto: »Scherben bringen Glück.«

Mit Japanlack (»Urushi« genannt) werden Scherben wieder zusammengefügt, anschließend wird der Lack mit Goldstaub überzogen. Die Ergebnisse sind eine Augenweide. Das goldene Muster, das die Bruchstellen bilden, springt als Erstes ins Auge des Betrachters. Jedes Stück ist ein wertvolles Unikat. Wenn Scherben zusammengefügt werden, entstehen niemals Fließbandprodukte.[30]

Lange bevor die Japaner sich Gedanken darüber machten, wie man wertvolles Porzellan wieder zusammenfügen kann, hat Gott selbst sich diese Kunst zur Spezialität gemacht. Kein Held in der Bibel wurde zu dem, was er geworden ist, ohne Zeiten der erdrückenden Einsamkeit, in denen er von Freunden und Familie im Stich gelassen wurde. Jede Geschichte ist einzigartig, jedes Muster von Bruchstellen sticht heraus. In der Wüste und nicht unter feiernden Partygängern werden Persönlichkeiten geformt, Originale geschmiedet, mit Gold verziert und zum Leuchten gebracht. In der Nähe Gottes entdecken wir unsere Einzigartigkeit. Wir verlieren uns in ihm und finden uns wieder. Finden uns, so wie er sich uns gedacht hat, ohne Anpassungszwänge, ohne Angst vor den schrägen Blicken unserer Mitmenschen.

Wer sich auf das Abenteuer der Nähe Gottes eingelassen hat, verkraftet es, allein oder verlassen zu sein. Ich habe für mich ein kleines Ritual für die Momente entwickelt, in denen Gedanken mich überkommen, wie »Wie konnten sie nur?« oder »Ich dachte, wir wären Freunde«. Ich baue einen sinnbildlichen Altar in meinem Herzen, lasse die verlorene Beziehung dort und lege sie damit feierlich ad acta. Ich danke Gott für die guten Zeiten, für alles, was ich von dieser Person lernen durfte, und für die Bereicherung, die sie mir gebracht hat. Ich erinnere mich daran, dass keine Freundschaft mein Eigentum sein darf. Manche sind als Weggemeinschaft für eine bestimmte Zeit gedacht, und es ist in Ordnung so, auch wenn ich es mir anders wünschen würde. Ich beschließe, dass ich nicht lange hadern und mir keine Schadenfreude erlauben werde, sollte diese Person ihr Verhalten bereuen.

Eine *Ent*-Täuschung bedeutet bekanntlich, dass vielleicht eine Täuschung dabei war. Dass ich mehr von dieser Beziehung erwartet habe, als angemessen war, und dieser Person dadurch unrecht getan habe. Ich segne die Person, bete für sie und überlege, welche Lehren ich aus der Geschichte ziehen kann. Oft muss ich mit Verlegenheit erkennen, dass ich naiv war, überhöhte Erwartungen hatte, mich von dieser Freundschaft zu abhängig gemacht oder Loyalität erwartet habe, wo ich kein Recht dazu hatte.

In »Der Ritt nach Narnia« von C.S. Lewis lernen wir die Königsfamilie Narnias zum ersten Mal in der Hauptstadt der Kalormenen kennen, der sie im Dienst der Diplomatie einen nachbarschaftlichen Besuch abstatten. Die Haltung, die geschildert wird, strahlt eine Leichtigkeit aus, die in starkem Kontrast zur Feindseligkeit ihrer Umgebung steht:

> *Sie waren auch nicht so ernst und verschlossen wie die meisten Kalormenen, sondern sie gingen schwungvoll, ließen die Arme locker baumeln, plauderten und lachten. Einer pfiff sogar. Man konnte sehen, dass sie willens waren, mit jedermann Freund zu sein, der freundlich zu ihnen war – dass es sie aber einen feuchten Kehricht scherte, wenn jemand dies nicht sein sollte.*[31]

Die Narnianen haben es uns vorgemacht. Wenn jemand deutlich vermittelt, dass er nicht willens ist, freundlich zu sein, steht man innerlich auf und schüttelt die Trauer ab, so schnell man kann. Es gibt Arbeit zu tun, es gibt andere Menschen, die meine Zuwendung brauchen, es gibt eine Welt, die das Evangelium hören muss. Der Apostel Paulus drückt es in einem Brief an seine Freunde in Philippi so aus:

> *Ich habe gelernt, mich darin zu begnügen, worin ich bin. Sowohl erniedrigt zu sein, weiß ich, als auch Überfluss zu haben, weiß ich; in jedes und in alles bin ich eingeweiht, sowohl satt zu sein als auch zu hungern, sowohl Überfluss zu haben als auch Mangel zu leiden. Alles vermag ich in dem, der mich kräftigt.*
>
> PHILIPPER 4,11-13

Auch der leidgeprüfte Held Paulus musste lernen, in jeder Lebenslage zurechtzukommen. Seine seelische Standhaftigkeit wird von den Stolpersteinen nicht beeinträchtigt, die ihm Umstände und Menschen in den Weg legen. Trotzdem ist Paulus in jeder Hinsicht ein Beziehungsmensch. Seine Briefe sind leidenschaftlich, fürsorglich, manchmal leidet er Qualen in seiner Sorge um die Menschen, die ihm anvertraut sind (Galater 4,12-20). Er erlebt Momente der tiefen Verletzung, wenn er von Menschen verlassen wird, in die er sein Vertrauen gesetzt hat (2. Timotheus 4,16). Bei seinem Abschied in Ephesus klammern sich seine Freunde an ihn, alle sind außer sich vor Sorge um ihn (Apostelgeschichte 20,36-38).

Paulus ist kein trockener Akademiker, der wie ein Eremit seine Weisheiten aus der Ferne versprüht und seine Existenz als Einzelgänger, frei von allen menschlichen Verstrickungen, im Abseits bestreitet. Er erlebt jede Art von Enttäuschung, die auch wir erleben. Aber er lässt sich von Beziehungen nicht treiben. In seiner Beziehung zum Herrn hat er Ressourcen, die auch in der Einsamkeit Nahrung geben. Seinen Freunden in Ephesus erklärt er:

Aber ich achte mein Leben nicht der Rede wert, damit ich meinen Lauf vollende und den Dienst, den ich von dem Herrn Jesus empfangen hab: das Evangelium der Gnade Gottes zu bezeugen.

APOSTELGESCHICHTE 20,24

Das Pendelspiel zwischen Sehnsucht nach Nähe und Angst vor Ablehnung kann erfolgreich navigiert werden, wenn wir, wie Paulus, ein höheres Ziel haben, für das wir unser Leben einsetzen. Wer Gott liebt, liebt seine Mitmenschen umso eifriger. Auf die richtige Art und Weise, ohne in ihnen seinen Lebenssinn zu suchen. In seinen letzten Worten an seine Freunde in Ephesus fasst Paulus sein Lebensmotto zusammen: *»Geben ist seliger als Nehmen« (Apostelgeschichte 20,35)*. Danach kommt der Abschied:

Und als er dies gesagt hatte, kniete er nieder und betete mit ihnen allen. Es entstand aber lautes Weinen bei allen; und sie fielen Paulus um den Hals und küssten ihn, am meisten betrübt über das Wort, das er gesagt hatte, sie würden sein Angesicht nicht mehr sehen. Sie geleiteten ihn aber zu dem Schiff.

Apostelgeschichte 20,36-38

Ein Diener Gottes, der es immer wieder mit grausamer Ablehnung zu tun hatte, findet im Miteinander mit Gleichgesinnten auch berührende und verlässliche Freundschaften. Er braucht nicht viele, um die Herausforderungen, die auf ihn warten, mutig anzupacken.

8. Beauftragt und gesandt

Isn't it wonderful that you don't have to be something big. Actually what you have to be is something low, something broken and humble. ... Be timid and afraid of any task put before you so that it drives you to your knees. ... It is a recognition of weakness and a recognition of a tremendous need of grace.

Ist es nicht wunderbar, dass du nichts Großes sein musst. Eigentlich musst du etwas Kleines, etwas Niedriges, etwas Gebrochenes und Demütiges sein. ... Sei ängstlich und fürchte dich vor jeder Aufgabe, die dir anvertraut wird, sodass sie dich auf die Knie zwingt. ... Damit räumst du deine Schwachheit ein, deinen tiefen Bedarf nach Gnade.

PAUL WASHER[32]

Aussendung oder Ablehnung

Es läuft immer wieder nach dem gleichen Muster. Gott platzt in die Biografie eines nichts ahnenden Normalbürgers hinein, meist in einer Zeit niederdrückender Einsamkeit, und übernimmt das Drehbuch. Freundet sich mit ihm an, überwältigt ihn mit seiner Liebe, schickt ihn dann wieder fort mit einem Auftrag. Nichts ist mehr wie vorher. Die Geschichten sind aufwühlend, manchmal beängstigend, immer bewegend.

Der amerikanische Pastor und Schriftsteller Timothy Keller schreibt in Bezug auf Jesus:

Was nicht möglich ist, ist eine gemäßigte Reaktion. Man darf nicht zu ihm sagen: »Schöne Botschaft. Sehr hilfreich. Ein wirklich beeindruckender Geist.« ... Wenn er (Jesus) nicht der ist, der er zu sein behauptet, dann ist er ein zutiefst gestörter und verworrener Geist.[33]

Entweder Jesus ist tatsächlich der Messias und Gottes Sohn – oder er ist verrückt. Wenn wir seine Taten und Worte ernst nehmen, können wir niemals auf den Gedanken kommen, dass er einfach nur ein guter Lehrer ist.

Gemäßigte Reaktionen sind in Bibel tatsächlich selten zu finden. Manchmal ist es ein Hetzen, Rennen und Ausführen von Befehlen. Eine Lebensperspektive wird aufgezeigt. Götzenbilder werden abgerissen. Ein Krieg wird vorbereitet. Eine Stadt wird vor dem bevorstehenden Untergang gewarnt. Eine Mauer wird wieder errichtet, ein Tempel wiederaufgebaut. Ein Kind wird gesucht und gerettet, eine weltbewegende Nachricht wird verkündet, eine weltweite Kirche gegründet, den ersten Heiden das Evangelium gebracht.

Die Richtung ist immer die gleiche – hinaus in die Welt, um einen dringenden Auftrag auszuführen. Einwände, Selbstmitleid, Rücksicht auf private Empfindungen oder Lebenspläne? Fehlanzeige. Gerufen ist gerufen. Geistliche Erlebnisse um der Erlebnisse willen gibt es nicht. Ein Soldat steht unter Befehl und schuldet seinem Meister nur eine Sache: Gehorsam. Ausweichen ist keine Option.

Aber es gibt andere Reaktionen. Wer sich Gott nicht stellen will, muss ausrasten oder sich von ihm abwenden. Wie Kain, Saul, Ahab, der reiche Jüngling. Er ist Gott, und das wissen instinktiv auch seine Gegner. Man muss entweder vor seine Füße fallen oder versuchen, ihn und seine Anhänger zu verbannen oder gar loszuwerden.

Dies erklärt die fieberhafte Schadenfreude, mit der Jesu Feinde hinter ihm her sind, gleich nachdem er das Licht der Welt erblickt hat, mit der sie ihn auf Schritt und Tritt belauern, sich schließlich gierig auf ihn stürzen und ihn zerreißen. Es ist die Chance, auf die die ganze Hölle jahrhundertelang gewartet hat.

Eine Reaktion, die wir nicht finden, ist Überheblichkeit. Keiner, der aus der Gegenwart Gottes kommt, prahlt danach, gibt an oder belehrt. Keiner ist auf der Suche nach Prominenz. Kein Mensch, der den Himmel erblickt hat und im Auftrag Gottes zurück in die Welt gesandt wird, brüstet sich damit. Eine Mischung aus zerknirscht, schockiert, verwirrt – manchmal wie trunken, wie in Trance –: Das ist der Eindruck, den man beim Lesen der Bibel von den Menschen gewinnt, die Gott berührt haben.

Zitternd vor Entsetzen stammelt der Prophet, der eine Vision von der Herrlichkeit des gekrönten Schöpfers vor sich sieht:

Wehe mir, denn ich bin verloren. Denn ein Mann mit unreinen Lippen bin ich, und mitten in einem Volk mit unreinen Lippen wohne ich. Denn meine Augen haben den König, den Herrn der Heerscharen, gesehen.

JESAJA 6,5

Jahrhunderte später schaut sein Nachfolger Johannes der Täufer mit großen Augen den Messias an, wirft einen Blick auf seine Mitarbeiter, die um das Fortbestehen ihres geistlichen Werkes bangen, und sagt: »*Christus soll immer wichtiger werden, und ich will immer mehr in den Hintergrund treten*« (Johannes 3,30; HFA).

Wer nicht voller Demut aus der Gegenwart Gottes kommt, war vermutlich nicht wirklich in der Gegenwart Gottes.

Selbst der große Rhetoriker Paulus kommt ins Stottern, wenn er versucht, seinen intensivsten Zusammenstoß mit Gott in Worte zu fassen. Er traut sich nicht einmal, sich als Beteiligter am Geschehen zu verraten, sondern berichtet in der dritten Person. Theologen sind sich dennoch darin einig, dass er von sich selbst redet:

> *Freilich ist solches Eigenlob im Grunde Unsinn und nützt niemandem. Aber ihr lasst mir ja keine Wahl. Deshalb will ich jetzt diesen Gedanken zu Ende führen und von Visionen und Offenbarungen berichten, die der Herr schenkt. Ich kenne einen Menschen, der mit Christus eng verbunden ist. Vor vierzehn Jahren wurde er in den dritten Himmel entrückt. Gott allein weiß, ob dieser Mensch leibhaftig oder mit seinem Geist dort war. Und wenn ich auch nicht verstehe, ob er sich dabei in seinem Körper befand oder außerhalb davon – das weiß allein Gott –, er wurde ins Paradies versetzt und hat dort Worte gehört, die für Menschen unaussprechlich sind. Was dieser Mensch erlebt hat, das will ich rühmen. Bei mir selbst aber lobe ich nur meine Schwachheit.*
>
> 2. KORINTHER 12,1-5; HFA

Der, der auf heiligem Boden gestanden hat, ringt um Worte. Wahre geistliche Begegnungen, wie wir sie in der Bibel finden, werden nicht vermarktet. Paulus gründet nicht eine »Schritte-in-den-dritten-Himmel«-Bewegung mit Logo, Begleitmaterialien, Kongressen und Handbüchern für Suchende. Keine »Erlebnis-mit-Gott«-GmbH. Der, der auch nur im Ansatz versucht, aus seinem Glauben und seinem Dienst für Gott persönlichen Gewinn zu ziehen, bereut es sofort. Simon der Zauberer wird eines Besseren belehrt, nachdem er versucht hat, die Kraft des Heiligen Geistes als Mittel zum Glaubenserfolg zu missbrauchen (Apostelgeschichte 8,19-24). In dem Augenblick, in dem ein Wirken Gottes zu menschlichen Zwecken verwendet wird, hört es auf, ein Wirken Gottes zu sein.

Die Demut von Menschen, die die Luft des Himmels eingeatmet haben, ist keine künstliche Demut, mit der Menschen sich selbst niedermachen in der Hoffnung, dass andere sie wieder aufmuntern. Keine Selbstkasteiung, um Gott zu besänftigen. Keine Anbiederung vor Menschen in der Hoffnung, dadurch Gunst oder Mitleid zu erlangen. Wahre Demut denkt nicht gering über die eigene Person. Wahre Demut hat gar keine Lust mehr, an die eigene Person zu denken. Sie hat sich in Christus verloren.

Es gibt keinen anderen Ort im Himmel oder auf der Erde, in dem das »Ich« mit seinem Gejammer, seinem Angeln nach Zuwendung, seinen ungerechten Ansprüchen und seinen ungenießbaren Charakterzügen schneller entmachtet und gezähmt wird, als in der Begegnung mit Gott. »*Es ist furchtbar, in die Hände des lebendigen Gottes zu fallen*« *(Hebräer 10,31).* In der Tat. Furchtbar für den Egoismus. Furchtbar für das alte, selbstzentrierte Leben. Aber befreiend für das Herz, das sehnsüchtig nach Gott verlangt und in der Beziehung zu ihm aufblühen möchte.

Die natürliche Folge dieser demütigen Ehrfurcht vor dem lebendigen Gott lässt nicht lange auf sich warten. Jesajas Begegnung mit Gott löst die Worte aus, die seitdem von unzähligen Missionaren in allen Jahrhunderten mit Freude übernommen werden: »*Hier bin ich, sende mich!*« *(Jesaja 6,8).*

Die Fortsetzung

Der Berührte wird zum Gesandten. Automatisch. Geeignet oder qualifiziert sind die meisten nicht. Im Gegenteil. Eine ungehobelte, rohe Leidenschaft für Gott und die Stimme von Engeln im Ohr, das sind, so scheint es, die Zutaten für einen Startschuss als Weltveränderer im Auftrag Gottes. Diese von Gott Gewählten sind keine Helden, sondern Menschen wie wir (Jakobus 5,17).

Eine Berufung von Gott ist die eine Sache. Den Auftrag des Himmels mitten in den Trümmern dieses Schlachtfeldes umzusetzen eine ganz andere. Ängstlich, eingeschüchtert, manchmal unwillig, schleppenden Fußes, zögernd, strampelnd – so sind die meisten von Gottes Leuten. Mose meint, nicht elegant genug reden zu können. Jeremia findet sich zu jung. Timotheus leidet unter einer chronischen Schüchternheit. König Saul hält sich für zu unbedeutend auf der Prominenten-Skala. Gideon fühlt sich inkompetent. Hesekiel hat Lampenfieber, wenn er vor einer großen Menge sprechen muss. Nicht gerade ein rühmlicher Heldenkatalog.

Gott zeigt sich von all diesen Einwänden nicht beeindruckt, er hat sie miteinkalkuliert, hatte er doch schon immer eine Vorliebe für alles, was gebrochen und zweiter Klasse ist. Hinterbänkler, Menschen, die bereit sind, Füße zu waschen, Gepäck zu tragen. Die, die nichts Eigenes zu bieten haben und dies auch wissen: Diese sind eher in der Lage, die Hilfe anzunehmen, die Gott bietet, weil sie keine andere Wahl haben. *»Ich bin der geringste der Apostel«*, schreibt Paulus an die Korinther *(1. Korinther 15,9)*. Genau. Gerade das qualifiziert dich. Nur leere Gefäße können gefüllt werden. Eine menschliche Muskelschau kann nicht mit göttlicher Kraft ausgestattet werden.

Am Ende von »Prinz Kaspian« von C.S. Lewis fragt der Löwe Aslan den jungen Prinzen, ob er meint, dass er geeignet sei, Narnia zu regieren.

> *»Ich – ich glaube nicht, Herr«, erwiderte Kaspian. »Ich bin wohl noch zu jung.«*
> *»Gut«, sagte Aslan. »Hättest du dich selbst für geeignet gehalten, so wäre es ein Beweis dafür gewesen, dass du es nicht bist.«*[34]

Wenn wir uns für fähig halten, sind wir unfähig. Wahre Leiter zeichnen sich durch große Demut aus.

Wenn man Gott gehorcht, dann geschieht dies nicht aus einem Zwang heraus. Vielmehr ist es ein inneres Drängen, das unwiderstehlich wird. Man kann auch »Nein« sagen. Aber die Entscheidung, dem lebendigen Gott eine Absage zu erteilen, hat gravierende Folgen. Kain findet nie wieder eine Heimat. Der unwillige und flüchtende Prophet Jona wird von Gott eingeholt und von einem großen Fisch auf Umwegen zum Einsatzort gebracht. Gott ist eben besorgter um den Zustand der Großstadt Ninive als um die emotionalen Befindlichkeiten seines dickköpfigen Dieners. Der reiche Jüngling hat nicht ohne Grund Tränen in den Augen, als er den Preis der Nachfolge abwägt und sich dagegen entscheidet (Markus 10,22). Ob er sich von dieser Entscheidung jemals wieder erholt hat? Ob man Glück finden kann, wenn man Gott begegnet ist und auf der Ferse kehrtgemacht hat? Jeremia hat erkannt, dass es einen hohen Preis kostet, auf Gottes Ruf zu hören, weiß aber, dass es mehr kosten wird, nicht auf ihn zu hören (Jeremia 20,9.11).

Mit weichen Knien im Auftrag des Königs

Ich bewundere christliche Freunde, die einen klaren Ruf von Gott bekommen, in gradliniger Entschlossenheit dorthin marschieren, wo der Herr sie hinschickt, und niemals zurückblicken. Mein Onkel John Sperry, später Bischof der Arktis, war so einer. Als Marinesoldat am Ende des Zweiten Weltkrieges blickte er auf die japanische Großstadt Hiroshima, die durch den Abwurf der Atombombe dem Boden gleichgemacht worden war. Gott wühlte sein Herz auf und John wusste, dass er irgendwo hingehen musste, wohin kein anderer gehen wollte – er musste irgendeinen wüsten Landstrich als Zuhause wählen und dort einen Unterschied für die Menschen machen. Alle weiteren Lebensentscheidungen wurden diesem Ziel konsequent untergeordnet: die Frau, die er heiratete, die Bibelschule, die er besuchte, die Verbindungen, die er pflegte, das Geld, das er sparte.

Wenige Jahre später verabschiedete er sich endgültig von allen rosigen Aussichten auf eine Blitzkarriere in der Firma seines Vaters, reiste mit einem Schiff nach Kanada, danach in einem kleinen zweimotorigen Flieger in die Arktis und zog in eine winzige von Fellhändlern gegründete Siedlung am Rand des Polarmeeres ohne Strom oder fließendes Wasser. Er tauchte in dem von Leid und Armut geplagten Alltag der Inuit unter, lernte ihre Sprache und erzählte ihnen von einem Gott der Liebe, der sie nicht vergessen hat und auch für sie seinen Sohn Jesus Christus in die Welt gesandt hat.

John übersetzte Teile der Bibel in die Sprache der Inuit und verbrachte dort den Rest seines Lebens. Dabei trotzte er furchtlos den Anfeindungen von westlichen Politikern und Kirchenoberhäuptern, die ihm unterstellten, die »unverdorbene Religion« eines glücklichen Naturvolks angetastet zu haben. Gegen Ende seines Lebens wurde er sowohl von der kanadischen Regierung als auch von der britischen Queen für seinen Beitrag zum Erhalt der Inuitkultur mit diversen Auszeichnungen geehrt.

Als ich kurz vor seinem Tod ein Buch[35] über sein Leben schrieb, fragte ich ihn einmal: »Gab es in deinem Leben nie Zweifel, ob dieser Weg richtig war?« Ich dachte an all das, was er erlebt hatte: Verzicht, Armut, die Eiseskälte, Nächte, die nie zu Tag wurden, lange, gefährliche Reisen mit Hund und Schlitten, wochenlang kein Kontakt zu seiner Familie. Ich fragte mich, ob er hin und wieder in schweren Stunden an all das gedacht hatte, was stattdessen hätte sein können.

Mein Onkel verstand die Frage zunächst nicht. Nachdem ich sie erläutert hatte, schwieg er einen Moment und sagte dann mit bewegter Stimme: »Nicola, es wäre eine Strafe gewesen, irgendetwas anderes mit meinem Leben zu machen.«

Diesen Satz werde ich nie vergessen. Von der zähen Gradlinigkeit meines Onkels kann ich nur träumen. Auch er hatte Zeiten, in denen sein Leben mehr einem Versuch-und-Irrtum-Marathon glich als einer Heldengeschichte. Entscheidend war seine Grundhaltung, nicht vorzeigbare Erfolge seiner Arbeit. Das Fazit »Es wäre eine Strafe, irgendetwas anderes zu machen« übernehme ich gern als Ziel aller Anweisungen, die Gott mir erteilt, sei der Weg mit noch so vielen Zweifeln und Unsicherheiten übersät. Eine heldenhafte Glanzaktion muss die Nummer nicht sein. Wenn man ein Ziel mit Hängen und Würgen erreicht, nach einem Hürdenlauf voller Missgeschicke, Blamagen und Umwege, ist es dennoch ein erreichtes Ziel.

Dieser Gedanke macht mir Mut. Ich starte nie in einen neuen Tag mit einem klaren Eindruck, was ich machen soll, um Gottes Sache ordentlich zu vertreten. Zuversicht habe ich schon gar nicht. »Der Herr hat mir gezeigt« ist ein Satzanfang, mit dem ich behutsam umgehe. Ich weiß nie, ob Gott »es« mir wirklich gezeigt hat oder mir überhaupt irgendetwas gezeigt hat. Ich werfe mich, meine Persönlichkeit und meine Begabungen hinaus in die Arena und versuche, vernünftig zu sein und auf die Bedürfnisse anderer Rücksicht zu nehmen in der Hoffnung, dass es irgendwie passt und Gott recht ist.

Meine Empfindungen dabei sind oft zögerlich und ängstlich. Angewiesen auf die Gnade Gottes. Öffentlich zu reden oder zu musizieren, hasste ich schon als Kind. Autofahren oder Reisen generell gehörte nie zu meinen Lieblingsbeschäftigungen. Einen Raum voller fremder Menschen zu betreten, versetzt mich auch heute manchmal in Panik. Doch alle drei Sachen gehören inzwischen zu meinem Alltag.

Gott hat es tatsächlich fertiggebracht, meine gesamten Phobien zu bündeln und sie mir als Auftrag in die Hand zu legen. Entweder hat er nach wie vor den schrägen Sinn für Humor, den er in der Bibel hin und wieder zeigt. Oder es ist ihm gerade recht, dass ich mich keiner Aufgabe gewachsen fühle und mich mehrmals am Tag auf ihn werfen und auf seine Hilfe vertrauen muss.

Warum tue ich mir das an? Weil alles andere eine Strafe wäre. Weil die Alternative, zu Hause zu sitzen, wenn ich die Möglichkeit habe, anderen von Jesus zu erzählen, weit schlimmer ist als der tägliche Beschluss, mich aufzumachen, Risiken einzugehen, Fehler zu machen und aus ihnen zu lernen, Menschen Gutes zu tun und die wichtigste Botschaft aller Zeiten weiterzugeben, wo immer ich nur kann. Oder es wenigstens versucht zu haben. Im Vertrauen darauf, dass Fragmente davon treffsicher landen. Es falsch oder nicht überzeugend zu machen, ist längst nicht so schlimm, wie es nicht versucht zu haben. Irgendjemand wird mich schon zum Schweigen bringen, sollten meine Mühen für die Allgemeinheit ungenießbar werden.

Mit dieser Grundnervosität habe ich mich arrangiert und ich sehe sie als einen Wegweiser in die Abhängigkeit von Gott. Wenn Menschen durch meine Arbeit gesegnet werden, dann weiß ich, wessen Verdienst es war. Seiner, nicht meiner.

Alltagstaugliche Herrlichkeit

Gottes Aufträge mitten im grauen Alltag, wo seine Gesandten sich niederlassen: Gerade dort wird die Sache interessant. Wenn die gehetzte Gebetsrunde frühmorgens nicht gerade prickelnd ist, aber trotzdem als Stärkung vor den Arbeitsbergen im Büro oder dem Lernstress in der Schule dient: Orte, an denen alle möglichen Stimmungen herrschen, nur nicht Herrlichkeit. Wenn der Gottesdienst Sonntag für Sonntag mühsame Routine ist und keine Gänsehaut mehr erzeugt, aber ich ihn dennoch um nichts in der Welt würde missen wollen. Gnade für Emma mit ihrem Körpergeruch und ihrem schiefen Singen. Geduld mit Matze mit seiner laut schniefenden Dauer-Rotznase. Mit Marion, die partout nicht auf den Gedanken kommen will, ihren ewig quengelnden Säugling endlich aus der Versammlung hinauszutragen. Diana mit ihrer Krebsdiagnose – und trotzdem steht sie da und lobt Gott in ganzer Kraft. Fürbitte für den Prediger, der müde klingt, weil er die ganze Woche mit Kritikern und Klägern hadern musste. Geduld mit den Liedtexten, die hinterherhinken, weil der Beamerdienst noch nicht wach ist oder die Technik schon wieder Kapriolen schlägt.

Ein eindeutiger Beweis, dass ein Diener Gottes sich wirklich von Gott beauftragt und gesandt weiß, ist die Dringlichkeit, mit der er die Ärmel hochkrempelt und seine Berührung mit dem Himmel mitten in einer sehr unvollkommenen Welt in handfeste Taten umsetzt. Damit zeigt er, dass er Gott wirklich begegnet ist. Gottesbegegnungen waren nie als hohe Kunst für die wenigen Aufgeklärten gedacht. Herrlichkeit ist dann echt, wenn sie auch in der Dunkelheit leuchtet, wenn ihr Goldstaub auch in einen mühsamen Alltag hineingestreut wird. Gott in kleinen Alltagspaketen, reduziert auf ein Klassenzimmer, auf einen Arbeitsplatz in der Firma, auf ein weinendes Herz, auf eine unaufgeräumte Küche, auf einen langweiligen Elternabend. Gott reduziert auf die Größe einer Futterkrippe.

Nachdem Jakob im Traum Engel vom Himmel herunter und hinauf hat steigen sehen, ruft er:

> *Fürwahr, der Herr ist an dieser Stätte, und ich habe es nicht erkannt! ... Wie furchtbar ist diese Stätte! Dies ist nichts anderes als das Haus Gottes und dies die Pforte des Himmels!*
>
> 1. MOSE 28,16-17

Für einen kurzen Moment wird vor Jakobs inneren Augen die Decke zwischen dem irdischen Leben und dem Jenseits durch eine Himmelsleiter durchstochen. Seine Erkenntnis ist interessant. Nicht »Gott hat mich heimgesucht« oder »Gott tauchte bei mir auf«, sondern »Gott war die ganze Zeit schon hier, nur ich habe es nicht bemerkt.«. Mit anderen Worten: Es gibt für Gott keine Trennung zwischen dem Berg und dem Tal, sondern nur in unserer Wahrnehmung. Seine Wohnstätte ist überall. Seine Engel lagern die ganze Zeit um die, die ihn fürchten (Psalm 34,8). Das Reich Gottes ist mitten unter uns (Lukas 17,21).

Jesus schickt seine Freunde in alle Welt, aber er verspricht ihnen: »*Und siehe, ich bin bei euch alle Tage bis zur Vollendung des Zeitalters*« *(Matthäus 28,20)*.

Die Worte »Ich bin bei euch« sind viel mehr als ein netter

Spruch auf einem Trostkärtchen. Sie sind eine feste Garantie göttlicher Solidarität für diejenigen, die dem Ruf Gottes folgen und sich in die Welt senden lassen.

Auf der Suche nach der Vollmacht

Ich suchte fieberhaft nach ihr. Nach der Vollmacht, die mich zu einem Überwinder macht und mich ein und für alle Male für ein erfolgreiches geistliches Leben ausrüstet. Nach der sensationellen Gottesoffenbarung, die mich sprachlos vor Staunen werden lässt und mein Leben für immer verändert.

Ich fand sie dort, wo ich sie am wenigstens erwartete.

Mitten in den Kuhfladen. Es stinkt dort nach Dünger und modrigem Heu. Eisige Nachtbrisen wehen, der Ort ist so unbedeutend, dass er es ohne dieses eine Ereignis nie in die Schlagzeilen geschafft hätte. Meine Begleiter bei der Suche: bettelarme Landwirte, erschöpft von langen, gefährlichen Nachtwachen. Nicht gerade die geistlichen Überflieger. Das Letzte, was sie erwarten, ist liturgische Gänsehaut. Ich muss schmunzeln. Das Ganze ist ein kräftiger Schlag ins Gesicht einer Glaubenswelt, die ach so gerne einen Gott vorzeigen will, der etwas darstellt. Auf den man stolz sein kann. Stattdessen wird Schafkot schnell weggefegt und der Retter der Welt auf Stroh in einen Futtertrog gelegt. Die Welt schläft ahnungslos weiter und begrüßt ihn mit höhnischem Gelächter, sobald gemunkelt wird, dass er der Messias sei. *»Er war weder stattlich noch schön. Nein, wir fanden ihn unansehnlich, er gefiel uns nicht!«*, so der Kommentar des Propheten Jesaja (53,2; HFA).

Ich fand die Vollmacht auf den Spielplätzen, als er Kinder segnete, auf den staubigen Gehwegen, wo gestrandete Menschen bei seinem Anblick Hoffnung schöpften. In der strahlenden Gewissheit, mit der er Auskünfte aus der Himmelswelt mitteilte, in der die eigentliche Geschichte dieser Welt erzählt wird, und von einer Herrlichkeit jenseits des Todes redete. Ich spürte die Vollmacht in jener einsamen Nacht im Garten Gethsemane. Mit einem einzigen Fingerschnippen hätte er seine Feinde in die Flucht treiben und ein Fußballstadion mit verehrenden Fans füllen können. Stattdessen schluchzte er: »*Nicht was ich will, sondern was du willst, soll geschehen*« *(Lukas 22,42; HFA)*. Das ist die wahre Vollmacht, die die Welt überwindet.

Und in meinem Leben, 2000 Jahre später? Ich sah diese Vollmacht neulich am Sterbebett einer lieben Freundin, in schwachen Augen, die aufleuchteten, als wir »Die Güte des Herrn hat kein Ende« sangen. Und nicht ahnten, dass es das letzte Mal war. Ich spürte die Vollmacht in der gefassten Stimme eines geschätzten Bruders, der beim Begräbnis eines Gemeindemitglieds den weinenden Verwandten das Evangelium mit liebevollem Eifer predigte – nachdem er die Nacht am Sterbelager seines eigenen Vaters verbracht hatte. Ich fand sie überall dort, wo die ewig jammernden Stimmen einer gelangweilten und verwöhnten Frömmigkeit – »Was habe ich davon?«, »Wann werde ich endlich bedient?«, »Warum die und nicht ich?« – schweigen, weil der Tod mit einem ruckartigen Weckruf seinen Schatten auf das Geschehen wirft.

Auch an anderen Orten, mitten im Alltag. Dort, wo die Bescheidenen die Arbeit tun, die kein anderer tun will. Denn den Demütigen gibt er Gnade, nicht den Aufgeklärten, Rechthaberischen, Prahlenden. Wer die Edlen im Reich Gottes sucht, schaut am besten bei den Putzlappen und Kochtöpfen, bei denen, die ihr Glaubensleben mit dem Gebet »Herr, erbarme dich« prägen und nicht mit den Worten »Danke, Gott, dass ich so ein erleuchteter Mensch bin und geistliche Dinge besser begreife als der Rest«.

Fernab des Lärms der großen Bühnen: Dort, wo das Kreuz Christi im Mittelpunkt steht und die Frucht davon im Leben derer zu sehen ist, die dieses Kreuz auf sich genommen haben und ihm nachfolgen: Dort sehe ich die Vollmacht.[36]

Die Sache mit den Gefühlen

Wer nach religiöser Gänsehaut in seinem Glaubensleben sucht, wird schnell enttäuscht. Wie es mir bei einem Auftrag Gottes persönlich geht, scheint meinen Auftraggeber nicht allzu sehr zu interessieren. Zum Glück, denn meine Gefühle sind unberechenbar.

»Folge deinem Herzen!«, sagte mir einmal ein wohlmeinender Bekannter, als ich vor einer kniffeligen Entscheidung stand.

»Alles, nur nicht das!«, antwortete ich. »Mein Herz sagt zu mir immer das Gleiche: Bleib zu Hause, mummele dich in deine Wolldecke ein, sag nichts, tu nichts, gönn dir ein ruhiges Leben, kümmere dich um dich selbst!«

Mein Herz war selten ein guter Ratgeber. Am besten dient es mir, wenn es vom Wort Gottes gelenkt wird. Auch Gefühle können sich unter der Regie Gottes ändern, ich bin ihnen nicht hilflos ausgesetzt. Wenn meine Liebe für Jesus und das Verlangen, diese Liebe weiterzugeben, wenigstens ein kleines bisschen stärker sind als meine bibbernden Knie und meine Sehnsucht nach einem risikofreien Leben, dann bin ich auf einem guten Weg.

Auffällig beim Lesen in der Bibel ist, dass Gott seine Diener nicht allzu gründlich auf ihre Aufgaben vorbereitet. Oftmals ist sein Ruf in den Dienst einfach, plakativ und frei von allen abschreckenden Einzelheiten. Abrahams Nachkommen werden zahlreich wie Sand am Meer sein (1. Mose 22,17). Aber einen einzigen Sohn auf die Welt zu bringen, kostet ihn Mühe ohne Ende. Vom Sand am Meer bekommt er nichts mit.

Mose wird nach Ägypten mit der Aufforderung gesandt: *»Nun aber geh hin, denn ich will dich zum Pharao senden, damit du mein Volk, die Söhne Israel, aus Ägypten herausführst!«* (2. Mose

3,10). Klingt einfach. Kein Wort von den Plagen, dem Widerstand des Pharaos, dem mühsamen Kräftemessen, der Achterbahn von Erfolgen und Misserfolgen.

Jeremia bekommt gesagt: »*Ehe du aus dem Mutterschoß hervorkamst, habe ich dich geheiligt; zum Propheten für die Nationen habe ich dich eingesetzt*« *(Jeremia 1,5)*. Gott gibt ihm keine weiteren Auskünfte, etwa, dass er Zeit in einer schlammigen Zisterne absitzen wird, dass keiner auf seine Worte achten wird und dass er sich aufgrund seines Auftrags in permanenter Lebensgefahr befinden wird.

Petrus und seine Freunde erfahren von Jesus, dass sie »Menschenfischer« sein sollen: »*Kommt, mir nach! Und ich werde euch zu Menschenfischern machen*« *(Matthäus 4,19)*. Keine Silbe über den Preis, den dieser Auftrag sie kosten wird. Laut außerbiblischen Quellen enden all diese Männer als Märtyrer, Petrus erlitt sogar einen noch qualvolleren Tod als Jesus selbst.

Gott gibt ein Endziel vor, verrät aber wenig über den Weg dahin. Er hat das große Bild im Kopf, nicht das Stückwerk, das wir vor Augen haben. Abraham als Vater vieler Völker. Petrus und seine Freunde als Träger des Evangeliums »in die ganze Welt« (Matthäus 28,19; HFA). Die Gründer der weltweiten Gemeinde Jesu Christi, gegen die nicht einmal die Scharen der Hölle etwas ausrichten können (Matthäus 16,18).

Gott setzt das volle Vertrauen seiner Diener voraus. Ob er entscheidende Einzelheiten absichtlich weglässt, weil er weiß, dass seine Nachfolger die Flucht ergreifen würden, wenn sie sich des vollen Ausmaßes ihrer Aufgabe bewusst wären? Wenn Gott meinem Mann und mir im Voraus gezeigt hätte, worauf wir uns einließen, als wir ihm für den Bau einer Gemeinde unser Ja gaben, wäre zumindest ich wie ein Blitz in die andere Richtung geschossen.

Jesus ist wohl der Einzige, der wusste, auf was er sich einlässt, und trotzdem den Weg bis zum bitteren Ende ging. Selbst er schreckte zurück und bat um einen Gnadenerlass, als die Realität des bevorstehenden Grauens ihn mit Panik erfüllte (Lukas 22,42). Aber er hielt durch und erduldete den Tod am Kreuz »*um der vor ihm liegenden Freude willen*« *(Hebräer 12,2)*. Das große Bild verlor er nie aus den Augen.

Die Spitzenreiter unter den Helden, meint der Schreiber an die Hebräer, sind die, die auf dieser Erde nichts von der Verwirklichung ihrer von Gott gegebenen Vision erleben. Belohnung für ihre Mühen auf dieser Seite der Ewigkeit: null. Abraham sieht mit seinem inneren Auge nicht nur Söhne wie Sand am Meer, sondern auch eine Stadt. Es bleibt beim inneren Blick – er selbst verbringt sein Leben unter Zeltplanen und an Lagerfeuern. Er ist einer aus einer ganzen Reihe von Helden, denen etwas Ähnliches widerfährt: Abel, Henoch, Noah, Abraham, Sara, Mose, Gideon, Barak, Jeftah, David, Samuel.

> *Diese alle sind im Glauben gestorben und haben die Verheißungen nicht erlangt, sondern sahen sie von fern und begrüßten sie und bekannten, dass sie Fremde und ohne Bürgerrecht auf der Erde seien.*
>
> Hebräer 11,13

Gottes Zusagen zu erblicken, wenn auch nur »aus der Ferne«, ist für diese Gottesdiener auf jeden Fall beglückender, als die leeren Versprechungen dieser Welt aus nächster Nähe zu sehen. Denn wer »*zugibt, hier nur ein Fremder zu sein, der sagt damit auch, dass er seine wirkliche Heimat noch sucht*« *(Vers 14;* HFA*)*.

Die innere Ausrichtung auf Gott und auf eine himmlische Heimat reichen, um unbeschreibliches Leid im Hier und Jetzt freiwillig in Kauf zu nehmen. Auch heute bezahlen Christen in Ländern, in denen das Evangelium als bedrohlich angesehen wird, ihr Zeugnis für Jesus mit dem Leben.

> *Andere aber wurden gefoltert, da sie die Befreiung nicht annahmen, um eine bessere Auferstehung zu erlangen ... Sie,*

deren die Welt nicht wert war, irrten umher in Wüsten und Gebirgen und Höhlen und den Klüften der Erde. Und diese alle, die durch den Glauben ein Zeugnis erhielten, haben die Verheißung nicht erlangt.

HEBRÄER 11,35.38-39

Dieser Glaube ist kein akademisches Abnicken blutleerer Erkenntnisse. Er ist eine schillernde innere Welt, die eine stärkere Anziehungskraft auf die Seele ausübt als jedes noch so kräftige Verlangen, es uns hier auf Erden gut gehen zu lassen. Um in diesem Glauben leben zu können, müssen wir unsere Gedanken, unsere Gefühle, unsere Vorstellungskraft im Licht der Wahrheiten Gottes schulen. Die Luft des Himmels schon in diesem Leben so intensiv einatmen, dass der Duft der Verlockungen dieser Welt keinen Reiz mehr auf uns ausübt.

Denn Gott hatte einen besseren Plan: Sie sollten mit uns zusammen ans Ziel kommen.

HEBRÄER 11,40; HFA

9. Eine Nachricht, die größer ist als Einsamkeit

Oh, be swift, my soul, to answer Him,
be jubilant my feet!

Oh meine Seele, sei flink ihm zu antworten,
jubelt, meine Füße!

JULIA WARD HOWE 1861[37]

Eine mühsame Sitzung in einer ganz normalen Kirchengemeinde. Thema: die missionarische Arbeit der Gemeinde stärken. Ein typisches Gemeindetreffen nach einem langen Arbeitstag. Zwei Beteiligte haben sich in letzter Minute ohne Begründung abgemeldet, drei schleppen sich gähnend und verspätet in die Runde. Immerhin, sie sind gekommen. Drei murmeln halbherzige Gebete. Beklemmendes Schweigen zwischen den Gebeten, jemand blickt auf die Uhr, jemand anderes spricht ein mutiges Amen aus, die Fröhlichkeit klingt künstlich.

Dann wird diskutiert. Über die Unzumutbarkeit von missionarischer Arbeit für Menschen, die im Hamsterrad eines Lebens im 21. Jahrhundert gefangen sind. Zusätzliche Termine? Geht gar nicht. Die Gefahren von Aktivismus werden angemahnt. Man will den Gemeindegliedern kein schlechtes Gewissen machen, keinen Druck erzeugen. Abgesehen davon, die Einheit in der Gemeinde ließe zu wünschen übrig, man solle warten, bis alle auf der gleichen Höhe und einige Konfliktfelder gelöst seien, dann wäre man eventuell eher in der Lage, andere Menschen mit der guten Botschaft zu erreichen. Vielleicht sollte man einen missionarischen Referenten anstellen, einen zusätzlichen Arbeitskreis gründen. Das ist der Startschuss für die übliche Diskussion über mangelnde Finanzen, Fundraising, Personal, Verteilung von Spendengeldern, die nicht vorhanden sind. Die Ersten haben schon mehrmals auf die Uhr geschaut, während die Fetzen fliegen, einer hat seine Sachen eingesammelt und ist davongeschlichen.

Zurück zum Ursprung

In einem Versuch, meine Niedergeschlagenheit nach diesem Abend abzuschütteln, las ich die Apostelgeschichte in einem Rutsch durch. Keine gute Idee. Nachher war ich bedrückter als vorher. Der Kontrast ist erschütternd. Ich lese von Anhängern Jesu, die nicht zu stoppen sind, die furchtlos in Menschenmengen hineinmarschieren mit der Dringlichkeit einer Rettungsmannschaft, die nur noch wenig Zeit hat, um Menschen aus einem brennenden Gebäude zu holen. Die Aufforderung ihres Meisters, an die Hecken und Zäune zu gehen, in alle Welt zu gehen, haben sie zu einem Lebensstil gemacht.

Ich lese von bahnbrechenden Erlebnissen, über die dringend berichtet werden muss, ungeachtet der Risiken für das eigene Leben, ungeachtet von Lohn oder Mehrwert für den Einsatz. Ungeachtet, ob die Menschen zuhören oder nicht. Die Träger der Botschaft kommen querbeet aus allen Gesellschaftsklassen, aber hauptsächlich aus den unteren Schichten. Ungebildete Handwerker sind federführend dabei. Die »Wir«-Sprache dominiert. Jede Einsamkeit, jeder Individualismus, jede Ich-Kultur hat sich in einer mitreißenden Aufgabe aufgelöst, die eine unwiderstehliche Anziehungskraft besitzt. Weil Gott dahintersteckt. Keiner will zu Hause bleiben. Wer vorm Fernseher sitzt, um seine Privatsphäre verbissen zu bewachen, hat das nagende Gefühl, er würde etwas Wichtiges verpassen. Man will dabei sein, Müdigkeit hin oder her. Ob die Sache zumutbar ist oder nicht, ist kein Thema – das Adrenalin reicht für alle. »Mit mir nicht« oder »Bis hierher und nicht weiter« gibt es nicht.

> *Als sie aber die Freimütigkeit des Petrus und Johannes sahen und bemerkten, dass es ungelehrte und ungebildete Leute seien, verwunderten sie sich; und sie erkannten sie, dass sie mit Jesus gewesen waren.*
> APOSTELGESCHICHTE 4,13

Vom Neid und Missgunst der herrschenden geistlichen Elite in die Enge getrieben, reagieren Petrus und Johannes mit souveräner Gewissheit. Kein ängstliches Händeringen, kein Feilschen um Kompromisse, keine Anbiederung vor den Menschen, die über Leben und Tod entscheiden.

> *Petrus aber und Johannes antworteten und sprachen zu ihnen: Ob es vor Gott recht ist, auf euch mehr zu hören als auf Gott, urteilt ihr! Denn es ist uns unmöglich, von dem, was wir gesehen und gehört haben, nicht zu reden.*
> APOSTELGESCHICHTE 4,19-20

Das ist die Sprache der Urgemeinde. Es gibt kein Kleingedrucktes für die Ausnahmen, kein abgespecktes Sonderprogramm für die, die wenig belastbar sind oder eine schwierige Kindheit hatten, keine Rücksicht auf persönliche Defizite und Sensibilitäten, kein »Lasst mich in Ruhe«. Ich bezweifle sehr, dass sie Sondergremien gründen werden, um sich zu überlegen, wie man die abdriftende Jugend bei der Stange hält. Es wird nicht nötig sein. Die Mannschaft der Jünger Jesu ist vollzählig und freiwillig am Start. Mit einer Fahrlässigkeit, die einem die Sprache verschlägt. Die Nachricht ist lebensverändernd, fesselnd, ungezähmt. Tausende kommen zum Glauben. Emotionen kochen hoch. Ganze

Kulturen werden auf den Kopf gestellt, Stadtobrigkeiten reiben sich die Augen und können nachts nicht schlafen, es fließt Blut, es fallen Köpfe, die ersten Märtyrer bezahlen mit ihrem Leben. Kein Bürger, keine Bürgerin der damaligen zivilisierten Welt, hat eine Chance, dieser Botschaft auszuweichen.

Als sie sie (Paulus und Silas) aber nicht fanden, schleppten sie Jason und einige Brüder vor die Obersten der Stadt und riefen: Diese, die den Erdkreis aufgewiegelt haben, sind auch hierhergekommen.

APOSTELGESCHICHTE 17,6

Dass die Ankunft eines Predigers des Evangeliums in unserer heutigen Kultur so einen Aufruhr auslöst, ist schwer vorstellbar. Dass der Bau von Gottes Reich auf blutleere Vereinssitzungen, auf ein Verwaltungsmonstrum, das mit professionell »geschultem« Personal bemannt ist, und auf die Pflege von Gebäuden, Ämter, Geldanlagen, theologische Sonderlehre und schwindende Anhängerzahlen reduziert ist, ist die größte Tragödie der Kirchengeschichte. Dass dies nur wenige zu stören scheint, ist die größere Tragödie. Uns ist die wichtigste Botschaft der Welt anvertraut worden und wir verhalten uns, als ob es sich um einen mühsamen Gang zum Supermarkt handelt, um die leeren Sprudelflaschen in den Recyclingautomat zu schieben! Etwas, was man hinter sich bringt, weil es nervt, wenn man es noch vor sich hat.

Oder als wäre es ein Gang zum Zahnarzt für die Wurzelbehandlung! Etwas, vor dem einem graut und das man am liebsten überspringen möchte.

Die Endlosschleife der Ausreden

Ab und zu wage ich es, mich diesem Thema ernsthaft zu stellen. Die alten Ausreden melden sich zu Wort. Wir leben doch in anderen Zeiten, die Urgemeinde gibt es schon lange nicht mehr. Die Nachfolger Jesu kamen damals frisch vom leeren Grab, die Sensation der Auferstehung hing noch in der Luft, war in jedermanns Mund, Gesprächsstoff auf den Straßen. Diese Leute kannten Jesus persönlich, waren mit ihm befreundet, wussten, wie er aussieht und wie er redet. Sie hatten es einfacher als ich. Abgesehen davon liegen jede Menge geschichtliche und kulturelle Umwälzungen zwischen uns und jenem Pfingstsonntag. Es war eine andere Sprache, eine andere Mentalität, eine andere Lebenssituation. Gott kann unmöglich von uns den gleichen übersprudelnden Eifer für das Evangelium erwarten wie von den ersten Jüngern.

Außerdem, die Menschen damals hatten längst nicht den Stress, den wir heute haben. Nicht zu schweigen von meiner von Grund auf ungeeigneten Persönlichkeit. Ich bin alles andere als extrovertiert. Ich habe Angst vor fremden Leuten, bin ungeschickt in meinem Reden und mag es nicht, Small Talk zu machen. Es ist doch Sache der Profis und der Rhetoriker. Es gibt ja Bibelschulen, wo Leute, die so eine Ader haben, extra trainiert werden. Sollen die es doch machen.

Noch etwas fällt mir ein. Gott hat sich doch in der Bibel mehr zu erkennen gegeben als heute. Zum Beispiel mit einer hörbaren Stimme gesprochen, Zeichen und Wunder getan – die richtig sensationelle Sorte. Wenn ein Querschnittsgelähmter auf mein Gebet hin aus dem Rollstuhl springen würde, wie damals in der Apostelgeschichte, dann würde auch mir die Aussendung in die Welt leichter fallen. Warum hat Gott nicht auch mir diese Hilfsmittel zur Verfügung gestellt?

Überhaupt, heute reicht es doch, ein netter Mensch zu sein. Wer von meinen nicht gläubigen Bekannten mehr wissen will, kann mich ja fragen. Ich will mich niemandem aufdrängen. Ein

Christsein, das mich sympathisch und genießbar macht, aber nichts kostet, das wäre es.

Dass das ewige Leben eines Mitmenschen davon abhängen soll, ob ich mutig genug bin, ihn auf sein Seelenheil anzusprechen, ist sowieso ein Unding. Gott wird schon einen Weg finden, Leute auf einen Sonderweg in den Himmel hinaufzulupfen, die es durch meine Feigheit versäumt haben, in die Kenntnis der Wahrheit zu kommen.

Das unbequeme Erwachen

Irgendwann erwacht aus ihrem Tiefschlaf die andere Stimme in mir. Diejenige, die sich vom Geist Gottes leiten lässt. Diese Stimme erinnert mich daran, dass meine Einwände gute Tradition haben. Sie kommen auch in der Bibel vor und Gott scheint sie sehr gut zu verstehen. Das beruhigt ein wenig.

Es gibt kaum einen Gesandten Gottes, der sich selbst nicht für unqualifiziert hält und mit einem verblüfften »Was, ich? Das kann doch nicht dein Ernst sein. Du meinst wohl jemand anderen!« auf den Ruf Gottes reagiert. Mose, Jona, Gideon und so weiter. Auch diese Legenden drücken sich vor unzumutbaren Aufgaben, finden Gott peinlich. Die von Gott geschenkten Kleider werden schmuddelig und alt, die Quelle lebendigen Wassers versiegt im Staub des Alltags. Auch diese Helden ringen mit der Aussicht, dass ihr göttliches Mandat einen hohen Preis an Beliebtheit, Akzeptanz, Ansehen kosten wird. Auch für sie ist der Gedanke, für einen schrägen Vogel gehalten und ausgelacht zu werden, eine Horrorvorstellung. Und auch sie haben einen stressigen Alltag, den sie bewältigen müssen. Sie haben keine Staubsauger, kein Internet, keine Waschmaschinen, keine Autos oder Tabletten gegen Kopfschmerzen. Die Hürden, die sie zu überwinden haben, um Zeit für ihr geistliches Leben zu haben, sind um einiges höher als unsere.

Mein Einwand, dass die Auferstehung Jesu zu viele Zeitalter und Kulturen überspannt, um heute noch prickelnde Relevanz zu haben, hält keiner Prüfung stand. Wenn ein Toter einmal wieder zum Leben gekommen ist und behauptet, heute noch zu leben, dann ist dies auch nach zweitausend Jahren eine Sensation, die nicht zu überbieten ist und die eine brisante Auswirkung auf mein eigenes Grauen vor dem Tod hat. Auch die schwindelerregendsten Entwicklungen in Wissen und Technik haben an der Unvermeidbarkeit des Todes nichts geändert. Auf diese Grundnot hat nur die Bibel eine überzeugende Antwort. Einer starb und kehrte zurück. Es gibt eine Menge glaubwürdige Augenzeugen – schwierig, die Nummer als Hirngespinst religiöser Fanatiker abzutun.

Die explosiven Ereignisse des ersten Ostersonntags haben im Laufe der Jahrhunderte nichts an Kraft verloren. Wir dürfen jeden Tag mit der gleichen Hoffnung und Freude aus dem Bett springen, die das Leben der ersten Jünger auf den Kopf gestellt hat, als sie dem Auferstandenen zum ersten Mal begegnet sind. Auch wir dürfen so leben, als ob das alles gestern und in unserer Nähe passiert wäre. Ab dem Moment, in dem diese Erkenntnis alles in unserem Leben mit ihrer Dynamik durchsetzt, ist Glaube keine Pflichtübung mehr, kein Posten auf der To-do-Liste. Er wird zur Kraftquelle für unser ganzes Leben.

Die Auferstehung Jesu ist für uns tatsächlich in nächster Nähe passiert: im eigenen Herzen. Der ernsthafte Christ wird im Laufe seiner Lebensjahre nicht weniger, sondern mehr ergriffen von dem Werk des Christus. Je mehr wir uns dem Tod nähern, desto beruhigender wird das Wissen, dass es einen gibt, der den Tod überwunden hat. Je mehr wir das Leben mit seinen Ungerechtigkeiten und Grausamkeiten geschmeckt haben, desto mehr atmen wir die Luft des Himmels in den Seiten der Bibel ein, desto mehr freuen wir uns auf jenen Tag, an dem alle Tränen endgültig abgewischt werden (Offenbarung 21,4), desto eifriger geben wir diese Freude weiter.

Die Nachricht weitergeben

Wer sich vom Evangelium ein Wellness-Bad für das eigene Leben hier auf Erden erhofft, schlägt das Buch enttäuscht wieder zu, ebenso derjenige, der Ansehen, Gunst und Erfolg erwartet. Wer dagegen Leben retten will, verliert keinen Gedanken darüber, ob der Glaube etwas bringt oder nicht. Er wirft sein Leben in das Getümmel hinaus. Nicht als Rebell, der absichtlich querschießt, um gesehen zu werden, sondern als Schatzsucher, der einen skandalösen Fund gemacht hat, von dem andere unbedingt erfahren müssen.

Dass unsere Lebensqualität ganz nebenbei durch den Glauben an Christus einen positiven Schub bekommt, steht außer Frage. Aber wenn diese Lebensqualität als Selbstzweck gesucht wird, verflüchtigt sie sich schnell. Irdisches Glück im Reich Gottes ist und bleibt ein Nebenprodukt des Glücks, das allein in der Nähe Gottes zu finden ist.

Eine Gruppe von Außenseitern in der Stadt Samaria hat einmal erlebt, wie ein einmaliger Fund das Herz im Nu aus seinem egoistischen Alltagstrott herausreißen kann. Von dieser skurrilen Episode wird im zweiten Buch der Könige (Kapitel 7) berichtet. Wenn irgendjemand wusste, wie es ist, im Abseits zu leben, dann diese Männer. Sie waren Aussätzige, vielleicht hatten sie Lepra, vielleicht eine andere Hautkrankheit. Auf jeden Fall waren sie ausgestoßen, verachtet, unterster Rang in der Hierarchie der damaligen Gesellschaft. Wenn sie einem von ihnen begegneten, huschten Passanten voller Abscheu schnell auf die andere Straßenseite. Der von Aussatz gezeichnete Körper war das Sinnbild einer gescheiterten Existenz. Unrein! Elender ging es nicht.

Zu allem Übel brach ein Krieg mit den benachbarten Feinden aus und die Stadt, an deren Rand sie lebten, wurde belagert. Selbst die Reichen und Schönen nagten am Hungertuch, Hoffnungslosigkeit und die Aussicht auf Tod und Niederlage machten sich breit. Mit den Almosen, von denen diese Männer lebten, war es endgültig aus.

Die Aussätzigen beschlossen, dass sie nichts mehr zu verlieren hatten: So gut wie tot waren sie schon lange. Unklar war nur, woher der letzte Hieb kommen sollte. Sie sagten zueinander:

> *Was sollen wir hierbleiben, bis wir sterben? Wenn wir sagen: Lasst uns in die Stadt gehen – in der Stadt herrscht ja die Hungersnot –, dann werden wir dort sterben. Wenn wir aber hierbleiben, werden wir auch sterben. So kommt nun und lasst uns ins Heerlager Arams überlaufen. Wenn sie uns am Leben lassen, dann leben wir, und wenn sie uns töten, dann sterben wir.*
>
> 2. KÖNIGE 7,3-4

So machten sie sich auf den Weg aus der belagerten Stadt hinaus, auf offener Straße direkt in das Lager des Feindes. Sie trauten ihren Augen nicht, als sie sich diesem näherten. Die Feinde hatten sich aus dem Staub gemacht, aber ihre Sachen dort gelassen. Einfach so! Und was für Sachen! Waffen, Ausrüstung, persönliche Wertsachen, Klamotten, ein Vermögen an Kapital und Luxuswaren.

Die Männer stürzten sich gierig darauf. Aber sie konnten ihre Freude nicht lange für sich behalten. Sie mussten keine Seminare oder Lehrgänge besuchen, keine Fachbücher lesen, um zu lernen, wie man die gute Nachricht von einer fetten, lebensrettenden Beute an andere weitergibt. Sie mussten keine Gabentests machen, um festzustellen, ob sie geeignet waren. Freude findet immer eine Sprache. Sie schauten einander an, erkannten mit Verlegenheit, wie selbstsüchtig sie gerade handelten, und rasten zurück in die von Hunger geplagte Stadt, um die gute Nachricht weiterzugeben, dass die Feinde geschlagen waren und eine Beute in Millionenwert zurückgelassen hatten.

Das ist Mission.

Augen, die sehen lernen

Auch wir haben unsere schöne Mühe damit, Beute zu teilen, zu erkennen, dass unsere Lage ohne Gott ähnlich ist wie die der Aussätzigen von Samaria, auch wenn unsere Lebensumstände noch so anders sind. Geistliche Augen haben schwere Augenlider, tun sich nicht leicht damit, Gottes Sicht der Dinge zu begreifen. Maria Magdalena ist nicht die Einzige, die eine Weile braucht, bis die Wirklichkeit der Auferstehung sie aus ihrer Trauer reißt und ihre Eigenbrötelei durchsticht. Erst dann öffnet sich ihr Blick für eine größere Realität, in der Himmelsboten im Garten sitzen, Tote wieder lebendig werden und ein Gott, der sie über alles liebt, sie beim Namen ruft. Ihre natürlichen Augen nehmen das Übernatürliche zunächst gar nicht wahr. Niedergeschlagenheit sorgt immer für einen Tunnelblick.

So ergeht es auch zwei Freunden von Jesus, die nach jenem schrecklichen ersten Karwochenende schweren Schrittes in einen Vorort von Jerusalem zurückkehren. So viele Hoffnungen im Nu zerschlagen. Das Unvorstellbare ist passiert – der erhoffte Messias verhaftet, vor ein römisches Tribunal geschleppt und ans Kreuz genagelt. Alles innerhalb von wenigen Stunden. Klar, Jesus hat bei bestem Willen versucht, sie darauf vorzubereiten – das Wort »Kreuz« ist mehr als einmal gefallen. Aber seine Freunde sind wie Menschen zu allen Zeiten, denen eine Katastrophe bevorsteht. Sie verdrängen jeden Gedanken daran, dass es jemals so weit kommen könnte. Im Sinne von: Was ich nicht glauben will, gibt es nicht. Und wenn die Stunde schlägt, geben sie sich völlig empört.

So kommt es, dass Jesus Kleopas und seinen Freund auf dem Weg nach Emmaus eine längere Wegstrecke begleitet, sich sogar zu ihnen an den Tisch setzt, ohne dass sie darauf kommen, wer er ist.

»Bist du der Einzige, der in Jerusalem weilt und nicht weiß, was dort geschehen ist in diesen Tagen?« (Lukas 24,18), fragt der

eine vorwurfsvoll. Die Strapazen der vergangenen Tage haben Jesu Sinn für Humor in keiner Weise beeinträchtigt. »Was meint ihr?«, fragt er mit Unschuldsmiene und hört geduldig zu, wie seine Freunde ihm seine eigene Geschichte ausführlich erzählen. Sie schütten ihr Herz vor ihm aus. Die zerschlagenen Hoffnungen, der Schock, das Trauma. *»Wir aber hofften, dass er der sei, der Israel erlösen solle« (Lukas 24,21).*

Einer der traurigsten Verse der Bibel. Wie oft fallen in unseren Gesprächen ähnliche Worte. »Ich hatte gehofft, der Glaube würde mir was bringen«, »Ich hatte gehofft, unsere Ehe würde besser werden, ich würde Freunde finden, meine Nachbarn würden sich für das Evangelium öffnen, meine Krankheit würde geheilt werden, meine Depressionen würden verschwinden.« Jeder von uns hat seine oder ihre eigene Variante von »Ich hatte gehofft, ...«.

Jesus lässt sich mit seiner Antwort Zeit. Er erklärt den beiden Männern liebevoll und geduldig, warum Kenner der Thora vom Mord am Messias nicht überrascht sein sollten, da das ganze Geschehen von einigen Propheten vorausgesagt wurde. Mit einem Augenzwinkern nimmt er ein Stück Brot in seine Hand und bricht es: Das ist sein Alleinstellungsmerkmal. Dann ist er weg. Seinen Freunden werden die Augen geöffnet, ihr Herz macht einen Sprung, und sie legen ohne Zögern die ganze Strecke nach Jerusalem zurück – vermutlich mitten in der Nacht, obwohl es gefährlich ist –, um den anderen Jüngern die gute Nachricht zu überbringen, dass ein neuer Tag angebrochen ist.

Jesus ist auferstanden, er lebt. Der Traum vom Reich Gottes darf weitergeträumt werden. Den Himmel gibt es wirklich. Im Nu vergessen die beiden Jünger die Trauer, die Einsamkeit, die Erschütterung, die Trägheit: *»Brannte nicht unser Herz in uns, wie er auf dem Weg zu uns redete und wie er uns die Schriften öffnete?« (Lukas 24,32).*

Zweitausend Jahre später. Woher kommt für uns Nachfolger von Jesus Christus heute die Motivation, Menschen wachzurütteln, deren Kopf damit gefüllt ist, den nächsten Großeinkauf zu erledigen und den Arztbesuch schnell zwischen andere Termine zu schieben? Sie daran zu erinnern, dass es Wichtigeres im Leben gibt, dass sie Rettung brauchen, dass es mal einen gab, der vom Grab zurückgekehrt ist mit dem Angebot einer Versöhnung mit dem Himmel? Existenzielle Fragen in einer Welt, in der die Entscheidung, auf welche Schule ich mein Kind schicke, viel dringlicher erscheint oder die Frage, wann endlich ein Termin für die nächste TÜV-Prüfung oder für die längst überfällige Prophylaxe beim Zahnarzt frei wird. Diese zwei Welten zu überbrücken? Schwierig.

Eine Kraft, die Zeit und Kultur überspannt

Jesus wusste das: »*Aber nicht für diese allein bitte ich, sondern auch für die, welche durch ihr Wort an mich glauben*« *(Johannes 17,20).*

König David hatte lange davor ebenfalls schon an uns gedacht: »*Dies sei aufgeschrieben für die künftige Generation, und ein neu geschaffenes Volk soll Jah loben*« *(Psalm 102,19).*

Kulturelle und geschichtliche Abgründe zwischen uns und den Zeiten, in denen jene welterschütternden Ereignisse stattgefunden haben, werden durch das Wort Gottes selbst überbrückt. Wir zapfen die Dynamik der Auferstehung an, wenn wir das Lesen und Studieren der alten Schriften zu einer Lebenspriorität machen. Es sind nicht nur irgendwelche historischen Texte. Dass Unruhe und Sehnsucht in mir aufsteigen, wenn ich lange und intensiv in den Seiten der Bibel blättere, ist genau das, was die Verfasser beabsichtigt haben. Das Wort, das Fleisch wurde und unter uns wohnte (Johannes 1,14), stellt sich vor, rührt mein Herz an, öffnet mir die inneren Augen für eine himmlische Dimension, die sich auch bei den Kochtöpfen in meiner Küche und in den Schulklassen, die ich unterrichte, einnisten und alles mit

Herrlichkeit beleuchten will. Das Wort wird auch in meinem staubigen Alltag wieder Fleisch.

So fingen alle geistlichen Aufbrüche in der Kirchengeschichte an. Kaum ein Pionier des Glaubens lebte in einer erwecklichen Umgebung. Geistliche Bewegungen entstanden schon immer in Zeiten der geistlichen Dürre. Ein einsamer Mönch entdeckte vor über 500 Jahren in seiner Gebetszelle die Kraft dieses Wortes und wollte das mit anderen teilen. Die Reformation wurde geboren. Der britische Prediger John Wesley suchte eine Befreiung aus der tödlichen Starre seiner Amtskirche und führte lebensverändernde Gespräche mit Missionaren aus Herrnhut während einer Schiffsfahrt nach Amerika.

Auch biblische Helden entdeckten Gott inmitten von gottlosen, trockenen Zeiten. Mose im heidnischen Ägypten. Daniel, Nehemia, Ester in der Diaspora eines langen Exils. Ein heidnischer Beamter aus Äthiopien auf einer Wüstenfahrt, auf der er sich in die alten Schriften vertiefte und nach Verständnis suchte. Gideon auf seiner Tenne. »*Der Herr ist mit dir, du tapferer Held!*«, so stellt sich der Gesandte Gottes Gideon vor *(Richter 6,12)*. Eine Zumutung für den niedergeschlagenen Gideon, der gleich zurückschießt:

> *Bitte, mein Herr, wenn der Herr mit uns ist, warum hat uns denn das alles getroffen? Und wo sind all seine Wunder, von denen uns unsere Väter erzählt haben, wenn sie sagten: Hat der Herr uns nicht aus Ägypten heraufkommen lassen? Jetzt aber hat uns der Herr verworfen und uns in die Hand Midians gegeben.*
>
> RICHTER 6,13

Wer von uns hat nicht schon mal gedacht: »Warum tut der Herr so viel für die anderen und nicht für mich?«

Aber auch wir dürfen erleben, wie unser Herz zu brennen anfängt, wenn wir uns den Zusagen Gottes stellen und oft und nachhaltig in seinem Wort lesen. Wenn wir als Suchende und Ehrfurchtsvolle und nicht als Analytiker und Kritiker kommen. Wenn wir uns unter das Wort begeben und uns nicht darüber stellen. Wir werden Teil der Geschichte, unser Leben wird die Fortsetzung von dem, was vor knapp 2000 Jahren in der Urgemeinde geschah.

Der Eintritt in die Welt des anderen

Mal ist der Einfluss des Wortes Gottes dramatisch, mal unterschwellig. Es muss nicht immer eine krachende Lebenswende, es müssen auch nicht Heldentaten sein. Es gibt jedoch ein eindeutiges Merkmal, das alle von Gott berührten Herzen auszeichnet: Liebe für Menschen. Das Herz, das für Jesus brennt, brennt auch für Menschen. Aus der Ich-Zentriertheit wird eine Du-Zentriertheit. Unsere Mitmenschen sind nicht mehr Zulieferer unseres Glücks, sondern wir sind Zulieferer ihres Glücks. Wir fühlen auf einmal mit ihnen. Wenn die Nachbarin Migräne hat. Wenn der Kollege nach einem Unfall im Krankenhaus liegt, wenn eine junge Freundin ungewollt schwanger wird oder die Abiturientin Prüfungsangst hat. Die Probleme anderer sind unsere Probleme geworden.

Klar, es gibt Menschen, die auch ohne den christlichen Glauben eine tiefe Empathie haben und sich gern und aufopfernd für andere einsetzen. Ich kenne Nichtchristen, die netter, unkomplizierter und hilfsbereiter sind als manche christlichen Freunde, die mir mit ihrem selbstsüchtigen Lebensstil ganz schön Mühe machen. Ich wünschte, es wäre nicht so. Aber Gottes Rettungsprogramm schnappt alles auf, was nach Rettung schreit und sich als rettungsbedürftig sieht, ungeachtet der Gesellschaftsfähigkeit der Suchenden. Besorgt um seinen Ruf war er nie. Immerhin hat er auch mich in sein Team aufgenommen, ein PR-Coup für seine Sache war das nicht.

Trotzdem folgt auf eine echte Rettung auch eine echte Änderung des Verhaltens. »*Was nützt es, meine Brüder, wenn jemand sagt, er habe Glauben, hat aber keine Werke?*«, mahnt Jakobus in seinem Brief an die ersten Christen *(Jakobus 2,14)*. Mit anderen Worten: Wer seinen Lebensbaum wirklich in Gottes Garten fest eingepflanzt hat, wird über kurz oder lang Früchte zeigen. Das Evangelium wird an seinen Taten zu erkennen sein. Die Familienähnlichkeit mit dem Vater färbt auf das Verhalten des Kindes ab. Die Merkmale echt gelebter Nächstenliebe finden sich in 1. Korinther 13,4-7:

Die Liebe ist langmütig, die Liebe ist gütig, sie neidet nicht, die Liebe tut nicht groß, sie bläht sich nicht auf, sie benimmt sich nicht unanständig, sie sucht nicht das Ihre, sie lässt sich nicht erbittern, sie rechnet Böses nicht zu, sie freut sich nicht über die Ungerechtigkeit; sondern sie freut sich mit der Wahrheit, sie erträgt alles, sie glaubt alles, sie hofft alles, sie erduldet alles. Die Liebe vergeht niemals.

Paulus beschreibt eine Vision eines geheiligten Lebensstils, bei der ich immer wieder große Augen bekomme. Eine Dimension von Liebe, die buchstäblich nicht von dieser Welt ist – weil sie den Herzschlag einer himmlischen Welt in sich trägt. Das Herz eines liebenden Vaters, das sich verschenkt – ohne Rücksicht auf eigene Verluste, ohne der Willkür von Launen und Tagesformen ausgesetzt zu sein. So sieht das Herz aus, das einmal aus Stein war, aber jetzt zu Fleisch geworden ist (Hesekiel 36,26). Augen, die Gottes Augen geworden sind. Herzen, die mit seinen Gefühlen fühlen. Menschen zu segnen wird zu unserem Hauptprojekt, weil es *sein* Hauptprojekt ist.

»*Er erleuchte die Augen eures Herzens, damit ihr wisst, was die Hoffnung seiner Berufung ... ist*«, betet Paulus für seine Freunde in Ephesus *(Epheser 1,18)*.

Jesus redet ebenfalls von dieser Berufung:

Sagt ihr nicht: Es sind noch vier Monate, und die Ernte kommt? Siehe, ich sage euch: Hebt eure Augen auf und schaut die Felder an! Denn sie sind schon weiß zur Ernte.

JOHANNES 4,35

Wenn wir diese Aufforderung Jesu begriffen haben, sehen wir überall diese »Ernte«. Die Frau in der hintersten Reihe im Gottesdienst ist plötzlich nicht mehr die nervige, die immer was von mir will, wenn es mir am wenigsten passt. Sie ist eine Geliebte Gottes, nach seinem Ebenbild geschaffen, kostbar und von ihm geschätzt. Ihr Schicksal bewegt mich. Ich verleihe ihr die gleiche Würde, die Gott ihr verleiht, der sein Leben für sie gegeben hat. Mein Nachbar ist kein Bekehrungsobjekt, keine potenzielle Trophäe, die ich mit in die Gemeinde schleppe als Beweis meines missionarischen Eifers, sondern ein von Gott geliebter Mensch.

Mit dieser Haltung der Liebe und der Sorge um Menschen werden wir aufgefordert: »*Geh hinaus auf die Wege und an die Zäune und nötige sie, hereinzukommen, dass mein Haus voll werde!*« *(Lukas 14,23)*.

Diese Worte sind ein Befehl. Kein höflicher Vorschlag für jene, die ein missionarisches Talent haben und ihr Leben so weit geordnet haben, dass sie endlich Zeit haben, sich für andere Menschen einzusetzen. Jesus sieht seine Mitmenschen als verlorene, verirrte Schafe, die er nach Hause führen will. Er lässt sich vom äußeren Schein nicht beeindrucken. Ein erfolgreicher Nikodemus, Teil der geistlichen Oberschicht seiner Zeit, braucht die gute Nachricht genauso wie der Schwerverbrecher, der neben Jesus am Kreuz hängt.

Das Evangelium ist nicht ein alternativer Lebensentwurf, der mit anderen Lebensentwürfen um die Gunst der Kunden konkurriert. Auch nicht ein müßiger Spaziergang auf dem religiösen Markt der Möglichkeiten. Wir sind nicht Verkäufer einer Ware, deren Qualität wir überzeugend präsentieren müssen. Das Evangelium ist die Verkündigung einer guten Nachricht. Der Getröstete tröstet andere. Der Begnadigte erweist anderen Gnade. Der Beschenkte beschenkt seine Mitmenschen. Wir sind Wegweiser, nicht Diplomaten, und wir müssen uns nicht für den Weg, auf den wir hinweisen, entschuldigen.

Der Ruf in die Welt hinein

Das Haus des Vaters gemäß dem Befehl Jesu zu füllen, ist nicht Sache der richtigen Techniken, Methoden, Ressourcen oder rhetorischen Künste. Die Verkündigung des Evangeliums ist etwas, was wir sind. Es ist ein Lebensstil.

Momente der explosiven Freude gehören dazu. Manchmal sind wir wie die Hirten, die nach ihrer Begegnung mit dem neugeborenen Christus voller Freude Gott lobten »*für alles, was sie gehört und gesehen hatten, wie es ihnen gesagt worden war*« *(Lukas 2,19)*. Oder wie die Samariterin – sie ließ ihren Wasserkrug stehen, »*lief in die Stadt und rief allen Leuten zu:* ›*Kommt mit! Ich habe einen Mann getroffen ... Vielleicht ist er der Messias!*‹« *(Johannes 4,28-29;* HFA*)*. Oder wie die Jünger nach dem ersten Pfingsten, die die Nachricht der Auferstehung Jesu nicht für sich behalten konnten.

Als Schriftstellerin erlebe ich solche Momente hin und wieder, während ich schreibe: tiefe Freude, die nur eine Begegnung mit dem Himmel geben kann, das Verlangen danach, Worte dafür zu finden, die die Herzen von meinen Mitmenschen bewegen und ihnen helfen, diesem lebendigen Gott, der mein Leben verwandelt hat, ebenso zu begegnen. So wie der Verfasser von Psalm 45,2:

Bewegt ist mein Herz von gutem Wort. Sagen will ich meine Gedichte dem König! Meine Zunge sei wie der Griffel eines geschickten Schreibers!

Jeder Nachfolgerin, jedem Nachfolger Jesu sind Werkzeuge in die Hand gedrückt worden, mit denen sie diese Nachricht verbreiten und andere Menschen für Jesus gewinnen können. So werden wir, die wir einst Einsame waren, zu denen, die andere aus ihrer Einsamkeit herausrufen und ins Haus des Herrn einladen. Ab dem Augenblick geht es nicht mehr um uns. Unsere Einsamkeit, unsere gefühlte Entwurzelung sind kein Thema mehr. Das Kopfkino, das alte Verletzungen und Enttäuschungen immer wieder hervorholt, hat ausgedient.

Es ist uns auf einmal wichtiger, wie Gottes Empfindungen sind – wie es ihm geht, wenn er auf diese Welt blickt. Dieser Gedanke bewegt uns, bringt uns in Verlegenheit, belastet uns. Eigene Lasten und Klagen sind auf einmal langweilig. Überflüssig. Wir stehen in den Startlöchern, um etwas zu bewegen. Wir erkennen, wie einmalig unser Leben ist, wie unersetzlich unsere Chancen, einen Unterschied zu machen. Wir müssen nicht warten, bis unser Leben in geordneten Bahnen verläuft. Wenn Gebet von diesem Grundton geprägt ist, werden Gebetstreffen zu den spannendsten Terminen auf dem Gemeindeprogramm.

Unser Gehorsam, in die Welt hinauszugehen und das Evangelium zu predigen, ist Teil unserer Wiederherstellung. Die Zentrale unseres Denkens und Handelns ist damit verschoben – von den eigenen Bedürfnissen hin zu Gott und seinen Bedürfnissen. Manchmal ist es eine tägliche Entscheidung. Nachfolge muss geübt werden. Das Kreuz müssen wir täglich auf uns nehmen.

Die Praxis

Gott aber sei Dank, der ... den Geruch seiner Erkenntnis an jedem Ort durch uns offenbart! Denn wir sind ein Wohl-

geruch Christi für Gott unter denen, die gerettet werden, und unter denen, die verloren gehen.

2. KORINTHER 2,14-15

Wir sind ein Wohlgeruch, so schreibt Paulus. An welchem Ort wäre es besser, anzufangen, als in den unzähligen kleinen Begegnungen des Alltags, in denen wir die Möglichkeit haben, anderen Menschen zu dienen, sie aufzurichten und zu ermutigen? Die Kultur des Vaterhauses mitzunehmen überall, wohin wir gehen? Allein der Versuch reicht, um ein Leben auf den Kopf zu stellen. »Heiligung ist höchste Konzentration auf Gottes Sicht der Dinge«, sagte einmal Oswald Chambers. »Es bedeutet, jede Kraft von Körper, Seele und Geist zu fesseln und sie allein Gottes Zwecken zur Verfügung zu stellen.«[38]

Die ersten Menschen, die von den Auswirkungen unserer Liebe zu Gott profitieren sollen, sind laut der Bibel die, die uns am nächsten stehen. Familie und Kirche waren als Schaumaterial gedacht. Sie sind das Klassenzimmer, in dem das Experiment Zugehörigkeit gelernt, geübt und der Welt als Modell für ein gelingendes Miteinander präsentiert wird.

Mit einer Nachricht auf den Lippen, die uns aus unserer Einsamkeit herausgelockt hat, und der Liebe Gottes im Herzen, die stark und widerstandsfähig macht, werfen wir unser Leben in die Arena der menschlichen Beziehungen. Behutsam, weise, aber ohne Risiken zu scheuen. Eine Seele, die nicht mehr für sich selbst lebt, hat nichts mehr zu fürchten.

10. Die Sache mit der Nächstenliebe – Probe für das Paradies

The more contact I have to people,
the more I appreciate my dog.

Je mehr ich mit Menschen zu tun habe,
desto mehr schätze ich meinen Hund.

Schild in einem Gasthof in Bed Gellert, Wales

Nächstenliebe von Jesus erklärt

Wenn Menschen Gottes Hauptprojekt sind und es unsere Aufgabe ist, sie für Gott zu gewinnen und dafür zu sorgen, dass sie gute Gründe haben, nach ihm zu suchen, wo fangen wir an?

Einer von Jesu aufmerksameren Zuhörern stellt genau diese Frage. Ursprünglich kommt er mit einer ganz anderen Frage. Er will wissen, was er tun muss, um ewiges Leben zu haben. Doch Jesus dreht die Frage um: »Sag doch selbst, was du tun musst.« Der Mann ist Jurist, gebildet und rhetorisch gewandt, und zitiert flüssig und fehlerfrei die zwei Hauptforderungen der Thora:

Du sollst den Herrn, deinen Gott, lieben aus deinem ganzen Herzen und mit deiner ganzen Seele und mit deiner ganzen Kraft und mit deinem ganzen Verstand und deinen Nächsten wie dich selbst.

Lukas 10,27

Jesus antwortet knapp und mit einer kaum verdeckten Ironie in seinen Worten: »*Tu dies, und du wirst leben*« *(Vers 28)*. Mit anderen Worten: »Du hast deine Frage selbst beantwortet.« Implizit schwingt der Gedanke mit: »Bisher tust du das nicht.«

Der Jurist tappt in die Falle und platzt mit genau der Frage heraus, die Jesus hören will: »Wer ist mein Nächster?« Vermutlich klingt die Frage leicht irritiert, schließlich ist der Mann es gewohnt, in einer Debatte immer das letzte Wort zu haben. Hier hat Jesus das letzte Wort. Seine Mitmenschen so zu lieben wie sich selbst, das ist ein unbestreitbarer, skandalöser Bestandteil eines gottesfürchtigen Lebens. Das weiß der Jurist. Aber er ist unmöglich zu erfüllen. Ich kann doch nicht die ganze Welt lieben – und schon gar nicht wie mich selbst!

Die Zuhörer sind nach diesem Vorspann ganz Ohr. Damit ist die Bühne frei für eine der unvergesslichsten Erzählungen von Jesus: Der barmherzige Samariter.

Ein Reisender gerät in die Hände einer gewalttätigen Räuberschar und wird ausgeplündert, zusammengeschlagen und am Wegrand liegen gelassen. Zwei hohe Kirchenfunktionäre, vermutlich von einer bewaffneten Garde und von Dienstboten umringt, wechseln schnell die Straßenseite, schauen in die andere Richtung und eilen an dem schwer Verwundeten vorbei. Ein Priester und ein Levit, Berufe, die ursprünglich wenig mit professioneller Religion zu tun hatten. Eigentlich sind sie geistliche Hirten. Vermittler zwischen Mensch und Gott, kein kirchlicher Hochadel. Sich um den verletzten Mann zu kümmern, wäre ihr Job gewesen. Ausreden gibt es viele. Nicht genug Zeit, nicht genug Geld, es gibt Wichtigeres, der Mann ist sowieso fast tot. Bringt alles nichts.

Dann kreuzt ein Samariter auf. Die Zuhörer zucken zusammen. Die Samariter sind alles Mögliche für die Juden – Verstoßene, Unerwünschte, Unterlegene, Außenseiter, Kriminelle –, nur nicht Helden. Ein nicht koscheres Mischvolk mit dubiosen theologischen Ansichten und schrägen Traditionen. Schon bei der ersten Erwähnung dieses Mannes spitzen sicher alle die Ohren und reiben sich die Hände in Vorfreude auf das Missgeschick, das ihm widerfahren muss, die Blamage, die er ganz bestimmt verursachen wird, oder den zusätzlichen Schaden, den er dem armen Opfer zufügen könnte. Dieser Mann muss einfach der Bösewicht der Geschichte sein, sind die Samariter doch dafür bekannt, dass sie Juden angreifen, die zu Tempelfesten in Jerusalem unterwegs sind.

Es kommt aber ganz anders als erwartet. Der Reisende, dessen Volk normalerweise von den Juden nichts hält und im Gegenzug auch von ihnen gehasst wird, zögert keinen Augenblick, eilt zu Hilfe und gibt unter Lebensgefahr alles, was er hat, ohne vorher Rechnungen anzustellen. Er verbindet Wunden, teilt Wasser und Brot, hievt den Verletzten auf seinen Esel, bezahlt seine Unterkunft im Gasthaus, sorgt auch für seine weitere Pflege.

Vermutlich fällt den Zuhörern die Kinnlade runter, während die Handlung sich entfaltet. Ausgerechnet dieser Samariter ist der Held, obwohl er aus ihrer Sicht keinerlei Qualifikationen besitzt, um ein Held zu sein. Ein Verstoßener rettet dem anderen Verstoßenen das Leben! Wer Jesus kennt, hätte es ahnen können. Jesus ist ein Meister darin, mit den Vorurteilen seines Publikums zu spielen und überraschende Wendungen in seine Geschichten einzubauen.

Es ist genau die Antwort, die der Jurist nicht hören will. Wahre Nächstenliebe hat mit den Spielregeln zu tun, nach denen ich lebe, nicht mit den Bibelstellen, die ich auswendig kann, auch nicht mit den Informationen, die in meinem Ausweis stehen, nicht mit meinen theologischen Vorlieben oder der gesellschaftlichen Schicht, der ich angehöre. Das Evangelium drückt sich in einer einzigen Sprache aus: in handfesten Taten. Nächstenliebe ist ein opferbereiter Einsatz, ohne Ansehen der Person. Sie ist eine Grundeinstellung. Und, ja, die ganze Welt soll ich so lieben. Der Liebende verschenkt sich, weil es in seiner Natur steckt, dies zu tun. Weil er nicht anders kann. Weil er die Liebe Gottes in sich trägt. Weil Golgatha in seiner DNA gespeichert ist.

Der Mut dieses Samariters darf nicht unterschätzt werden. Das Opfer lebt noch, die Wunden sind frisch. Nicht ohne Grund haben die Profi-Helfer sich blitzschnell aus dem Staub gemacht. Die Angreifer sind nicht weit entfernt und könnten jederzeit wieder zuschlagen.

Die Identität des Opfers wird von Jesus nicht verraten. Seine Nationalität spielt keine Rolle, wenn es darum geht, zu helfen. Dennoch werden die jüdischen Zuhörer am ehesten auf einen jüdischen Mitbürger getippt haben, unterwegs nach Hause von einem Tempelbesuch in Jerusalem.

Damit sorgt Jesus für einen unausgesprochenen Identifikationsfaktor. Der jüdische Zuhörer ist gezwungen, mitzufühlen. Es hätte auch ihn treffen können. Es kann jeden erwischen. Damit sind Gefühle vorprogrammiert. Die Forderung der Nächstenliebe? Ein Muss – erst recht, wenn ich der Empfänger, der Bedürftige sein könnte, der plötzlich auf der Schattenseite des Lebens gelandet ist. Nächstenliebe ist nur dann ein Problem, wenn ich der Schenkende sein soll.

Unterschwellig schwingt das mit, was Jesus bereits getan hat und noch für die Menschen tun wird: Der Samariter ist ein Sinnbild für die verschwenderische Großzügigkeit Gottes, der Helfer, der sich lieber selbst in die Schusslinie begibt, als einen anderen sterben zu sehen. Gott, wie wir ihn kennen. Suchend, helfend, heilend. Für einen Fremden, der am Straßenrand liegt, der ihm nichts zurückgeben kann. Auch zukünftige Rechnungen sollen vom Konto des Samariters abgebucht werden. Auch dieses Verhaltensmuster kennen wir. Gott, der Verirrten ein Dach über dem Kopf gibt, Sicherheit, Halt, auch für die Zukunft.

Wir sind alle Protagonisten in diesem Geschehen. Wir sind alle der ausgeplünderte Reisende, der am Wegrand verblutet, angewiesen auf die Fürsorge des Helfers, der seine Pläne über den Haufen wirft, um Wunden zu verbinden und uns aus der Gefahrenzone herauszuholen.

Wie ich will, dass andere mir tun, soll ich ihnen tun. Logisch.

Die Goldene Regel. Heißt das, ich helfe nur in der Hoffnung, selbst Hilfe zu bekommen? Mag sein, dass unlautere Motive mitspielen. Aber wenn Jesus wirklich mein Vorbild ist, stehen die Chancen gut, dass ich irgendwann aus echter Liebe und Fürsorge helfe. Nicht nur weil Jesus mich immer wieder daran erinnert, dass meine Selbstsucht irgendwann auf meinen eigenen Kopf zurückfallen wird. Er macht Geschmack auf einen Lebensstil, der eine direkte Kopie seines eigenen Lebensstils ist: »*Geh hin und handle du ebenso!*« *(Lukas 10,37).*

Die Bibel hat einen Namen für die Menschen, die sich diesem Mandat unterstellen: Kirche.

Und das soll Gottes Lösung sein?

Auf dem Papier klingt die Idee wie ein Geniestreich. Das Gleichnis des barmherzigen Samariters im Großformat. Gottes fremdbesetzte Welt wird von seinem Bodenpersonal infiltriert und die Rückeroberung über Jahrhunderte hinweg geplant und vorbereitet. Zu einer fest ausgemachten Zeit erscheint er selbst, lebt seinen Freunden die Spielregel des verlorenen Paradieses drei Jahre lang intensiv vor, haucht ihnen seine Kraft und seinen Geist ein und sendet sie aus, um die ganze Welt mit seinem Einfluss zu erfüllen, Verwundete zu heilen, Waisenkindern ein Heim zu geben, die Vergebung der Sünden und die Versöhnung mit Gott in aller Welt zu verkündigen. Er erinnert sie an die Basisregel für ihre Aufgabe: »*Daran werden alle erkennen, dass ihr meine Jünger seid, wenn ihr Liebe untereinander habt*« *(Johannes 13,35).*

Am Miteinander der Christen sollte die Beziehung zu Gott und die Versöhnung mit den Mitmenschen schmackhaft gemacht werden. Orientierungslose Menschen würden daraufhin die Türen der Kirchen stürmen, um dieses unwiderstehliche Miteinander zu teilen, sich der Familie Gottes anzuschließen, Jesus nachzufolgen und wiederum andere für seine Familie zu gewinnen. Geheilte und zurückgekehrte Familienmitglieder sollten andere anstecken. Das Reich Gottes nimmt Form und Gestalt an und füllt die Welt. Gottes Familie: der Übungsplatz für geheilte Beziehungen. Die Tyrannei der »Ich-AG« wird durchbrochen, das »Ich« in unserem Leben durch das »Du« ersetzt. Die Einladung Gottes bekommt Hände und Füße in einer Gemeinschaft von Menschen, die sich mit Herzblut umeinander kümmern. Die Leitlinie für alles Denken und Handeln: *»Gebt, und es wird euch gegeben werden« (Lukas 6,38)*.

So der Traum.

Pleiten, Pech und Pannen im Haus des Herrn

Sonntagmorgen in der Kirche. Die Wirklichkeit schlägt wieder zu. Nicht gerade das, was Gott sich vorgestellt hat. Die Endlosschleife der Unzufriedenen. »Ich werde nicht beachtet, mein Anliegen wird nicht ernst genommen, der Pastor hat mich nicht begrüßt, das Schlagzeug ist zu laut, die Predigt zu lang, der Kaffee zu kalt, der Orgel zu langweilig, in den anderen Gemeinden ist alles viel besser, auf dem Kongress war der Lobpreis moderner ...« Die gehetzten Blicke der paar fleißigen Mitarbeiter, auf denen die ganze Arbeit lastet. Die eigene Lustlosigkeit. Warum tue ich mir das an? Warum kann ich nicht auch einmal ausschlafen, schwänzen, anderen die Arbeit überlassen?

Während die Experten auf dem einen oder anderen Punkt herumhacken, den der Prediger letzten Sonntag genannt hat, steht der Gast, der sich in den Saal verirrt hat, verlegen und einsam in der Nähe der Tür und weiß nicht, wo er sich hinsetzen soll, ob er überhaupt bleiben soll, ob er seine Kinder irgendwo hinbringen kann, wo die Toilette ist, was das hier soll. Ihm ist egal, ob der Prediger letzte Woche alles theologisch korrekt formuliert hat oder nicht. Er würde vielleicht wiederkommen, wenn sich jemand um ihn kümmern würde.

Die einen wollen Kirche mit raffinierten Tricks genau jener Welt anpassen, von der sie sich unterscheiden soll. Andere versuchen verbissen, diejenigen auf Linie zu trimmen, die das Regelbuch nicht genügend studiert haben. Dabei gehen ausgerechnet diejenigen unter, für die Kirche existiert: die Kirchenfernen.

Das alles soll Gottes Antwort auf menschliche Einsamkeit sein? Das Zuhause, das er den Einsamen gibt, die Familie, in die er die Gestrandeten dieser Welt hineinsetzen möchte, damit sie heil werden? Ich erröte manchmal vor Scham, wenn ich daran denke, wie wenig mein Herz für das schlägt, was Gottes Herz bewegt. Wie viel mehr mich beschäftigt, wie der Gottesdienst gelaufen ist, was Menschen denken und sagen, als das, was Gott von mir will. Wir können von Glück reden, dass verfolgte Christen in anderen Ländern, die aufgrund ihres Glaubens im Gefängnis sitzen, mitleidsvoll an uns denken und für uns beten. Wir können ihre Gebete brauchen!

Gott ist aber ein Realist. Die Geschichten, mit denen Jesus seine Zuhörer zum Kichern bringt, sind ein regelrechtes Schaulaufen von Geretteten, die sich nicht wie Gerettete verhalten, und von Nichtgeretteten, die keine Notwendigkeit einer Rettung sehen. Unsere Welt ist in allen Facetten in diesen Erzählungen wiederzuerkennen. Ein bockiger Teenager, der bei der Apfelernte nicht helfen will, aber sich letztlich doch zur Arbeit schleppt. Sein Bruder, der sich sofort scheinheilig zum Dienst meldet, sich aber davonschleicht, weil er müde ist. Eingeladene Gäste, die Ausreden finden, um zum Fest nicht zu erscheinen. Mitarbeiter, die müde und frustriert das Handtuch werfen. Gebetsexperten, die ihre überlegene Geistlichkeit gern zur Schau stellen, damit andere ein schlechtes Gewissen haben.[39] Heuchler als Bösewichte in fast jeder Predigt.

Es »menschelt« ganz gewaltig in den Erzählungen von Jesus. Mal lustig, mal skandalös, immer lehrreich für die, die ehrlich genug sind, um sich selbst in seinen Karikaturen wiederzuerkennen und sich die Ermahnungen zu Herzen zu nehmen. Jesus macht klar: Nachfolge ist ein Weg, den wir gehen, ein Christ per Definition eine Baustelle. Eine Mappe, die voll ist mit To-do-Listen, die beschreiben, was noch alles zu erledigen ist.

Kirche: Zielscheibe der Hölle

Der Adam und die Eva in uns stellen auch nach unserer Rettung ihre Ansprüche, christlich sozialisierte, fromm übertünchte Ansprüche. Es bleibt ein Kampf. Als Jesus zu Petrus sagte: »*Auf diesem Felsen werde ich meine Gemeinde bauen, und des Hades Pforten werden sie nicht überwältigen*« *(Matthäus 16,18)*, beauftragte er die Kirche mit einer zentralen Rolle in seinem Heilsplan. Kein Wunder, dass feindliche Mächte rund um die Uhr damit beschäftigt sind, Nachfolger Jesu von ihren Mitchristen zu trennen.

Ihre Trickkiste ist voll. Die Gründe, Gemeinschaft mit anderen Christen zu vermeiden, klingen immer plausibel und sind immer zahlreich. Zu viel Stress im Beruf, Verletzungen, Ansprüche der Familie, fehlende Zeit, Müdigkeit. »Ich gehöre doch zum unsichtbaren weltweiten Leib Christi, ich brauche die Geschwister nicht«, »Ich höre nur auf den Heiligen Geist«, »Ich bin gemeindegeschädigt«, »Ich habe bei Christen zu viel Schlechtes erlebt« – nachvollziehbare Ausweichmanöver. Und dennoch kennt die Bibel keine Solochristen. Ein Christ ist ein Mensch in Gemeinschaft.

Unsere Seele will ihre Ruhe haben und zerrt uns immer wieder weg von der lästigen Gemeinschaft mit den anderen, vor allem wenn Missverständnisse entstehen oder die Sache zu sehr nach Arbeit aussieht. Aber auch in unserem Miteinander mit anderen Christen müssen wir Gott unsere Erlaubnis geben, den Ton anzugeben. Stolpern, hinfallen, aufstehen, Fehler machen, daraus lernen, weitermachen. Sich daran erinnern, dass nicht immer die anderen das Problem sind. Gegen den Missmut im eigenen

Herzen angehen. Klar, dass Menschen, die diesen Weg gemeinsam gehen, sich in die Haare kriegen, voneinander empört sind, die Fetzen fliegen lassen, sich aneinander reiben, sich gegenseitig ertragen, erdulden, verzeihen müssen.

Kirche ist unser Übungsplatz. Der Ort, an dem Nächstenliebe praktisch gemacht wird. Dort werde ich daran erinnert, wie sehr ich auf die rettende Hilfe Gottes angewiesen bin. Und wie sehr ich ein Werkzeug dieser Rettung für andere sein darf. Ich lerne, den anderen vorzuziehen. Ich brauche die Geschwister, gerade weil sie mir manchmal alles andere als sympathisch sind. Nicht, um mein Ego zu streicheln, sondern um zu verhindern, dass *ich* mein Ego streichele.

Das ist der Grund, warum ich keinen Gottesdienst in meiner Gemeinde vermissen will. Nicht weil es mir etwas bringt, sondern weil es mir etwas abverlangt. Die Abläufe sind manchmal unbeholfen, schlecht vorbereitet. Es gibt Rechtschreibfehler in den Liedtexten, die auf die Leinwand geworfen werden. Manchmal sehne ich mich nach den alten Chorälen, schön altmodisch aus dem Gesangbuch gesungen. Die eine oder andere Predigt bringt mir für meine persönliche Situation nichts. Ein Kind schreit und lenkt ab. Es ist eine Umgebung, in der Dinge schieflaufen, andere Menschen mich in Verlegenheit bringen, ich andere in Verlegenheit bringe. Wir enttäuschen uns gegenseitig, hier und da lässt einer den anderen im Stich.

In solchen Momenten erinnere ich mich daran, dass nicht das perfekte Programm eine gute Gemeinde ausmacht, sondern dass Kirche eine Gemeinschaft ist, in der Gnade und Vergebung herrschen, in der Fehler gemacht werden dürfen, Neuanfänge zu jeder Zeit möglich sind. Ich will in erster Linie nicht unterhalten, sondern verändert werden. Die Gemeinde bringt mir was, nicht weil sie perfekt ist, sondern gerade, weil sie nicht perfekt ist.

Es gibt keine perfekte Gemeinde – Gott sei Dank

»Tja, jede Gemeinde hat ihre Schwächen«, sagte neulich eine Bekannte, die sich für unsere Gemeinde entschieden hatte, weil es für sie keine Alternative zu geben schien. Die Überlegenheit in ihrer Stimme ärgerte mich. Ich ließ mich auf keine Diskussion ein. Sie wird schnell genug erleben, dass auch diese Gemeinde ihre Schwächen hat. Gott sei Dank. Erst recht, seitdem ich da bin. Ich bin froh, dass keine Gemeinde perfekt ist. Wenn es die perfekte gäbe oder eine, die dies von sich behaupten würde, würde ich jedem davon abraten, dort hinzugehen. So eine Gemeinde hätte vermutlich das Evangelium nicht verstanden.

Nach dem Gespräch schrieb ich einige Gründe auf, warum ich das enge Miteinander mit meinen Mitchristen unbedingt brauche. Als Alleingängerin habe ich keinen Spiegel mehr vor mir. Ich komme schnell auf die gefährliche Idee, dass ich in Ordnung bin, nichts an meinem Verhalten ändern muss.»Komisch, welche seltsamen Dinge man denkt, wenn man zu viel alleine denkt« – dieser Spruch hing über der Tür eines Seminarraums an meiner Universität. Auch die Akademiker haben erkannt, dass Gemeinschaftsdenker besser dran sind als Solodenker. Bei den Christen erst recht. Keine Selbstsucht ist so unangenehm wie fromme Selbstsucht. Manipulierende Sprüche bestickt mit Bibelversen sind die schlimmsten. Meinungsreiterei im Namen Gottes stinkt nach Heuchelei.

Christen, die den Weg miteinander gehen, schützen sich vor blinden Flecken. Meine Mitchristen bekommen es mit, wenn ich große Reden über Nächstenliebe halte, mich aber nicht in die Liste für den Frühlingsputz eintrage und andere hinter mir aufräumen lasse. Wenn ich Hilfe von anderen erwarte, aber selbst nicht mit anpacke. In ihrer Gesellschaft fällt es mir auf, dass niemand über meinen Witz gelacht hat, weil er vermutlich zu geschmacklos war. In ihrer Gesellschaft fällt mir auf, wie sie die Augen verdrehen und auf die Uhr schauen, wenn ich belehrend aufbrause, jemand anderen mit einem dummen Kommentar bloßstelle oder meine Sicht der Dinge hochnäsig weitergebe und die anderen nicht zum Zuge kommen lasse.

Ein gutes Verhalten lerne ich im dauerhaften Resonanzboden der Gemeinschaft, in den Reibflächen vertrauter Beziehungen, angefangen mit den engsten – meiner Ehe und meiner Familie. Ohne die Rückmeldungen meiner Mitchristen – verbal oder durch Körpersprache – würden mir meine nervigen Gewohnheiten gar nicht auffallen. Manchmal wollen sie mir selbst dann nicht auffallen, wenn ich darauf aufmerksam gemacht werde. Der Dickkopf ist der letzte Körperteil, der sich unter die Herrschaft Gottes beugt. Er hinkt auf peinliche Weise hinter der Rhetorik her. Ich vermute, wir sind dann am heiligsten, wenn wir am geknicktesten sind und mit der Kritik unserer Mitmenschen klarkommen müssen. Herrlichkeit lagert dort, wo sich die Lage am wenigsten herrlich anfühlt.

Genau das ist das Thema des weisen Königs Salomo in seinem »Knigge für Fromme« mitten in der Bibel, dem Buch der Sprüche. Wer klug ist, schreibt er, lässt nicht nur Korrektur über sich ergehen, sondern sucht aktiv danach:

> *Mein Sohn, höre auf mich und befolge meine Ratschläge! Nimm dir die Lebensweisheiten zu Herzen, die ich dir weitergebe, achte genau auf sie und werde klug! Ringe um Verstand und Urteilskraft, suche danach voller Eifer wie nach einem wertvollen Schatz! Dann wirst du den Herrn immer besser kennenlernen und Ehrfurcht vor ihm haben.*
>
> Sprüche 2,1-5; HFA

Heute könnte das bedeuten, dass wir den Mut haben, einen guten Freund oder eine vertrauenswürdige Freundin zu fragen: »Sag mal, siehst du Dinge in meinem Leben, die mich abstoßend machen? Kannst du mir helfen, verlässlicher und netter zu werden? Meine Schwächen aufdecken, damit meine Mitmenschen gern mit mir zusammen sind? Ich gebe dir grünes Licht, mir alles zu sagen, was wichtig sein könnte und was ich selbst nicht sehe!«

Der amerikanische Blogger und Unternehmer Dale Partridge schreibt:

> *Unabhängigkeit ist nicht der Weg zur Freiheit, sondern zur Versklavung. Autonomie ist nicht der Weg zu Schmerzlosigkeit, sondern zu einem schweigsamen Leiden. Wer keine tief greifende Rechenschaft in seinem Leben hat, hat auch keine Gemeinschaft.*[40]

Die Epidemie der Gemeindegeschädigten

Manche Christen, die ich kenne, sind wirklich gemeindegeschädigt. Haben sich aus kultähnlichen Albträumen befreit, in denen ein geistlicher Leiter auf eigenmächtige schiefe Bahnen geraten ist und seine Schafe nicht mehr geweidet, sondern missbraucht hat.

Andere verkünden mit einem gewissen Stolz in der Stimme: »Ich bin gemeindegeschädigt«, als ob dies ein Qualitätssiegel sei. Da muss ich zunächst kurz schlucken. Eigentlich sind wir alle nicht nur gemeindegeschädigt, sondern auch lebensgeschädigt, menschengeschädigt, familiengeschädigt. Solange wir das erkennen und uns als hilfsbedürftig sehen, kommen wir gut miteinander klar. Wir können sogar ein wenig über uns selbst lachen. Die Gemeinde Gottes ist ein Verein der Geschädigten, nicht der Überflieger. Kranke, die wissen, dass sie einen Arzt brauchen, Bettler, die wissen, dass sie Glück haben, Nahrung gefunden zu haben, und einander wieder auf die Beine helfen wollen.

In dem Moment, in dem jemand auf den irrsinnigen Gedanken kommt, dass er den anderen überlegen ist und dass er Rechte geltend machen kann, sitzt die Schlange wieder unter dem Baum im Paradies. Unsere bleibende Abhängigkeit von der

Gnade Gottes ist die einzige Chance, die wir langfristig haben, um beziehungsfähig zu sein.

Dieses Bewusstsein ist nicht mit einem Bekehrungserlebnis abgehakt. Es muss unsere Grundeinstellung bleiben. Ohne es lernen wir die Gnade Gottes als Lebensquelle nicht kennen. Ohne es führen wir das alte Spiel von Adam und Eva weiter, zeigen mit dem Finger immer auf die anderen. Wir optimieren fleißig die Stärken, mit denen wir punkten können, anstatt an den Schwächen zu arbeiten, mit denen wir anderen das Leben schwer machen.

Durch das Vorbild Jesu vor Augen und das Wirken des Heiligen Geistes werden unsere inneren Augen nach und nach für die Menschen geöffnet, die wie der Pechvogel im Gleichnis vom barmherzigen Samariter überall an den Straßenrändern liegen. Vielleicht ist die Situation bei ihnen nicht so dramatisch. Mag sein, dass vielen in unserer Wohlstandsgesellschaft gar nicht bewusst ist, wie aussichtslos ihre Situation in diesem Leben und darüber hinaus ohne Gott ist.

Umso eifriger beten wir um die Augen und das Herz des Samariters. Wollen bereit sein, alles stehen und liegen zu lassen, wenn jemand Hilfe braucht. Egal, wer diese Person ist. Signalisieren in den Kleinigkeiten, dass unser Leben dem Auftrag Gottes gewidmet ist. Ein freundliches Wort. Ein Mut machender Gruß. Nachhaken. Einen Kuchen backen, eine Mahlzeit vorbeibringen, wenn jemand krank ist. Die Wörter »danke schön« und »bitte« großzügig in unsere Sprache hineinstreuen. Anerkennung und Lob für Menschen zum Ausdruck bringen, die Kaffeetassen spülen und Böden wischen. Ein Lächeln, ein Geschenk. Großzügige Spenden in die Kollekte einlegen. Eine Ausstrahlung, die vermittelt: »Du bist wichtig.« Freundlich bleiben, auch wenn andere unfreundlich sind. Der Christ, der so lebt, wird vermutlich kaum einsam sein.

Ein gemeinsamer Lebensweg spart außerdem eine Menge Stress. Systeme sind es, die Müdigkeit erzeugen. Atmosphären, wenn sie fröhlich sind, sind dagegen belebend und stärkend.

Wir westlichen Christen sind Sklaven der Methodik, Fachleute in Abläufen, Strategien, Handzetteln, PowerPoint-Präsentationen, sauberen Bühnendarstellungen, Häkchen auf Listen, Erfolgsstorys, Protokollen, Marketing, Feedbackbogen, Trends. Die Erlebniskirche lässt grüßen. Dies und jenes muss man haben oder tun oder besuchen, um Gott richtig zu erleben. Hat auch sein Gutes. Langweilige und schlampig vorbereitete Gottesdienste im Auftrag des Königs sind keine Tugend. Es ist gut, wenn wir etwas bieten wollen. Eine Gemeinde, die missionarisch unterwegs ist und die Gesellschaft prägen möchte, präsentiert sich einladend und attraktiv.

Dennoch bleiben Äußerlichkeiten nur Hilfsmittel. Sobald sie zur Messlatte für Erfolg werden, bringen sie strebsame Arbeitschristen hervor, die vor lauter Produktivität vergessen, wozu sie hier sind: um Menschen zu lieben. Sich an ihnen zu freuen. Sie als Geschenk zu sehen. Sie nicht als Pflicht und Arbeit zu sehen, sondern als Familie, die man um sich haben möchte. Gemeinde darf nicht ein Arbeitsplatz unter vielen werden, sondern soll eine Nahrungsstation sein. Die Qualitätsmerkmale eines geistlichen Leiters sind nicht die Kompetenzen, mit denen er ein Publikum für zwei Stunden in seinem Bann halten kann, sondern seine Fähigkeit, eine Lebensgemeinschaft zu gestalten und zu führen, mitten in der Routine des Alltags, fernab der Kanzeln und Bühnen. Der Leib Christi braucht in erster Linie Familienväter und -mütter, nicht Strategen, Geschäftsleute und Entertainer.

Gemeindeeinsatz in Feststimmung

Riesige Umbauarbeiten standen in unserer Gemeinde an. Die Decke im Versammlungssaal musste abgerissen werden, um die Raumhöhe zu vergrößern und den Luftdurchzug bei großen Versammlungen zu verbessern. Die gesamte marode Elektrik im Saal musste rückgebaut und neu verlegt werden, jede Leitung, jede

Lampe, jede Steckdose, inklusive der gesamten Licht- und Soundtechnik. Der Brandschutz musste sichergestellt und eine neue Steuerung eingebaut und programmiert werden. Am Ende sollte alles verputzt und gestrichen werden, ganze 600 Quadratmeter. Und das alles in Eigenarbeit. Welche Gemeinde hat schon die Finanzen, um Handwerker für einen solchen Kraftakt zu bezahlen?

Eile war geboten, denn der Saal würde damit ein paar Sonntage unbenutzbar werden und die Aussicht auf Gottesdienste unten im Kellergeschoss war nicht gerade prickelnd. Ein Bauprojekt, das jeder Gemeindeleitung Kopfschmerzen bereiten würde. Wie motiviert man urlaubsreife Mitglieder, ihre geschätzten freien Tage und Feierabende mitten in Wolken von Staub in der Gemeinde zu verbringen, ohne dass nachher ein kollektives Burnout um sich greift? Wie bekommt man die notwendigen Spezialisten dazu, selbst tagelang auf der Baustelle anzupacken? Wie würdigt man die fleißigen Freiwilligen, ohne dem Rest für seine Nicht-Beteiligung ein schlechtes Gewissen zu machen?

Tobias, unser Bauleiter, nahm das Projekt in die Hand. Er ist ein Normalbürger wie wir alle, gefordert an allen Fronten: junge Kinder, alte Eltern, anspruchsvoller Beruf. Wenn einer seine Weihnachtsferien zu schätzen weiß, dann Tobias. Er hat aber die seltene Gabe, schweißtreibende Arbeitseinsätze als Partyerlebnis zu verkaufen. Als Erstes überzeugte er seine Frau, ein Familienprojekt aus der Sache zu machen, dann teilte er allen mit, dass niemand es ihm gleichtun müsse und er im Zweifel mit einem der Ältesten im Zweierteam bauen würde, irgendwie würde man es hinkriegen.

Als sich langsam die Liste der Freiwilligen füllte und klar wurde, dass die gesamte Gemeinde sich in wechselnder Besetzung täglich auf der Baustelle treffen würde, sorgte er durch Pausen mit Mittagessen sowie Kaffee und Kuchen, Leckerbissen und Gourmetmenüs von den besten Köchen/Köchinnen und Bäcker/-innen der Gemeinde für Eventcharakter. Jede Nacht sandte er die besten Bilder vom Tag als E-Mail. Mit der Zeit hatte man das Gefühl, etwas Einmaliges zu verpassen, wenn man nicht dabei war. Vor allem die Jugendlichen bissen an, kreuzten in großen Zahlen in Arbeitskitteln auf und schufteten um die Wette. Tobias sorgte für Stimmung. Es war Arbeit, die sich nicht wie Arbeit anfühlte. Jeder wusste sich geschätzt und erwünscht.

Ich lernte etwas von Tobias. Etwas, was ich immer wieder neu lerne. Ich will meinen Geschmack für die Basisarbeit der Gemeinde nie verlieren, mir nie zu schade sein, mit anzupacken, das Wohl dieser geistlichen Familie als wichtiges Ziel zu haben und meine Liebe für sie in die Tat umzusetzen, so wie ich kann und Kapazität habe.

»Sinnt nicht auf hohe Dinge, sondern haltet euch zu den Niedrigen; seid nicht klug bei euch selbst!« (Römer 12,16), schreibt Paulus an seine Freunde in Rom.

Der Verfasser der Sprüche warnt: *»Schnell erworbener Besitz wird schnell weniger; wer aber händeweise sammelt, vermehrt ihn« (Sprüche 13,11)*. Auf unser Leben in der Gemeinschaft angewandt bedeutet das für mich: Lieber auf die tägliche Kleinarbeit setzen als auf vielversprechende Trends, die schnellen Erfolg versprechen. Sich lieber eins zu eins mit Menschen beschäftigen, investieren und dies gern und von Herzen machen – und Mitstreiter in diesem Sinne prägen und trainieren. So eine Arbeit hat vermutlich die besten Chancen, auch nach vierzig Jahren ein gedeihendes Beispiel für gemeinsames Leben unter Gottes Regie zu sein.

Die persönliche Begegnung mit unseren Mitmenschen bleibt das Fundament für Gottes Wirken in unserer Gesellschaft. Wir wachsen nie aus ihr heraus. Wir sind nie zu wichtig, zu fortgeschritten, zu prominent, um jemandem ein freundliches »Hallo« zu sagen, um auf eine E-Mail zu antworten, uns für die Not eines anderen Zeit zu nehmen.

Manchmal müssen wir uns durch das Gestrüpp von akademischen Formeln, menschlichen Ansprüchen und geistlichen Modeerscheinungen durchkämpfen. Irgendwann stoßen wir wieder auf die einfache Aufgabe, unser Leben mit dem Leben anderer zu verbinden und einen Weg miteinander zu gehen. Manchmal muss biblisches Gemeindeleben, wie die Bibel es beschreibt, mitten im Wildwuchs der kirchlichen Landschaft fleißig gesucht werden.

Ökumene mit einem Lachgesicht

Hochzeiten stehen nicht oben auf meinem Ranking von Lieblings-Gemeindeveranstaltungen. Neugierige Blicke, Kommentare über die Musik und den Ablauf der Trauung, kritische Fragen wie »Ach was, ihr finanziert euch durch freiwillige Spenden?« bis hin zu »Nee, so eine doofe Tauftheologie?«, »Gehört ihr zu dieser oder jener Organisation?« und »Warum unterstützt ihr nicht dieses oder jenes Projekt?«.

Irgendwo unter den Schichten religiöser Politik verbirgt sich Gemeinde, wie die Bibel sie beschreibt. Am Ende einer anstrengenden Hochzeit schrieb ich einmal folgende Gedanken auf:

Nachdem die letzten Kaffeetassen gespült und die Lichter im Saal ausgeschaltet sind, setzen wir uns mit Freunden zusammen, essen Tortenreste und lassen unter herzhaftem Lachen jede skurrile Anekdote des Tages Revue passieren. Es sind Freunde, ohne die ich nicht durchs Leben gehen möchte. Unsere Kinder haben gemeinsam im Sandkasten gespielt, Abitur gemacht, ihre Hochzeiten zusammen geplant. Wir haben an schlechten Tagen miteinander geweint, an guten Tagen bis zum Seitenstechen miteinander gelacht. Und Gemeinde zusammen gebaut. Finden Gott unwiderstehlich. Lieben Jesus leidenschaftlich. Erforschen die Bibel, beten und lobpreisen, haben unsere Häuser für Jugendliche, Suchende, Einsame geöffnet und mit ihnen Gottesdienste gefeiert.

In allen möglichen Gemeinden sind wir auf ähnliche Freunde gestoßen – Leute, die das Gleiche in ihrer Gemeinde machen. Freunde, bei denen es nicht wichtig ist, ob das Vaterunser in jedem Gottesdienst gesprochen wird oder nicht, ob mit oder ohne Talar gepredigt wird, ob Liedtexte mit Beamer an die Leinwand geworfen oder aus dem Gesangbuch gesungen werden.

Ein Platz in der Familie

Gott will seine Kinder in Familien haben, die Entfremdung von Eden aufheben, die zerstreuten Kinder wieder zusammenführen und einen Ort schaffen, an dem sie aufblühen. Sein Plan hat sich nie geändert. Erfolgreiche Reich-Gottes-Arbeit hat immer mit Lebensgemeinschaft zu tun. Das Wort »einander« ist der Eckpfeiler der neutestamentlichen Vision. Auch die beeindruckendsten Höhenflüge theologischer Dogmen münden in konkrete Anweisungen für das gemeinsame Leben.

Die Euphorie der Auferstehung und der Verherrlichung des Christus bedeutet, dass »*herzliches Mitgefühl (unser) Leben bestimmen (soll), ebenso wie Güte, Bescheidenheit, Nachsicht und Geduld*« *(Kolosser 3,12;* HFA*)*. Mit der bewegenden Schilderung des Sieges Christi am Kreuz am Beginn seines Briefs an die Epheser zieht der Apostel Paulus seine Leser mit nüchternen Worten zurück in den Alltag. Auf dieser Basis ermahnt er sie später:

> *Da passt es selbstverständlich nicht mehr, sich sexuell unmoralisch zu verhalten, ausschweifend zu leben oder alles haben zu wollen. Über so etwas sollt ihr nicht einmal reden! Genauso wenig ist Platz für Beleidigungen, Sticheleien oder zweideutiges Gerede.*
>
> EPHESER 5,3-4; HFA

Für Paulus sind Theologie und Lebensstil nur im Doppelpack zu haben. Der Jünger Johannes greift den gleichen Gedanken in einem seiner Briefe auf:

Wenn jemand sagt: Ich liebe Gott, und hasst seinen Bruder, ist der ein Lügner. Denn wer seinen Bruder nicht liebt, den er gesehen hat, kann nicht Gott lieben, den er nicht gesehen hat.

1. JOHANNES 4,20

Es erscheint nur logisch, dass Jesus in der letzten Predigt vor seinem Tod für ein harmonisches Miteinander unter seinen Nachfolgern betete. Nicht für Erfolg oder für geistliche Erlebnisse. Nicht für missionarische Begabungen oder gedeihende Gemeinden und produktive Ausbildungsstätten. Auch nicht für Sponsoren und Unterstützer. Jesus betete für die Stimmung am Familientisch. Der Ort, wo deine Last meine Last ist, deine Freude meine Freude. Wenn ein Glied dort leidet, leiden alle mit. Keiner betrachtet sein Eigentum als sein gutes Recht, sondern teilt freigebig. Die Tischgemeinschaft findet in Häusern und beim Brechen des Brotes statt. Lebensbiografien verschmelzen ineinander, sie gehören zueinander, jedes Glied ist unverzichtbar, einmalig und unersetzlich.[41]

Diese Art von Einheit kostet einen hohen Preis. Sie kostet mich Privatsphäre, Zeit, Ressourcen. Ich verfüge nicht mehr über mich selbst. Biblische Ökumene heißt: laufen für die, die nicht mehr laufen können. Wachen an Sterbebetten. Familie für Einsame sein, Eltern für vernachlässigte Kinder, Begleitung für Alleinerziehende, Versorger für die Armen, Ermutiger und Tröster für Weinende. So wie Christus, so sind wir in dieser Welt (1. Johannes 4,17). Das Abendmahl ist der Ausdruck davon. Wir sind Familie, nicht Institut. Gastfreundschaft als Lebensprogramm. Gottes Filiale auf Erden. Und das ist erst der Anfang.

Im Wesen einer echten christlichen Gemeinschaft steckt die Sehnsucht, andere in den Kreis hineinzuziehen. Es gibt keinen inneren Ring. Oder vielmehr: Es gibt nur Ringe mit Eingangstüren, über denen die Worte stehen: *»Jeder, der glaubt« (Johannes 3,15)*. Das ist die einzige Eintrittsbedingung.

Wer ist mein Nächster? In der Tat, die ganze Welt. Aber beginnen darf ich bei denjenigen, mit denen ich tagtäglich zu tun habe.

Gottes Lieblingszahl: Eins

»Wie viele Mitglieder habt ihr?«, »Wie viele Helfer haben sich angemeldet?«, »Wie viele Besucher waren da?« – Wer von uns kennt nicht solche Fragen? Ich hatte früher bei solchen Fragen immer das Gefühl, zu kurz zu kommen. Und so beschloss ich eines Tages, die Schätzung von Besucherzahlen bei Versammlungen einzustellen. Wenn ich seitdem eine Frage höre, die mit »Wie viele …« beginnt, habe ich kein Problem damit, fröhlich zu erzählen: »Es waren ganze sieben aufmerksame Zuhörer«, oder: »Klein, aber unvergesslich fein.« Wenn ich bei einer Veranstaltung mit den Worten »Leider haben sich nur wenige angemeldet« begrüßt werde, gehe ich unbeschwert in den Saal hinein und trage meinen Teil dazu bei, dass die wenigen Besucher, die da sind, ihre Zeit und Mühe nicht bereuen.

Wer vorzeigbare Zahlen als heimliches Qualitätsmerkmal betrachtet, macht seine Kopfrechnungen mit der Währung dieser Welt. Er verbreitet und erntet genau jenen Stress, von dem das Evangelium uns eigentlich befreit hat. Es ist der Zeitgeist dieser Welt, nicht der Heilige Geist, der uns einen Taschenrechner in die Hand drückt, das Reich Gottes auf eine GmbH reduziert und das Evangelium auf ein Produkt abwertet, das es zu vermarkten gilt, den Prediger auf einen Bühnenakteur, der seine Kundschaft bei Laune halten und erweitern muss.

Trotzdem werden Zahlen in der Bibel anerkennend erwähnt. Die fünftausend bei der Vermehrung der Fische und Brote, die Menschenmengen, die Jesus überall auflauern, die dreitausend, die sich nach Petrus' Predigt am Anfang der Apostelgeschichte bekehren. Aber nicht als Qualitätssiegel eines erfolgreichen geistlichen Dienstes. Es gibt die andere Seite. Manchmal kehrt Jesus großen Menschenmengen den Rücken, gerade wenn er eine Sensation auslösen und, modern ausgedrückt, mit Millionen von YouTube-Aufrufen eine globale Größe werden könnte (Markus 1,36-38). Sein Terminkalender ist nicht von der Anwerbung potenzieller Kunden bestimmt. Im Gegenteil. Immer wieder drängt er Menschen, die von ihm berührt wurden, niemandem davon zu erzählen (Markus 5,43 und 9,9). Sein Jünger Philippus meldet sich von erfolgreichen Missionseinsätzen in Samaria ab, um einem einzigen suchenden Mann in der Wüste den Weg zu Gott zu zeigen (Apostelgeschichte 8,26-40).

Wenn Gott eine Lieblingszahl hat, dann vermutlich die Zahl »Eins«. *»Wenn jemand ein solches Kind aufnehmen wird ...«; »Wenn aber jemand einem dieser Kleinen Anlass zur Sünde gibt ...«; »Seht zu, dass ihr nicht eines dieser Kleinen verachtet ...«; »Wenn ein Mensch hundert Schafe hätte und eins von ihnen sich verirrte ...«; »Es ist nicht der Wille eures Vaters ..., dass eines dieser Kleinen verloren gehe« (Matthäus 18)*. Durch die Bibel hindurch wird Heilsgeschichte mit Einzelpersonen, nicht mit Massenveranstaltungen geschrieben.

Männer Gottes in der Bibel wehren sich energisch gegen Versuche ihrer Anhänger, sie zu verehren, aus ihnen eine Marke zu machen und sie als geistliche Superstars mit einer riesigen Fangemeinde auf ein Podest zu stellen (2. Könige 5,15-16; Apostelgeschichte 14,12-14; Apostelgeschichte 10,26). Sie sind schlau genug, um zu wissen, dass geistliche Aufbrüche selten an Angriffen von außen scheitern, sondern fast immer an der schleichenden Eitelkeit, die in Herzen lauert, die sich in eine Erfolgsmanie hineinziehen lassen. Verehrung von Menschen ist eine gefährliche Droge.

Gott ist sehr wohl in der Lage, Menschenmassen zusammenzurufen. Die Stimmen, die um den Thron Gottes herum in Lobpreis aufsteigen, sind »Zehntausend mal Zehntausend und Tausende mal Tausende« (Offenbarung 5,11). Bis Gott so weit ist, dürfen wir in seinem Auftrag dafür sorgen, dass es nie unter unserer Würde ist, »einem dieser Geringen nur einen Becher kalten Wassers zu trinken« zu geben. Solch ein Nachfolger Jesu »wird seinen Lohn gewiss nicht verlieren« (Matthäus 10,42).[42]

11. Die Lieblosen lieben

Wenn du für Gott nützlich sein willst, tritt in eine echte Beziehung mit Jesus Christus ein, und er wird dich in jeder Minute deines Lebens gebrauchen, ohne dass du es merkst.

OSWALD CHAMBERS[43]

Die Geschichte vom barmherzigen Samariter ist eine Jobbeschreibung für Nachfolger Jesu. So sieht Nächstenliebe aus. So läuft Rettung praktisch. Dranbleiben, bis man alles getan hat, was man tun kann, um den Fall zu lösen. Es sich etwas kosten lassen. Dem anderen so helfen, wie ich wünschen würde, dass mir geholfen wird. Jesus setzt voraus, dass seine Nachfolger so handeln werden wie er.

Schon im Alten Testament wird dem Volk Gottes an 69 Stellen ans Herz gelegt, sich um Witwen oder Waisen oder beide zu kümmern. Diese Frage, mehr als alles andere, galt als Bewährungsprobe für die Ernsthaftigkeit des Glaubens.

Einmal wollen Jesu Freunde nach vielen Stunden Dienst ihren wohlverdienten Feierabend und drängen ihn, die Menschenmengen in die umliegenden Imbissbuden und Gasthäuser zu entlassen. Jesus antwortet: »*Gebt ihr ihnen zu essen!*« *(Markus 6,37)*. Kurz davor hat er kopfschüttelnd beklagt, dass die Menschen wie Schafe ohne einen Hirten herumirren. Verwahrlost, orientierungslos. Schon früh in seinem Dienst stimmt Jesus seine Kirche auf ihr Mandat ein, Heimat für Heimatlose zu sein.

Weder die Jünger Jesu noch der barmherzige Samariter können sich ein Verdienstkreuz oder eine Medaille aufgrund ihres aufopferungsvollen Lebens erhoffen. Der Samariter hat menschlich gesehen keinen Gewinn davon, dass er sich um den Verletzten kümmert. Es wird von keinerlei Lohn berichtet, wir erfahren nicht, ob er eine Dankeskarte von dem Patienten bekommt, ob das Geld, das er ausgegeben hat, jemals zurückbezahlt wird, ob es überhaupt gereicht hat, ob er vom Bürgermeisteramt Samarias eine Ehrenbürgerschaft bekommt. Auch nicht, ob er durch diese Wohltat in seiner Berufslaufbahn mit dem Vermerk »hervorragende soziale Kompetenzen« punkten kann. Die Frage des Mehrwerts für seine Mühe ist nicht relevant.

Das Handeln des Samariters muss eine Grundeinstellung sein, eine Bereitschaft, Menschen zu lieben, ganz gleich aus welchem Volk, aus welcher Gesellschaftsschicht oder Altersgruppe sie kommen, ob sie mir nahestehen oder nicht, ob sie mir liegen oder nicht. Das Alleinstellungsmerkmal der Liebe Gottes ist, dass Christus für uns starb, »*als wir noch Sünder waren*« *(Römer 5,8)*. Er wartete nicht, bis wir uns in Schale geworfen hatten und vornehm auftreten konnten. Er wusste, das würde nie geschehen.

Die Dienstbeschreibung

Begriffe wie Helfersyndrom, Gutmensch, Burn-out erscheinen auf meinem inneren Bildschirm, wenn ich dieses Gleichnis lese. Es gibt hilfsbedürftige Menschen wie Sand am Meer. Der Gedanke, ihnen allen zu helfen, grenzt an Größenwahn. Was bringen schon meine geringen Möglichkeiten angesichts der verheerenden Not dieser Welt? Sie reichen nicht einmal für die Not in der Straße, in der ich lebe, in der Gemeinde, zu der ich gehöre, in der Schule, in der ich arbeite. Nicht einmal, um mein eigenes Leben in den Griff zu bekommen. Ein Tropfen auf dem heißen Stein.

Was bringt es dem anderen, wenn ich mich verausgabe, als erschöpftes Bündel zerrissener Nerven in der Psychiatrie lande und selbst eine Hilfsbedürftige werde?

Die Ausreden kreisen wieder undifferenziert und ungewollt in meinen Gedanken, ohne dass ich sie eingeladen habe.

Gott erwartet keine flächendeckenden Weltrettungsaktionen von uns. Das ist sein, nicht unser Job. Der Samariter hat nur einem einzigen verwundeten Mann geholfen. Er hat keinen Verein gegründet, um allen Reisenden zu helfen, die auf der Straße nach Jericho unter die Räuber fallen. Ehrenamtliches Engagement wird in Gottes Welt nie bewertet, eingefordert oder benotet. Die Bibel spricht von *»guten Werken, die Gott vorher bereitet hat, damit wir in ihnen wandeln sollen« (Epheser 2,10).*

Es scheint für jeden Diener Gottes eine auf ihn zugeschnittene Dienstanweisung zu geben. In dem Maße, wie wir im Rahmen dieser Beschreibung leben und arbeiten, in dem Maße sind wir in unserem Element, verspricht die Bibel. *»Denn mein Joch ist sanft, und meine Last ist leicht«,* sagt Jesus *(Matthäus 11,30).*

Jesus selbst finden wir nie seufzend, nie in Panik ob der Größe der Aufgabe, niemals mit Sprüchen im Mund wie »Ach, wenn ich nur mehr tun könnte ...«, »Schade, dass ich nicht überall gleichzeitig sein kann«. Er bewegt sich mit einer außerordentlichen Gelassenheit. Am Teich Betesda bringt er nur einen Mann auf die Füße (Johannes 5,1-16). Dabei liegen so viele Menschen am Rand des Teichs und würden alles geben, um wieder gesund zu sein. Es widerstrebt unserem Gerechtigkeitssinn, dass er nur einem hilft. Das ist doch unfair!

Gerade diese scheinbaren Widersprüche erinnern uns daran, dass diese Welt noch nicht in die Hände ihres rechtmäßigen Eigentümers zurückgelegt wurde. Die Geschichte läuft noch, das letzte Kapitel ist noch nicht geschrieben. Jesu Werke waren lediglich Zeichen, die uns den Himmel zeigen sollten. Auch unsere Werke sollen so sein.

Nächstenliebe nach Gottes Rezept

Wenn die Werke, die mir zugeteilt sind, vorher vorbereitet sind, woher weiß ich, welche es sind?

Unser gesunder Menschenverstand ist der erste Ratgeber. Mein nächstes Umfeld wird immer meine erste Verantwortung sein. Meine Eltern. Mein Ehemann. Meine Kinder. »*Schlimmer als einer, der von Gott nichts wissen will*« *(1. Timotheus 5,8;* HFA*)* ist laut Paulus jemand, der nicht für seine eigene Familie sorgt. Eine Voraussetzung für das Amt eines Ältesten in einer Gemeinde ist ein geordnetes Familienleben (1. Timotheus 3,1-7; Titus 2). Sich um die Herde Gottes zu sorgen, die in der Kirche sitzt, aber gleichzeitig die kleine Herde anzubrüllen, die daheim am Familientisch sitzt, das passt nicht zusammen.

Die Familie ist laut der Bibel die Hauptzentrale unseres Wirkens in der Welt. Der Ort, an dem Zugehörigkeit gepflegt wird. Der Ort, an dem Kinder in jungen Jahren in einem intakten Umfeld verwurzelt werden, ihre Seele einen sicheren Halt bekommt. Der intimste Kreis im inneren Ring wird gepflegt. Wie ich mich hinter den Kulissen verhalte, wie meine Familie mich wahrnimmt, wie ich rede, wenn niemand da ist, dem ich imponieren will: Das ist die Person, die ich wirklich bin, das Rohmaterial, mit dem Gott sein Reich baut. In diesem innersten Kreis haben Ehepaare die Möglichkeit, in Hingabe und Vergebung miteinander den Bund Gottes mit seinem Volk widerzuspiegeln. So ist es zumindest gedacht: Familie als Kernzelle des Wirkens Gottes in dieser Welt.

»*Ich aber und mein Haus, wir wollen dem Herrn dienen!*« *(Josua 24,15),* verkündet Josua, als er an der Schwelle des verheißenen Landes steht. Sein politisches Programm für den neu gegründeten Staat lautet: Eine funktionierende Familie im Dienste des Herrn zu sein, Werkzeug für Segen im weiteren Umfeld. Schon Abraham wurde zugesagt, dass seine Familie kein in sich geschlossener Kreis sein sollte, sondern ein Kanal der Liebe

Gottes für die ganze Welt (1. Mose 12,3). Das ist aber nur der Anfang.

Die Außenringe

Genauso wie die Familie kein geschlossener Kreis sein soll, so soll auch die Gemeinde, die im Neuen Testament immer wieder als Jesu Braut beschrieben wird, kein geschlossener Kreis sein. Sie ist die erweiterte Familie. Paulus nennt seine Gemeindegeschwister »*Hausgenossen des Glaubens*« *(Galater 6,10)*. Die Gemeinde wird nicht nur als Braut, sondern auch als Armee, als Gottes Familie, als Leib Christi beschrieben – das Sinnbild für die Kultur des Himmels auf dieser Erde. Das Wohlergehen seiner Gemeinde – der lokalen wie auch der weltweiten Gemeinde – steht ganz oben auf Gottes Prioritätenliste.

Aus der Gemeinde heraus erweitert sich der Kreis, denn auch die Welt wartet auf eine Offenbarung der Liebe Gottes. Ohne ihre Mission, die Welt mit der Liebe Gottes zu berühren, hat Kirche kein Existenzrecht. Gemeinde kann nur in dem Maße gelingen, wie sie ihren Auftrag ernst nimmt, der Welt das Evangelium zu verkündigen. Jeder Christ ist ein Missionar, ob er will oder nicht. Wir fangen mit unserer Nachbarschaft, mit unserem Arbeitsplatz, mit unserer Stadt, mit unserer Region an. Jedes Wirkungsfeld, in dem wir stehen, ist ein Missionsfeld.

In jedem dieser Bereiche – Familie, Gemeinde, Welt – sind wir »barmherzige Samariter«. Hier gibt es kein »Entweder-oder«. Sie fließen ineinander über. Ich vernachlässige meine Gemeinde nicht, um mich meiner Familie zu widmen. Ich diene meiner Gemeinde mit meiner Familie zusammen. Das Engagement für andere ist ein wichtiger Teil meiner Kindererziehung. Ich ziehe mich auch nicht aus gesellschaftlicher Verantwortung heraus, nur um Gemeinde zu bauen. Gemeinde darf nicht eine Flucht vor der Welt sein. Es gibt keine Rangordnung der Verpflichtungen. Sie überschneiden sich, befruchten sich gegenseitig.

Je mehr wir Christen diese Aufgaben ernst nehmen, desto mehr bilden wir eine gemeinsame Kraft, die viel mehr als ein Tropfen auf dem heißen Stein ist und die eine ganze Region beeinflussen kann. Als Volk Gottes zusammen sind wir der barmherzige Samariter, der durch die Straßen dieser Welt zieht und zu Hilfe eilt, wenn er Hilfsbedürftige am Straßenrand liegen sieht. Wir sind ein »Wohlgeruch Christi« (2. Korinther 2,15).

Gott mit Hand und Fuß

Wie sieht das praktisch aus?

»Alles, was deine Hand zu tun findet, das tue in deiner Kraft!« (Prediger 9,10), steht in einem der Weisheitsbücher. Mein Leben ist Gottes Wirkungsfeld, der Ort, wo ich als Reinigungskraft, Lehrer, Ärztin, Büroangestellter, Mechaniker, Studentin arbeite. Jede Begegnung mit Menschen ist ein Auftrag Gottes, eine Chance, ein verlorenes Schaf in Berührung mit dem guten Hirten zu bringen. Die Bedeutsamkeit einer einzelnen Begegnung darf nie unterschätzt werden. Gott hat sein Reich schon immer mit Eins-zu-eins-Begegnungen gebaut.

Ich brauche keine außerordentlichen sozialen Kompetenzen dazu. Ich muss ihm nur das, was ich bin und habe, zur Verfügung stellen. Da mein Besitz, meine Gaben, meine Zeit und Geld mir nur für eine begrenzte Zeit geliehen sind, fällt die Mühe des Besitzmanagements weg. Mein Besitz gehört dem Herrn, nicht mir. Das ist in höchstem Maße befreiend. Nichts macht müder und niedergeschlagener als das verkrampfte Überwachen privater Ansprüche, Rechte und Anschaffungen.

Jeder von Gott Berufene findet seine Sprache, seine Art, an die Landstraßen, Hecken und Zäune zu gehen und Menschen ins Haus des Vaters einzuladen. Manchmal ist es unauffälliges

Streugut im Alltag. Fröhlich anstatt grimmig unterwegs zu sein, Menschen anzulächeln und zu begrüßen, rücksichtsvoll Auto zu fahren, einen gütigen und freundlichen Grundton zu pflegen, nie zuzulassen, dass jemand sich für etwas Mühe macht, ohne dass er dafür wertschätzende Worte bekommt. Großzügig zu sein mit Trinkgeld, freundlichen Worten für Verkäuferinnen und Paketboten, Beileidskarten für Trauernde. Lieber einmal zu oft als einmal zu wenig an einen Geburtstag denken. Mut zu machen, wo immer möglich. Die Möglichkeiten, Güte und Freundlichkeit zu streuen, sind endlos. In einer Welt, die gute Manieren nicht mehr kennt, fallen freundliche Worte auf.

Verborgene Tränen

Eines Tages ging ich auf dem nahe gelegenen Friedhof spazieren. Die Ruhe, das Rascheln der Bäume im Wind und das Nachdenken über die Ewigkeit taten gut. Plötzlich hörte ich, wie ein älterer Herr neben einem frischen Grab schluchzte. Er dachte wohl, er sei allein, und hatte nicht gemerkt, dass jemand in der Nähe auf einer Bank saß.

Das Schluchzen war herzzerreißend und wurde immer heftiger. Ich rang kurz mit mir, nahm dann all meinen Mut zusammen, ging auf ihn zu und fragte ihn, ob ich etwas für ihn tun könne.

Blöde Frage. Was kann man schon für jemanden tun, der an einem Grab trauert, an dem die Blumen noch ganz frisch sind?

Er schrak zusammen, sagte in einem schroffen Ton, es sei alles in Ordnung, wandte sich von mir ab und marschierte davon.

Ich verstand ihn. In so einer Situation würde ich auch nicht von einer wildfremden Person angesprochen werden wollen.

Ich hoffte, dass ich ihn nicht in Verlegenheit gebracht hatte, und ging zum Ausgang.

Ein Auto mit laufendem Motor wartete auf dem Parkplatz auf der anderen Seite des Tors. Die Fensterscheibe wurde heruntergedreht. Es war der ältere Herr. Ohne Zögern fing er an, zu erzählen. Von der Trauer um seine verstorbene Frau, von den Kindern, mit denen er keinen Kontakt hatte, von seiner Verzweiflung. Ich hatte keine Antworten, keine klugen, missionarischen Sprüche auf der Zunge – nur die Zusicherung, dass ich selbst viel Trauer durchgemacht hatte und für ihn beten würde. Ansonsten hörte ich nur zu und atmete die Gase des laufenden Motors ein, den er nicht abgestellt hatte.

Eine Begegnung, die nicht außerordentlich war, mir aber eines zeigte: Menschen sind nicht so verschlossen, wie sie auf den ersten Blick manchmal wirken.

Wenn es nichts zu bringen scheint

Und wenn meine Mühe um Menschen nichts zu bringen scheint? Diese Frage wurde schon am Kreuz Christi erledigt. Christus selbst ist mein Lohn. Wenn ich Erfolg habe, gibt es keinen Anlass, stolz zu sein. Wenn ich Misserfolg habe, keinen Anlass, niedergeschlagen zu sein. Meine einzige Aufgabe ist es, mit offenen Augen durch den Alltag zu gehen und mich zu fragen: »What would Jesus do?« (Was würde Jesus tun?) Dazu gehört, ohne schlechtes Gewissen das zu lassen, was ich nicht tun kann. Das Gespräch nicht weiterzuführen, bei dem mein Gesprächspartner nur auf seine Uhr schaut und von einem Fuß auf den anderen tritt. Mich nicht verpflichtet zu fühlen, jemandem Zuwendung zu schenken, der diese Zuwendung nicht schätzt.

Es ist ohnehin gefährlich, Menschen zu helfen, die keine Hilfe wollen. Jesus forderte seine Jünger dazu auf, mit ihren Kräften gut zu haushalten. Sein deftigster Spruch dazu ist in den Volksmund übergegangen: Wir sollen unsere Perlen nicht vor die Säue werfen. In den Häusern, die uns nicht empfangen, dürfen wir den Staub von den Füßen abschütteln und weiterziehen. Wir sind nur dort verpflichtet, wo wir mit offenem Herzen empfangen werden. Wenn die eingeladenen Gäste unser Fest als unter ihrer Würde empfinden, müssen wir sie nicht drängen, zu kommen. Wir sollen diejenigen aufsuchen, die gern kommen.[44]

Trotzdem helfe ich lieber zu viel als zu wenig. Hauptsächlich, um meine Gewohnheit, die Flinte zu schnell ins Korn zu werfen, mit zu berücksichtigen und in meiner Nächstenliebe nicht aus der Übung zu kommen. Ich will mich lieber ausnutzen lassen, als einem Hilferuf gleichgültig gegenüberzustehen. Der Nachfolger Jesu irrt lieber auf der Seite der Großzügigkeit.

Ich muss mich aber davor hüten, aus falscher Motivation zu helfen. Zu helfen, weil ich mich nicht unbeliebt machen, Menschen nicht enttäuschen will, Angst vor Ablehnung habe, mich wichtig fühlen will. Wenn meine Versuche scheitern, meinen Nächsten zu lieben, oder jemand anderes effektiver hilft, als ich es konnte, ist das eine Chance, mich nach meinen wahren Motiven zu fragen. Geht es wirklich darum, dem anderen zu helfen, oder nur um mein Ansehen?

Ein Freundeskreis mit offener Tür

Natürlich werden nicht alle kommen wollen, die eingeladen werden. Jesus drängt Menschen nicht, überredet nicht, fleht nie um Einsicht oder Loyalität. Er brüstet sich auch nicht, wenn jemand durch sein Wirken Heilung und Wiederherstellung erlebt hat, macht keinen Werbespot für seine Kampagne daraus. Im Gegenteil, immer wieder fordert er Menschen auf, ihre Heilung nicht herumzuposaunen (Markus 5,43; 9,9).

Jesu Freunde gucken sicher erstaunt, als Jesus mit einem gut betuchten jungen Aufsteiger, der sich ihm anschließen will, Klartext redet (Markus 10,17-22). Dieser Mann wäre für das Team Jesus ein Glücksgriff. Ein Geschäftsführer mit Format, ein potenzieller Sponsor. Er könnte geldschwere Freunde mit in die Mannschaft holen, eine gute Infrastruktur für die Erweiterung des Dienstes errichten, medienwirksame Strategien einführen. Das alles lässt Jesus kalt. Er sieht in ihm ein Herz, das mehr auf Geld gerichtet ist als auf das Reich Gottes. Geistlich gesehen gefährdet, trotz des guten Scheins.

Wenn er Jesus nachfolgen will, muss er seine gesamten Geldauflagen auflösen, seine Aktien verkaufen, seine Luxusimmobilien versteigern und alle Einnahmen auf das Konto eines Hilfswerks überweisen. Jesus zählt die Kosten der Nachfolge ohne Wenn und Aber auf. Geld ist ein grausamer Zuchtmeister, die gefährlichste Konkurrenz für die Ansprüche Gottes an einen Menschen. Jesus findet den jungen Mann sympathisch, doch als dieser empört den Kopf schüttelt, lässt er ihn einfach ziehen. Typisch. Jesus handelt völlig frei von Eigeninteresse. Es geht ihm nur um eins: das Seelenheil seines Gegenübers.

Deshalb kann Jesus es sich leisten, nie nach Beifall zu heischen, nie aufdringlich, anhänglich oder anklagend zu handeln. Stattdessen ist er liebevoll erziehend, prägend, sich selbst auf ganzer Linie mitteilend, warmherzig, humorvoll, manchmal schockierend in seiner Klarheit. Er sucht nicht nach nützlichen Verbindungen, pflegt Beziehungen niemals mit Kalkül. Er hat eine schier unmenschliche Geduld und hält einiges an Blödsinn aus.

Was hätten wir gemacht? Den Mann als Gebetserhörung für die überstrapazierten Gemeindefinanzen gesehen? Ihn mit Handkuss empfangen?

Auch Jesu engste Freundschaften haben mit Zwang nichts zu tun. Nachdem eine scharf gewürzte Predigt einmal eine Flut von Abgängen bei seinen Anhängern ausgelöst hat, fragt Jesus seine Jünger: »*Wollt ihr auch weggehen?*« *(Johannes 6,67)*. Kein Händeringen, kein flehender Blick, nur eine sachliche Frage.

Wenn wir über den Verrat von Judas Ischariot in der Passionsgeschichte lesen, vergessen wir oft, dass dieser Mann einer von Jesu engsten Freunden und tagaus, tagein mit ihm unterwegs war. Der Bruch dieser Freundschaft hat sich lange im Geheimen angebahnt. Fast von Anfang an führt Judas Buch über vermeintliche Fehler von Jesus, beklagt Missstände und Fahrlässigkeit in dessen Umgang mit Menschen und Situationen, sieht sich als geistliche Größe und spekuliert auf eigene wirtschaftliche Vorteile (Johannes 12,4-6).

Als immer klarer wird, dass seine Erwartungen nicht in Erfüllung gehen werden, macht er mit Jesu Feinden gemeinsame Sache und liefert ihn aus. Wenn die Dienstkasse nichts hergibt, dann muss er seinen Lohn woanders bestreiten, so seine Logik. Seine Geldgier ist stärker als sein Gottesvertrauen geworden. Nur Jesus ahnt etwas davon. Die Jünger dagegen sind überrascht. Judas hat ein gutes Schauspiel hingelegt, er ist sicher ein sympathischer und kompetenter Typ, der seinen wachsenden Frust hinter einer geistlichen Fassade versteckt.

Selbst diesen Schmerz – von einem vermeintlichen Freund betrogen zu werden – trägt Jesus mit Fassung. Keine Rüge, keine leidvollen Ausgüsse von Verzweiflung. Nur die schlichte Aufforderung: »*Was du tust, tu schnell!*« (Johannes 13,27).

Die befreiende Kraft der Vergebung

Je mehr wir unseren Halt in der Beziehung zu Jesus finden, desto mehr werden wir unsere Beziehungen so führen, wie er seine geführt hat. Unbestechlich, aufrichtig. Empfindliche, aufgebrachte Emotionen, die Beziehungen ermüdend und kompliziert machen, legen sich schnell in der Gegenwart Gottes. Die Seele ist frei, loszulassen, dem Herrn zu dienen und Menschen trotzdem weiterzulieben.

Jesus weist uns an, sogar unsere Feinde – oder Menschen, die wir als solche empfinden – zu lieben und ihnen Gutes zu tun (Matthäus 5,44). Ein hoher Anspruch. Mit Jesu Hilfe können wir lernen, verletzte Gefühle unter den Einfluss seines Geistes zu bringen und auch dann ruhig zu bleiben, wenn die Fetzen um uns fliegen, uns unrecht getan wird und unsere Seele vor Schmerz schreit. Selbst in seiner dunkelsten Stunde war Jesus in der Lage, seinen Peinigern zu vergeben, seine Mutter zu versorgen und einem Sträfling den Weg in den Himmel zu zeigen (Lukas 23,34-43; Johannes 16,26-27).

Feinde lieben und segnen? Gefühle von Enttäuschung per Knopfdruck ausschalten, wenn Gutes mit Bösem entlohnt wird? Nie wird unser Vertrauen in Gott mehr auf die Probe gestellt, als wenn wir verachtet oder gehasst werden. Nie stellen wir unsere Liebe für Gott mehr unter Beweis, als wenn wir beten: »Herr, es ist dein Leben, nicht meins. Alles, was ich tue, tue ich für dich. Ich streue dein Saatgut und überlasse dir, wo, wann und in welchem Feld es aufsprießen soll, es gehört mir nicht.«

König David tut genau das, nachdem er geklagt hat: »*Selbst mein Freund, auf den ich vertraute, der mein Brot aß, hat die Ferse gegen mich erhoben*« (Psalm 41,10). Er übergibt den Fall dem Herrn mit den Worten: »*Ich aber in meiner Lauterkeit, mich hast du aufrecht gehalten und mich vor dein Angesicht gestellt auf ewig*« *(Vers 13)*, und bricht schließlich in sein gewohntes Loblied aus: »*Gepriesen sei der Herr, der Gott Israels, von Ewigkeit bis in Ewigkeit! Amen, ja Amen*« *(Vers 14)*. Beziehungen, die in Altarnähe gehalten werden, bleiben unter Gottes Einfluss und stehen nicht in Gefahr, zum Fallstrick für unsere Seele zu werden.

Manchmal müssen wir eine Freundschaft, die einfach nicht funktionieren will und die eigene Seele leer saugt, schweren Herzens zu Grabe tragen. Das gehört zum Leben dazu. Mal treiben einen Interessen und Lebensumstände auseinander, mal stellt sich heraus, dass eine Freundschaft einseitig war, dem einen mehr bedeutet hat als dem anderen.

Sensible Seelen müssen aufpassen, dass sie nicht Schuld auf

sich laden, die auf andere Schultern gehört. Dass wir unseren Anteil an Fehlverhalten ehrlich bekennen und um Verzeihung bitten, versteht sich von selbst. Aber nicht für Dinge, die dem Groll, den überhöhten Erwartungen und den falschen Anschuldigungen anderer entstammen. Wir müssen uns nicht zu Freiwild für Angriffe machen. Außerdem wurde nie von uns verlangt, dass wir etwas geben, das wir nicht haben.

Sobald sich ein Grundton von Misstrauen in eine Beziehung hineinschleicht, sind die guten Zeiten meist schon zu Ende. Es gibt Missverständnisse, Aussprachen, um Spannungen zu klären, noch mehr Aussprachen, um die zusätzlichen Spannungen zu klären, die durch die ersten Aussprachen entstanden sind, schlaflose Nächte, Kopfkino, das nicht zur Ruhe kommen will: »Hätte ich doch das gesagt!«, »Warum habe ich an das Beispiel nicht gedacht?«, »Die Unterstellung stimmt doch nicht – warum hat er dies oder jenes nicht gesehen und verstanden?«

Solche Erfahrungen erinnern uns daran, dass Menschen nicht unser Besitz sind.

»Was hast du in der Hand?«

Gottes Rezept für meine Beziehungswelt ist einfach: Ich lege meine Ressourcen in seine Hand, meine Zeit, meinen Einsatz, meine Talente, er tut den Rest. Gott war noch nie auf Massenproduktion angewiesen. Ein Hirtenstab reichte, um ein Meer zu teilen. Eine Tüte mit Fischen und Brötchen, um eine große Menschenmenge satt zu machen. Ein paar Krüge Öl, um eine Witwe und ihren Sohn durch eine Hungersnot zu bringen. Die Frage war nie, wie viel, wie stark, wie schlau jemand war. Die Frage war, in wessen Hände es lag. Das, was Gott geweiht ist, vervielfältigt sich, greift um sich, inspiriert andere. Das, was ich gern und gut mache, darf ich zu Gottes Ehre tun, ebenso wie die Dinge, die ich nicht gern mache, aber auf mich nehme aus Liebe zu anderen und um ihnen das Leben leichter zu machen.

Ich vertraue Gott für die Versorgung meiner eigenen Seele. Zwei oder drei gute Freundschaften reichen als Kraftquellen, die jeder Mensch braucht, um Gott hautnah durch andere Menschen zu erleben. Das Wort muss Fleisch werden – auch in unserer Mitte.

Bei aller Abhängigkeit von seiner engen Beziehung zum Vater, bei aller Selbstlosigkeit in der Führung seiner menschlichen Beziehungen schimmert gelegentlich das tiefe seelische Leid durch, das auch Jesus in Grenzsituationen empfindet. An zwei Stellen finden wir ihn aufgewühlt, verwundbar, emotional.

Als das Horrorszenario seiner grausamen Hinrichtung bald bevorsteht, sagt er zu seinen Freunden: *»Mit Sehnsucht habe ich mich gesehnt, dieses Passahmahl mit euch zu essen, ehe ich leide« (Lukas 22,15).* Er weiß es schon, aber sie ahnen es nicht: Es wird ihr letztes gemeinsames Mahl vor dem Abschied sein. Es folgt die herzzerreißende Szene im Garten Gethsemane, in der aus ihm herausplatzt: *»Also nicht eine Stunde konntet ihr mit mir wachen?« (Matthäus 26,40).* Eine plötzliche Panik in der dunkelsten Stunde seines Lebens. Wohl wissend, wie viel er seinen engsten Freunden zumutet, welche Traumata er durch den Gang zum Kreuz auslösen wird, richtet er seine Augen aufs Ziel, schaut zu, wie sie sich in verschiedene Richtungen verstreuen, und geht den letzten Weg allein.

HÄNDE

Ein Stift in den Händen eines Analphabeten ist nutzlos,
in den Händen von Goethe schreibt er Weltliteratur.
Es kommt darauf an, in welchen Händen er ist.

Ein Pinsel in meiner Hand bringt eine Drei in BK,
in Picassos Hand erschafft er ein Meisterwerk.
Es kommt darauf an, in welchen Händen er ist.

Ein Geigenbogen in meiner Hand bringt nur schrille Töne,
in den Händen von David Garret begeistert er Hunderttausende.
Es kommt darauf an, in welchen Händen er ist.

Ein Fußball in meinen Händen ist unbedeutend,
in den Händen von Manuel Neuer bringt er den WM-Titel.
Es kommt darauf an, in welchen Händen er ist.

Ein Golfschläger in meiner Hand richtet nur Schaden an,
in der Hand von Tiger Woods bringt er 60 Millionen.
Es kommt darauf an, in welchen Händen er ist.

Ein Stock in meiner Hand lässt mich alt aussehen,
in der Hand von Mose konnte er das Meer teilen.
Es kommt darauf an, in welchen Händen er ist.

Eine Flasche Öl in meiner Hand lässt meine Haut glänzen,
in der Hand von Samuel macht sie einen Hirten zum König.
Es kommt darauf an, in welchen Händen sie ist.

Eine Schleuder in meiner Hand kann Spatzen abschießen,
in der Hand von David besiegte sie die Philister.
Es kommt darauf an, in welchen Händen sie ist.

Zwei Fische und fünf Brote in meinen Händen machen mich zu einem schlechten Gastgeber,
in den Händen von Jesus lassen sie Tausende satt werden.
Es kommt darauf an, in welchen Händen sie sind.

Brei in meinen Händen lässt mich wie ein Kleinkind aussehen, in den Händen von Jesus schenkt er einem Blinden das Augenlicht.
Es kommt darauf an, in welchen Händen er ist.

Nägel in meiner Hand hängen Bilder schief an die Wand, in den Händen von Jesus bringen sie die Rettung der Welt.
Es kommt darauf an, in welchen Händen sie sind.

Siehst Du: Es kommt ganz darauf an, in wessen Händen alles liegt.
Nimmst Du Dein Leben in Deine Hand, ist offen, was daraus wird.
In den Händen von Jesus bekommt es einen einzigartigen Wert.

Behältst Du Deine Sorgen in Deiner Hand, bist Du auf Dich gestellt.
In den Händen von Jesus weißt Du, dass er für Dich sorgt.

Suchst Du Dein Glück in Deiner Hand, weißt Du nicht, wie das Schicksal mit Dir spielt.
In den Händen von Jesus kannst Du sicher sein, dass er Dich in Höhen und Tiefen trägt.

Leg' Dein Vertrauen in Gottes segnende Hand.

Er führt Dich über Bitten und Verstand.[45]

    PAUL-GERHARD ROLLER

12. Eden kehrt zurück

Jenseits des letzten Blaus
glänzt Deiner Heimat Haus;
Hinter dir Tod und Graus –
halt durch, harr aus!

Und sollte alles wanken,
und alles stürzte ein,
so sollen Dein' Gedanken
bei Gott in Ruhe sein.

Wenn auch von Deinen Wänden
der letzte Pfeiler fällt –
er hält Dich doch in Händen,
der alle Himmel hält.

…

Sollten wir uns nicht wiedersehen,
so sagt dem Jungen,
dass ich Palzwitz für ihn habe halten wollen,
solange ich es konnte.

ERNST-HERMANN TAUCHER[46]

Diese Worte waren der letzte herzzerreißende Gruß meines deutschen Großvaters an meinen Onkel, den einzigen Sohn, damals erst dreizehn Jahre alt. Mein Onkel sollte als Domänenpächter die idyllischen Ländereien an der Küste der Ostsee erben, die Familie Taucher dreihundert Jahre lang fleißig verwaltet hatte. Doch es kam ganz anders.

Palzwitz für den Jungen zu halten, erwies sich als illusorisch. Der russische Rachezug, der gegen die Überreste der NS-Kriegsmaschinerie im Osten Europas entfesselt wurde, wälzte auch diese abgelegene Idylle des ehemaligen Ostpommern nieder. Meine Mutter und ihre Geschwister wurden kurz vor dem Einmarsch der Russen in den Westen verbannt, mein Großvater starb in einem russischen Arbeitslager, meine Großmutter musste auf den verwahrlosten Feldern ihrer Heimat ihr eigenes Grab graben und konnte ihr Leben im Tausch gegen den wertvollen Familienschmuck zurückgewinnen. Gerade noch.

Zurück in der alten Heimat

Dreiundsiebzig Jahre sind seitdem vergangen. Neulich besuchte ich Palzwitz, schlenderte langsam durch die friedlichen Felder, die meine Mutter ihr Leben lang schmerzlich vermisst hatte und über deren Verlust sie nie richtig hinweggekommen war. Versuchte, die Atmosphäre der tüchtigen Agrargemeinschaft meiner Vorfahren nachzufühlen, die über Generationen hinweg hier gelebt hatte, Familien gründete, wirkte und starb. So gern hätte ich die Stimme des Großvaters gehört, den ich nie kennengelernt hatte und der jeden Zentimeter dieser Felder kannte und liebte.

Nur wenige Spuren der alten Heimat waren zu erkennen. Der Wind, der von der Ostsee über den Vitter See fegte. Überreste von einem Teich, vielleicht der, der auf den alten Fotos vor dem großen Familienhaus zu erkennen ist. Die Straße, gesäumt von ehemaligen Arbeiterhäusern, verkommen und ungepflegt. Ein alter Pole, mit dem ich sprach, erinnerte sich noch an das große Domänenhaus meiner Familie, seit Jahren schon abgerissen.

Von den Gräueltaten, die hier begangen wurden, war keine

Spur mehr zu sehen. Die Trecks aus dem Osten, die sterbenden Säuglinge, die Schreie der Mädchen auf der Dauerflucht vor den gierigen Händen plündernder und vergewaltigender Eroberer, Leichen von Tieren und Menschen an den Straßenrändern aufgestapelt. Die gewaltsame Vernichtung einer 700 Jahre alten Kultur, die Vertreibung einer ganzen Volksgruppe: Alle Spuren waren vom sumpfigen Boden der Ostseeküste längst aufgesaugt worden.

Ich blätterte in der alten Familienchronik durch verschiedene Gruppenbilder meiner ernst schauenden Vorväter: Konfirmationen, Hochzeiten, Taufen. Kinder unter dem Weihnachtsbaum, meine Mutter auf ihrem Pferd, das Spielhaus im Garten. Gesichter eines unbeschwerten bäuerlichen Alltags, die nicht ahnen, wie schnell eine vernichtende Katastrophe sich anbahnt. Bald werden die letzten Zeugen dieser Horrorzeit der europäischen Geschichte unter der Erde liegen, ihr tragisches Schicksal auf ein Kapitel in einem Geschichtsbuch reduziert.

Aufgewühlte Gefühle tobten in mir. Ich trauerte für meine Mutter und verstand plötzlich, warum sie manchmal das Thema wechselte oder in schweigsame Grübeleien versank oder über den Tod ihres Vaters nicht reden wollte. Hinzu kam die unheimliche Erkenntnis, dass der Schrecken, der meine Familie ereilt hatte, mich genauso hätte treffen können, um ein paar Jahre hin oder her. Ich erkannte, wie sehr unsere Existenz der Willkür geschichtlicher oder sonstiger Launen ausgesetzt ist. Für jeden von uns kann es morgen schon aus sein. Mit der Gesundheit, mit der politischen Stabilität, mit dem Wohlstand, mit allem, was Heimat und Zugehörigkeit bedeutet.

Es war das gleiche Gefühl, das mich manchmal überkommt, wenn ich in der Bibel lese. Diese heiligen Texte feuern Schreckschüsse in meine Seele hinein, die sich so gern in Sicherheiten wiegt, die es letztlich gar nicht gibt.

Deshalb ist es ein Kraftakt, die Bibel von vorn bis hinten zu lesen. Wenn die Nachrichten in der Tageszeitung und im Internet mich aufregen und mein Mann mich liebevoll ermahnt: »Lies lieber in der Bibel«, dann antwortete ich verzweifelt: »Die ist noch schlimmer als die Tageszeitung!« Von wegen Liebesbriefe von Gott. Wenn meine Lektüre mich durch die blutrünstigen Grausamkeiten des Alten Testaments führt, fühle ich mich alles anders als getröstet und erbaut. Ich schwelge nicht in der Liebe Gottes, sondern wische mir Schweißperlen von der Stirn, rege mich darüber auf, dass Gott als Protagonist dieser Geschichte nicht öfter oder schneller eingreift. Lieber tauche ich in einen Fantasieroman ab, bei dem ich von vornherein weiß, dass er gut ausgeht. Glück auf Knopfdruck. Die Bibel kommt der Welt zu nahe, in der ich lebe, wühlt die Ängste auf, die in meiner Seele schlummern.

Genau das ist der Punkt. Es wird nichts beschönigt. Kein Schriftstück setzt sich mit der gefallenen Welt mit so einer brutalen Ehrlichkeit auseinander wie die Bibel. Die Welt wird geschildert, wie sie ist. Die Tränen, das Leid, die Täter, die davonkommen, die unschuldigen Opfer, die den Preis bezahlen. Mörder, ruchlose Narzissten, kolossales Unrecht, die Ausbeutung der Schwachen durch die Starken, Hungersnöte, Krankheiten, gebrochene Herzen, die eiskalte Gleichgültigkeit der Führer den Geführten gegenüber. Heimatlose und Entwurzelte, wo man nur hinschaut.

Die geballte Niedertracht der Jahrhunderte, die an jenem Tag in die Welt geschlichen ist, als Adam die Verantwortung für seine katastrophale Fehlentscheidung von sich wies und zu Gott sagte: »Die Frau, die du mir zur Seite gegeben hast ...« Ganz gleich in welchem Zeitfenster der Weltgeschichte und in welcher Kultur ein Mensch geboren wurde, irgendwann verstrickt er sich in der dunklen Maschinerie dieser von Gott entfremdeten Welt – mal als Täter, mal als Opfer, manchmal als beides.

Ob wir die Verliererkarte oder die Gewinnerkarte im Leben gezogen haben, wir finden unsere eigene Geschichte überall in den Seiten der Bibel. Die Kulissen, Bräuche, Sprachen mögen sich geändert haben, aber das Krebsgeschwür sitzt unverändert mitten in jedem System, bösartig und berechenbar: das selbstsüchtige Triebwerk des menschlichen Herzens.

Der einzige Unterschied zwischen der biblischen und unserer Zeit ist, dass wir heute mehr Mittel als früher zur Verfügung haben, um unser zerstörerisches Treiben zu verbreiten. Unser hoher Lebensstandard hat uns nicht geholfen, bessere Menschen zu sein. Im Gegenteil. Je länger, gesünder und üppiger wir leben, desto größer die Gefahr, dass sich unsere Seele moralisch zersetzt. Nicht der Tod, sondern das Leben ist die größte Herausforderung, mit der wir es zu tun haben, sagte einmal der bekannte britische Prediger Charles Spurgeon.

Gott mutet uns die Lektüre seines Buches zu. Wir stöhnen mit den Menschen in ihren Krisensituationen mit.

Die andere Geschichte

Parallel zu dieser schonungslosen Odyssee von Blutbädern, Gräueltaten und gebrochenen Existenzen erzählt das Wort Gottes eine andere Geschichte. Düfte aus einer anderen Welt wehen durch den stickigen Nebel der Weltgeschichte und erinnern uns daran, dass unsere Erde in ihrer jetzigen Form ein Verfallsdatum hat. Die grotesken Nachrichten, die Menschenherzen zu jeder Zeit vor Angst zergehen ließen und die auch unsere Tageszeitungen füllen, sind nichts anderes als eine kurze Unterbrechung in der eigentlichen Geschichte, der Geschichte, die im Himmel geschrieben wird. Der Schöpfer von Eden wartet in den Startlöchern, um die Welt wieder mit Licht und Wärme zu durchfluten und Menschenherzen wieder zum Jubeln zu bringen. Eine stöhnende, geknechtete Welt kann es kaum erwarten, ihre Fesseln abzuschütteln (Römer 8,19).

Es kommen immer wieder Momente, in denen ein Lichtstrahl die Dunkelheit durchbricht und selbst die grauenhaftesten Ker-

ker des Leids mit dem Licht der Hoffnung erfüllt. Hiob weiß, auch mitten in den Trümmern gebrochener Träume, dass sein Erlöser lebt und dass er ihn von Angesicht zu Angesicht schauen wird (Hiob 19,25-26). Oft braucht es ein paar Bibelkapitel Zeit, bis das weinende Auge wieder nach oben blicken kann. Für das, was es dort sieht, fehlen manchmal die Worte.

Jeremia hört mitten im lauten Schluchzen einer trauernden Rahel Stimmen des Jubels und des Jauchzens (Jeremia 31,7.15). Er sieht eine gewaltige Rückkehr der Verbannten aus allen Windrichtungen, zurück in ihre Heimat:

Siehe, ich bringe sie herbei aus dem Land des Nordens und sammle sie von dem äußersten Ende der Erde, unter ihnen Blinde und Lahme, Schwangere und Gebärende, sie alle zusammen; als eine große Volksversammlung kehren sie hierher zurück. Mit Weinen kommen sie, und unter Flehen führe ich sie. Ich bringe sie zu Wasserbächen auf einem ebenen Weg, auf dem sie nicht stürzen. Denn ich bin Israel wieder zum Vater geworden, und Ephraim ist mein Erstgeborener.

JEREMIA 31,8-9

Heimat, Geborgenheit, Zugehörigkeit, Ruhe und Versorgung rundherum. Kein Wunder, dass der Begriff »Garten« hier auch wieder mitschwingt:

Und sie werden kommen und jubeln auf der Höhe Zions und herbeiströmen zu all dem Guten des Herrn: zum Korn, zum Most, zum Öl und zu den jungen Schafen und Rindern. Und ihre Seele wird sein wie ein bewässerter Garten, und sie werden nicht mehr länger verschmachten. Dann wird die Jungfrau sich erfreuen am Reigen, junge Männer und Greise miteinander. Und ich will ihre Trauer in Freude verwandeln und will sie trösten und erfreuen in ihrem Kummer ... und mein Volk wird sich an all meinem Guten sättigen, spricht der Herr.

JEREMIA 31,12-14

Jeremias Vision ist weit mehr als nur ein Hoffnungsschimmer für die im sechsten Jahrhundert vor Christus von den Babyloniern belagerten Israeliten. Seine Schilderungen enthalten Verheißungen, die über damalige politische Verhältnisse weit hinausreichen. Es ist von einer Heimkehr mit historischen Dimensionen die Rede. Es sind Zusagen, die bis heute nur ansatzweise erfüllt sind. Eine Massenbewegung der Völker, die sich für den lebendigen Gott entschieden haben. Zurück nach Eden. Eine Vorschau auf den Neuen Bund. Gott will sein Gesetz in ihr Herz schreiben, »*es soll ihr ganzes Denken und Handeln bestimmen*« *(Jeremia 31,33;* HFA*).*

Jeremia erinnert uns wieder an die Grundlage des Neuen Bundes – die ungetrübte Gemeinschaft der zurückgekehrten Kinder mit ihrem Vater –: »*Ich werde ihr Gott sein, und sie werden mein Volk sein*« *(Jeremia 31,33;* HFA*).*

Spaziergänge in der Kühle des Abends. Eden setzt sich durch. Eden wird das letzte Wort haben.

Süß bleiben in einer sauren Umgebung

Dieser Blick in Gottes Welt bleibt nicht das Vorrecht von ein paar ausgewählten Männern und Frauen Gottes. Je mehr wir Alltagschristen in den biblischen Geschehnissen leben und sie verinnerlichen, desto schneller erkennen auch wir verschlüsselte Nachrichten aus dem Himmel wieder, die unser Herz höherschlagen lassen. Wir lernen die Sprache kennen, mit der Gott in diese entfremdete Welt hineinflüstert und unseren Blick nach oben zieht, uns einlädt, unsere innere Heimat jetzt schon in seiner Welt zu suchen und uns mitten in der Hölle eines gefallenen Planeten von der Kraft des Himmels zu ernähren.

Während weltliche Herrscher um sich schlagen, während das Wetteifern um Macht und Prestige seine grausamen Schneisen durch die Länder dieser Erde zieht, haben wir einen Namen auf der Zunge, den man auf den roten Teppichen und in den Machtvierteln dieser Welt nicht hört: »Abba«, »Vater«, lautet das Wort, das unsere Seele in der tiefen Gewissheit verankert, dass wir eine Heimat haben. Wir werden von einer anderen Zentrale aus gelenkt, wir sind den Kapriolen dieser Welt nicht mehr hilflos ausgesetzt. Unsere Lebensquelle ist eine andere. Die Propheten in der Bibel führen uns immer wieder zurück in den Garten. Der Prophet Jesaja sieht, wie in der Wüste Wasser hervorbricht, wie die Wüstenglut zum Teich wird und das dürre Land zu Wasserquellen (Jesaja 35,7).

Hesekiel sagt voller Zuversicht voraus: *»Und man wird sagen: Dieses Land da, das verwüstete, ist wie der Garten Eden geworden« (Hesekiel 36,35).*

Gegen Ende seiner Vision schaut er mit weit aufgerissenen inneren Augen, wie Wasser aus dem Tempel Gottes strömt und zu einem Fluss wird, der allen natürlichen Gesetzen fröhlich trotzt (Hesekiel 47). Je weiter er fließt, desto mehr wächst er an Kraft und Geschwindigkeit. Es ist ein Frischwasserfluss. Kein Dreck oder Müll kann ihn verseuchen. Im Gegenteil, überall, wo er hinfließt, wird alles um ihn herum heil und gesund. Wenn er in Salzwasser hineinfließt, wird auch dieses Wasser süß und frisch. Übliche Prozesse der Verwesung und des Zerfalls werden rückgängig gemacht. In der Nähe dieses Wassers greift nicht Krankheit, sondern Gesundheit um sich. Man wird nicht älter, sondern jünger. Gärten blühen, Bäume sprießen, Tiere leben. Eden pflanzt sich mitten auf die gebrannte Erde einer gefallenen Welt.

Wir selbst sind die Ausläufer dieses Flusses. Durch uns, die wir an der Quelle des Lebens angeschlossen sind, fließt das lebendige Wasser zurück in die Welt. Einladend, heilend, durstlöschend. Lachen, Lieder, das Zwitschern von Vögeln als Begleitmusik. Eine Einladung, die allen gilt, die ihre Heimat in der Nähe dieses Gottes finden wollen. Der Fluss von Hesekiel fließt an einem Altar vorbei, an einer Opferstätte. Wer dort trinken will, muss kapitulieren, sich beschenken lassen, es nicht als Zumutung empfinden, wenn Jesus Sünde aufdeckt, sondern freudig, wie die Frau am Brunnen von Samaria, verkünden: »*Kommt, seht einen Menschen, der mir alles gesagt hat, was ich getan habe!*« *(Johannes 4,29).*

Mit dem Namen Abba im Herzen, dem Geschmack von lebendigem Wasser im Mund und den Worten »mein geliebtes Kind« in den Ohren leben wir schon jetzt in einer Welt, die in ihrer Fülle erst kommen wird. Auch wenn die Stimmen der Menschen kränkend, niedermachend und verletzend sind. Wenn wir an den Rand geschoben und ausgeschlossen werden. Wenn alle anderen eingeladen werden und wir nicht. Alle anderen ihre Meinung sagen dürfen und wir nicht gefragt werden. Oder wenn die lang ersehnte Nachricht ausbleibt und uns klar wird, es war doch keine Freundschaft, unsere Mühe hat dem anderen nichts bedeutet, wir sind ihm egal. Wenn Krankheit oder Schicksalsschläge uns in Einsamkeit und Verzweiflung treiben.

Wer seine Seele vom göttlichen Quellwasser ernährt, hört und sieht die andere Geschichte, die sich hinter den Kulissen abspielt. Wir stochern nach Halt und stoßen irgendwann wieder auf solide Fundamente. Wie Hiob stellen wir fest, dass das Kind Gottes gerade in der Dunkelheit Dinge sieht, die es bei Tageslicht nicht sehen kann. Einsamkeit ist nicht das Ende des Glücks, sondern der Anfang des Glücks: Gottes Sehnsucht nach mir, seine Zusicherung, dass ich begehrt bin.

Zurück nach Palzwitz

Palzwitz mit seinem Gelächter, seinen fröhlichen Erinnerungen, seiner Schönheit ist für immer von der Erdfläche verschwunden. Es war aber nie als dauerhafte Heimat gedacht, »jenseits des letzten Blaus« wartet die eigentliche Heimat auf uns. In der Nähe Gottes ist der Fluch der Vergänglichkeit aufgehoben. Ich muss nicht mehr mit aller Macht den Gedanken verdrängen, dass jede Schönheit, jede Liebe, alles, was mein Leben hier auf Erden sinnvoll macht, wie eine Blume verwelkt und mich eines Tages im Stich lassen wird. Das Grauen des Sterbens ist entmachtet.

Der Gedanke, dass mein Leben eines Tages nur eine Fußnote sein wird, ein Strich zwischen Geburts- und Todesdatum, lässt mich zwar erschaudern, aber die Angst ist nicht mehr existenziell, ich definiere mich nicht mehr über sie. Denn Gott selbst ist mein Zuhause geworden, »*unsere Wohnung ... von Generation zu Generation*« *(Psalm 90,1).* Er selbst ist die tiefste Zugehörigkeit, die ein Mensch nur erleben kann – die Zugehörigkeit, für die sein Herz gemacht wurde und die die tiefsten Sehnsüchte dieses Herzens erfüllt. »*Ich gehöre meinem Geliebten, und mein Geliebter gehört mir*« *(Hohes Lied 6,3).*

Hier finden wir eine Stabilität, die nicht einmal die beste Familie, Ehe oder Gemeinde bieten kann. Keine weltliche Beziehung kann das Gewicht einer Seele tragen, die für die Ewigkeit geschaffen wurde. Das kann nur der Schöpfer, der diese Seele ins Leben gerufen hat. Der, der nicht einmal eine Ruhestätte hatte, auf die er sein Haupt legen konnte (Matthäus 8,20), hat ein himmlisches Zuhause für uns vorbereitet, denn »*im Hause meines Vaters sind viele Wohnungen*« *(Johannes 14,2).* Auch für Petrus kam der Tag, an dem er auf dem Berg bleiben konnte und nicht mehr zurück ins Tal gehen musste. Hütten musste er nicht bauen, weil der Herr seine Wohnung schon für ihn vorbereitet hatte.

Eines Tages werden wir unsere wahre Heimat in ihrer ganzen Herrlichkeit sehen. Wir werden sprachlos vor Freude sein. Wir werden nicht mehr »*ein undeutliches Bild wie in einem trüben Spiegel*« sehen *(1. Korinther 13,12;* HFA*),* sondern von »*Angesicht zu Angesicht*«. Es werden nicht mehr flüchtige Schatten, Träume, Vorahnungen sein, sondern strahlende Realität.

Siehe, das Zelt Gottes bei den Menschen! Und er wird bei ihnen wohnen, und sie werden sein Volk sein, und Gott selbst wird bei ihnen sein, ihr Gott.

OFFENBARUNG 21,3-4

Bis dahin dürfen wir unsere geistlichen Augen trainieren. Wir können unsere zukünftige Heimat noch nicht bewohnen, aber wir können sie besuchen. Durch das Lesen in der Bibel, durch unseren Lobpreis, unsere Gemeinschaft mit anderen, die die gleiche Vision vor Augen haben.

Ich aber, ich werde dein Angesicht schauen in Gerechtigkeit, werde gesättigt werden, wenn ich erwache, mit deinem Bild.

PSALM 17,15

Das ist die Hoffnung, die selbst im einsamsten Gang, den ein Mensch tun muss – dem Gang in den Tod –, Trost und Kraft gibt. Wenn unsere Geschichte hier auf Erden endet, übernimmt die himmlische Geschichte unser Drehbuch. Ein kurzer Moment der Angst und der Isolation, dann die überwältigende Erleichterung, endlich daheim zu sein. Wir, die wir trauern, sehen nicht nur einen Sarg vor uns, sondern die ausgestreckten Hände eines Vaters, der sein Kind nach Hause holt. Wir hören nicht nur Klagegesänge, sondern hören aus der Ferne die Festlieder des Paradieses. Am liebsten möchten wir selbst gleich mit in den Himmel gehen, sind aber bereit, hier auf Erden noch zu verweilen, kleine Filialen von Eden zu gründen, nach den Regeln Edens zu leben und Eden zu verkündigen – bis die Arbeit getan ist und der Meister uns nach Hause ruft. Wir können uns nicht mehr in dieser Welt zu Hause fühlen.

Gott hat uns tatsächlich einen Gefallen getan, als er uns die Sterblichkeit verhängte. Ohne sie wären wir unrettbar gewesen. Wir hätten es uns auf dieser Erde zu gemütlich gemacht. Wir hätten den Himmel nicht vermisst. Keinen Anlass gehabt, nach

Gott zu suchen. Die Verbannung aus Eden erwies sich als unsere Rettung, erinnert uns daran, dass wir Fremdlinge und Pilger in dieser Welt sind.

Wir können Krankheit, Einsamkeit, Verfolgung und sogar dem Tod ins Gesicht schauen, ohne zusammenzubrechen, denn wir sind schon zu Hause angekommen. Das eigentliche Problem hat Gott selbst für uns gelöst. Wir haben das immense Vorrecht, Botschafter und Verkündiger der größten Heimkehr aller Zeiten zu sein, anderen Appetit auf die Versöhnung mit dem Vater zu machen, sie nach Hause einzuladen. Bis wir eines Tages die Worte hören:

Recht so, du guter und treuer Knecht! Über weniges warst du treu, über vieles werde ich dich setzen; geh hinein in die Freude deines Herrn.
MATTHÄUS 25,23

Es sollte uns nicht überraschen, dass Hesekiels Fluss am Ende der Bibel wieder auftaucht. Gottes Rettungsplan erreicht seinen Höhepunkt in gewaltigen Szenen der Wiederkunft des Herrn, der Einrichtung seiner Stadt auf Erden, der Wiederherstellung der Herrlichkeit und Perfektion des ersten Gartens. Alle Handlungen, Themen, Metaphern der größten Geschichte aller Zeiten laufen zusammen in der bunten Vielfalt von Johannes' Traum. Der Fluss, der am Thron Gottes entspringt, sein Wasser wie Kristall (Offenbarung 22,1), Bäume des Lebens, die zu jeder Jahreszeit Frucht tragen, Blätter, die heilsame Kräfte besitzen, anbetende Völker, die Gottes Namen auf ihrer Stirn tragen und ihm voller Freude dienen. Wie Adam und Eva am Anfang der Zeiten. Ein strahlendes Licht in der Nähe des Herrn, das Sonne und Mond überflüssig macht. Mauern der Trennung sind gebrochen, die Einladung gilt allen, die sich nach ihm sehnen.

Der Geist und die Braut sagen: Komm! Und wer es hört, spreche: Komm! Und wen dürstet, der komme! Wer da will, nehme das Wasser des Lebens umsonst!
    OFFENBARUNG 22,17

Es ist die vollkommenste Inklusion, die es nur geben kann – für alle, die wollen. Einsamkeit gibt es nicht mehr.

Und er wird jede Träne von ihren Augen abwischen, und der Tod wird nicht mehr sein, noch Trauer noch Geschrei noch Schmerz wird mehr sein; denn das Erste ist vergangen.
    OFFENBARUNG 21,4

Endlich daheim. Dort, wo ich hingehöre.

Das Licht im Fenster

Auf jedem Weihnachtsmarkt bleibe ich dort stehen: an dem Stand, an dem die kleinen Häuser verkauft werden, in die man ein Teelicht stellen kann. Ich habe drei davon bei mir zu Hause. Sie sind Teil eines festen Rituals geworden: ein ruhiger Abend, leise Weihnachtsmusik, ein dunkler Raum, eine warme Wolldecke und heißer Tee – und meine drei Häuschen, erleuchtet von den Teelichtern. Das eine der Häuser ist weiß, mit gold umrahmten Fensterchen. Es stammt vom Flohmarkt. Das zweite war ein Mitbringsel von einer Freundin, ist grün und hat einen Schornstein. Das dritte ist eine runde Hütte aus Ton, handgemacht, mit Gitterfenstern. Sie war in der Schule nach dem Adventsfest übrig. Eigentlich passen sie gar nicht zusammen, aber im Dunkeln fällt das nicht auf. Nur das Schimmern in den Fenstern ist sichtbar.

Ich blicke in die drei beleuchteten Fenster, vergesse alles um mich herum und befinde mich plötzlich ganz woanders. Ich stolpere durch Nebel und Finsternis, durch eine eiskalte, schneebedeckte, menschenleere Eiswüste und sehe auf einmal ein zartes Licht am Horizont. Meine schwindende Kraft richtet sich nur auf das eine Ziel: das Licht zu erreichen, bevor es zu spät ist.

Der Weg ist lang, endlos lang. Der Wind peitscht um mich herum. Schneeregen fällt. Solange ich das Licht sehen kann, habe ich Hoffnung. Es leuchtet in einem Fenster. Ich komme näher. Endlich erreiche ich das kleine Haus. Gerade genug Kraft habe ich noch, um zu klopfen, dann sinke ich zu Boden.

Eine warme, feste Hand zieht mich sanft durch die Tür. Ein Feuer brennt im Kamin. Mein zitternder, schluchzender Körper wird in eine warme Decke eingewickelt, ich werde gehalten, beruhigt. Es duftet nach heißer Schokolade, nach Toast mit Butter. Nach der Liebe einer Mutter. Ich bin endlich zu Hause.

Wird der Tod so ähnlich sein? Die Ankunft in der Ewigkeit?

Ende

Anmerkungen

1. Private Sammlung, Jane Ermer 2018, mit freundlicher Genehmigung.
2. C.S. Lewis: Der innere Ring und andere Essays. Brunnen 1992, S. 32.
3. Hans-Joachim Eckstein: Du liebst mich, also bin ich. SCM Hänssler 2013, S. 13.
4. Joseph Freiherr von Eichendorff: Die Heimat. Leipzig 1864.
5. C.S. Lewis: Dienstanweisung für einen Unterteufel. 20. Aufl., Herder 1979, S. 15.
6. C.S. Lewis: Die grosse Scheidung. St. Benno-Verlag Leipzig 1968, S. 90-91.
7. Nach dem bekannten irischen Volksmärchen „The Little People of Swabedoo". http://www.iovialis.org/download/Swabedoo_eng.pdf (Abruf: 20.09.2018).
8. Lewis: Dienstanweisung, a.a.O., S. 63.
9. C.S. Lewis: Die Chroniken von Narnia 6 – Der silberne Sessel. Brendow 2005, S. 23.
10. A.W. Tozer: The Radical Cross. Wing Spread Pubishers 2009, S. 33; deutsch durch die Autorin.
11. 1. Samuel 18,7; 26,9; 30,24; 2. Samuel 6,19; 9,1.
12. Private Sammlung, Jo Sperry 2018, mit freundlicher Genehmigung; deutsch durch die Autorin.
13. C.S. Lewis: Pardon ich bin Christ. Brunnen Basel 1977, S. 61.
14. Hesekiel 28,12-18; Jesaja 14,12-14.
15. A.a.O.
16. The Book of Common Prayer (1928). http://justus.anglican.org/resources/bcp/1928/HC.htm (Abruf: 26.09.2018).
17. Martin Luther: Christlicher Wegweiser für jeden Tag. Hänssler 1996, S. 385.
18. Zitiert nach AZ Quotes. http://www.azquotes.com/quote/1415991 (Abruf: 26.09.2018); deutsch durch die Autorin.

19 Elisabeth Elliot: Ich sehne mich nach dir – Einsamkeit und Geborgenheit. Hänssler 1989, S. 123.
20 Vgl. 1. Mose 16,13 sowie Anmerkung dazu in der ELB.
21 Oswald Chambers: Bis Christus euer Leben prägt – durch das Jahr mit Oswald Chambers. SCM Brockhaus 2014, S. 10.
22 Vgl. 1. Mose 16,14 sowie Anmerkung dazu in der ELB.
23 Nicola Vollkommer: WunderWeihnacht. SCM Collection 2011, o.S.
24 Elisabeth Elliot: Perhaps some future day. Zitiert nach: Justin Taylor: Elisabeth Elliot (1926-2015). The Gospel Coalition 15.06.2015. https://www.thegospelcoalition.org/blogs/justin-taylor/elisabeth-elliot-1926-2015/ (Abruf: 26.09.2018); deutsch durch die Autorin.
25 TED Ideas worth spreading. Mai 2015. https://www.ted.com/talks/jia_jiang_what_i_learned_from_100_days_of_rejection?language=de (Abruf: 02.10.2018).
26 Jia Jiang: Rejection Therapy Day 3 – Ask for Olympic Symbol Doughnuts. Jackie at Krispy Kreme Delivers! YouTube 18.11.2012. https://www.youtube.com/watch?v=7Ax2CsVbrX0 (Abruf: 02.10.2018).
27 C.S. Lewis: Die Chroniken von Narnia 7 – Der letzte Kampf. Brendow 2005, S. 66-67.
28 C.S. Lewis: Was man Liebe nennt. Brunnen 1995, S. 125.
29 Abraham Cohen: Everyman's Talmud. Schocken Books 1975, S. 307.
30 Natsuyo Watanabe: Kin Tsugi (Homepage). http://tsugi.de (Abruf: 25.09.2018).
31 C.S. Lewis: Die Chroniken von Narnia 3 – Der Ritt nach Narnia. Brendow 1982, S. 49.
32 https://de.scribd.com/doc/56017910/Paul-Washer-Clothed-in-Christ-Part-1 (Abruf: 15.10.2018); deutsch durch die Autorin.
33 Timothy Keller: Der zugewandte Jesus – Unerwartete Antworten auf große Fragen des Lebens. Brunnen 2014, S. 56.
34 C.S. Lewis: Die Chroniken von Narnia 4 – Prinz Kaspian von Narnia. Brendow 2005, S. 169-170.
35 Nicola Vollkommer: Am Rande der gefrorenen Welt – Die Geschichte von John Sperry, Bischof der Arktis. SCM Hänssler 2012.
36 Nicola Vollkommer: Auf der Suche nach Vollmacht. Ethos 12/2017, S. 25.
37 Julia Ward Howe: Mine eyes have seen the Glory.

38 Chambers: Bis Christus, a.a.O., S. 49.
39 Matthäus 21,28-32; Lukas 14,18-20; Matthäus 13,21; Lukas 18,11.
40 Dale Partridge: Saved from Success – How God Can Free You from Culture's Distortion of Family, Work, and the Good Life. Thomas Nelson Publishers 2018, S. 100; deutsch durch die Autorin.
41 Galater 6,2; 1. Korinther 12,26; Apostelgeschichte 4,32; 1. Korinther 12,12-14.
42 Nicola Vollkommer: Gottes Lieblingszahl: Eins. Ethos 6/2018, S. 31.
43 Chambers: Bis Christus, a.a.O., S. 79.
44 Matthäus 7,6; 10,14; Lukas 14,16-23.
45 Paul-Gerhard Roller: Hände. Mit freundlicher Genehmigung. Erschienen ist diese Textversion in Glaube und Erziehung 2/2015.
46 Dr. Ernst-Hermann Taucher: Die heile Welt einer Familie, ihr Totalabsturz und Neubeginn. Private Memoiren. 2002, S. 93. 83.

Weitere Bücher von Nicola Vollkommer

Wie ich lernte, das Chaos mit Gottes Augen zu sehen
Andachten für Mütter

Nicola Vollkommer kennt die familiären Herausforderungen, aber auch das Glück, mit Gott zusammen Familie zu feiern und zu genießen. In 52 Alltagsepisoden erzählt sie mit viel Humor, wie ihr die Besinnung auf biblische Prinzipien durch alle Phasen des Mutterseins geholfen hat.

**Gebunden, 13,5 × 21,5 cm, 176 S.,
2-farbige Innengestaltung, mit Leseband
Nr. 226.971, ISBN 978-3-417-26971-0
Auch als E-Book** e

Leben am reich gedeckten Tisch
Von Glaubensenttäuschung zu ganzer Hingabe

Gewinnend, herausfordernd und mit einem humorvollen Zwinkern in den Augen lädt die Autorin Sie zu einem leidenschaftlichen Glauben ein und haucht altbekannten biblischen Wahrheiten neues Leben ein. Ein spannender Streifzug durch die Bibel – hin zum reich gedeckten Festtisch Gottes.

**Gebunden, 14 × 21,5 cm, 256 S.
ISBN 978-3-417-26782-2
Auch als E-Book** e

Unter dem Flammenbaum
Wo meine Seele ihr Nest hatte

Eine Kindheit im Herzen Afrikas. Nicola Vollkommer erzählt von ihrer Familie, die zwischen die Fronten eines Bürgerkrieges geriet. Und von ihrem Vater, der durch seinen Einsatz vielen das Leben rettete. Ein Buch, das die Farben und Klänge Afrikas lebendig werden lässt.

Paperback, 13,5 x 20,5 cm, 288 S.
ISBN 978-3-775-15515-1
Auch als E-Book e

GOTT BEGEGNEN – AUTHENTISCH LEBEN

AufAtmen

Nachvollziehbar, persönlich und aufbauend: AUFATMEN steckt voller Impulse, um den Glauben authentisch zu leben, Gott zu erfahren, immer tiefer zu vertrauen und zur Ruhe zu finden. Geistliche Nahrung, die Hunger auf mehr von Gott macht.

Ein Abonnement (4 Ausgaben im Jahr) erhalten Sie in Ihrer Buchhandlung oder unter:

www.bundes-verlag.net

Deutschland:
Tel.: 02302 93093-910
Fax: 02302 93093-689

Schweiz:
Tel.: 043 288 80-10
Fax: 043 288 80-11

www.aufatmen.de · www.aufatmen.ch

SCM
Bundes-Verlag